"OECD学习科学与教育创新" 译丛 | 译丛主编 任友群

OECD教育研究与创新中心 主编

范国睿 等 译

教育：
促进健康，凝聚社会

Improving Health and Social Cohesion
through Education

华东师范大学出版社

上海市版权局著作权合同登记　图字：09-2014-763号

经济合作与发展组织

经济合作与发展组织(Organisation for Economic Co-operation and Development，OECD)是一个多国政府携手应对全球化背景下经济、社会和环境挑战的专项论坛，也是这些政府及时地共同应对诸如公司治理(corporate governance)、信息化经济和老龄化等种种疑难问题的前沿平台。经济合作与发展组织(简称经合组织)为各成员国政府提供了一个场所，在这里，他们可以比较施政得失，寻求共性问题的解决方案，采取有效举措，并统整国内外政策。

经合组织成员国有：澳大利亚、奥地利、比利时、加拿大、智利、捷克、丹麦、爱沙尼亚、芬兰、法国、德国、希腊、匈牙利、冰岛、爱尔兰、以色列、意大利、日本、韩国、卢森堡、墨西哥、荷兰、新西兰、挪威、波兰、葡萄牙、斯洛伐克、斯洛文尼亚、西班牙、瑞典、瑞士、土耳其、英国、美国。此外，欧盟委员会(European Commission)也参与经合组织的工作。

经合组织出版社公开发行本组织有关经济、社会、环境问题的统计数据和研究结果，以及各成员国一致通过的协议、纲领和标准。

译丛总序

经济合作与发展组织(Organisation for Economic Co-operation and Development, OECD)是推动国际学习科学研究的一支重要力量。1999 年,学习科学研究领域第一本里程碑式的著作《人是如何学习的:大脑、心理、经验及学校》在北美面世,同一年,经济合作与发展组织教育研究与创新中心(Centre for Educational Research and Innovation,CERI)发起了"学习科学与脑研究"项目(Learning Sciences and Brain Research)。该项目旨在通过跨学科的国际性的协作,进一步理解贯穿人一生的学习过程,并促进神经科学研究者、教育研究者、教育决策者之间的对话。该项目第一阶段是从 1999 年至 2002 年,最终成果为《理解脑:迈向新的学习科学》(Understanding the Brain:Towards a New Learning Science);第二阶段从 2002 年开始一直到 2006 年,形成了《理解脑:新的学习科学的诞生》(Understanding the Brain:The Birth of a Learning Science)这一重要的研究成果。

2008 年,经济合作与发展组织教育研究与创新中心开启了一项新的学习科学研究——"创新型学习环境"项目(Innovative Learning Environments,ILE)。① 该项目主要面向青少年的学习,研究如何深刻地理解学习本身,以及什么样的条件和环境能够使青少年更好地学习,旨在使政策改革者、创新行动者和学习科学研究者走到一起,利用这些研究发现使经济合作与发展组织的教育系统转变成为"学习驱动"的系统。"创新型学习环境"项目主要从三个方面展开:2008 年至 2010 年着重进行学习研究,分析了国际范围内关于学习、教学与学习环境的研究发现,形成了《学习的本质:用研究激

---

① https://www.oecd.org/edu/ceri/innovativelearningenvironments.htm.

发实践》(*The Nature of Learning：Using Research to Inspire Practice*)这一颇有影响力的研究成果;2009 年至 2012 年主要是在全球范围内搜集创新型学习环境的具体案例并从学习科学的视角进行分析,这一阶段的主要成果是《创新型学习环境》(*Innovative Learning Environments*);2011 年至 2015 年则是聚焦如何在宏观和系统的层面上实施与学习相关的变革,并形成了《促进 21 世纪学习的领导力》(*Leadership for 21st Century Learning*)以及《重新设计的学校教育:迈向创新型的学习系统》(*Schooling Redesigned：Towards Innovative Learning Systems*)这两项研究成果。

在国际学习科学研究领域,经济合作与发展组织与美国自然科学基金会(National Science Foundation, NSF)并驾齐驱,两大机构之间同时还有着非常紧密的合作与交流。早在 1999 年,双方就在美国弗吉尼亚联合举办了学习型经济与社会中的知识测量高层论坛(High‐Level Forum on Measuring Knowledge in Learning Economies and Societies)[①]。2012 年,它们又联合举办了双方间的第一次学习科学大会,主题为"将我们是如何学习的联结到教育实践和政策:研究证据与启示"(Connecting How we Learn to Educational Practice and Policy：Research Evidence and Implications)[②],这次大会在经济合作与发展组织的总部法国巴黎召开,来自美国的几大学习科学中心的研究者都进行了报告。2014 年 3 月 1 日至 6 日,这两大机构再次携手,并联合联合国教科文组织(UNESCO)、香港大学、上海师范大学以及主要承办单位华东师范大学,在中国上海共同举办了"学习科学国际大会",来自世界各地的研究者和相关领域的专家就学习科学研究的进一步发展及如何推动教育政策和实践的变革进行了广泛交流和深入对话。

由于华东师范大学是 2014 年"学习科学国际大会"的主办方之一和东道主,因此在长达一年多的会议筹办阶段和为期一周的会议举办期间,我和经济合作与发展组织教育研究与创新中心主任 Dirk Van Damme 有过多次交流。2014 年末,我率华东师范大学代表团至巴黎访问经济合作与发展组织的总部,借此机会拜访了 Dirk 并与他进行了会谈。在此次会谈中,Dirk 向我介绍了他所领导的教育研究与创新中心,并推荐

---

① http://www.oecd.org/edu/innovation-education/1855168.pdf.
② http://www.oecd.org/edu/ceri/49382960.pdf.

了该中心过去几年中开展的重要项目,还有一些已出版的与学习科学、教育技术和教育创新相关的一些研究报告。通过 Dirk 的介绍以及我的初步翻阅,我感到这些研究成果是正在寻求教育系统创新与变革的中国教育研究者、实践者和决策者所需要的,因此萌发了翻译引介的念头。回国后,我便请华东师范大学出版社对相关书目进行了版权引进,并组织华东师范大学相关学科的中青年学者着手进行翻译。

目前"OECD 学习科学与教育创新"译丛共包含 6 本著作,分别为:

- 《创新型学习环境》(*Innovative Learning Environments*)
- 《促进 21 世纪学习的领导力》(*Leadership for 21st Century Learning*)
- 《教育:促进健康,凝聚社会》(*Improving Health and Social Cohesion through Education*)
- 《技术驱动,教育为本:技术革新教育的系统方法》(*Inspired by Technology, Driven by Pedagogy:A Systemic Approach to Technology - Based School Innovations*)
- 《全球化世界中的语言:为促进更好的文化理解而学习》(*Languages in a Global World:Learning for Better Cultural Understanding*)
- 《回归艺术本身:艺术教育的影响力》(*Art for Art's Sake? The Impact of Arts Education*)

这 6 本著作都是经济合作与发展组织教育研究与创新中心的"教育研究与创新"系列丛书,其中前 2 本是上文提到的"创新型学习环境"项目的主要研究成果。为了帮助读者了解此套译丛的概貌,我在此对这 6 本译著做一下简单的介绍。

《创新型学习环境》聚焦于如何变革学习方式以发展 21 世纪最为重要的能力,它与《学习的本质:用研究激发实践》一起,明确界定并例示了七大学习原则:(1)以学习为中心,促进参与;(2)确保学习是社会性的、合作性的;(3)高度适合学生的动机,关注情绪;(4)对包括先前知识在内的个体差异保持敏感性;(5)对每一位学习者有高要求但不会让他们承受过重负担;(6)运用与目标一致的评价,强调形成性反馈;(7)促进活动之间、学科之间以及学校内外之间的横向联结。这些是创新学习环境的方向和方法,也是学校教育系统创新的重要理据和有益借鉴。

该书还从学习环境的要素、学习环境的动力系统、领导力等方面,概括了案例所示的学习环境创新之道。学习环境的四要素是学习者、教育者、内容和资源。在所选择的案例中，学习者可能包括虚拟教室中的学伴甚至家长；教育者可能是相关行业或者领域的专家、成人或者学生的同伴；内容的重点针对 21 世纪学习者要具备的能力，如社会学习能力、跨学科能力，以及语言及可持续发展能力等；资源可能是来自网络的即时数字化资源。而动力系统推动着这些要素运作和交互方式的变化：教师和其他教育者可以重组；学生群体往往跨越年龄和年级，也可以超越时空的限制；学习时间灵活适应，而非固定不变；教学和评估更加个性化。要素和动力系统构成了学习环境之"教学内核"（pedagogical core）。

对于学习环境这个生态系统，要有良好的设计和有效的策略，对于学习进程要进行即时性的评估、反馈和调适，确保学习处于创新的中心。同时，要通过合作提升教师的能力，特别是跨界合作及联合其他学习环境的能力。要进一步推动变革，则要进一步关注来自科学研究与开发、技术进步、模块重组、知识网络化和分享等来源的新动力。

《促进 21 世纪学习的领导力》提出"学习领导力是指为了使学习得以发生而确立方向和承担责任"。它通过分布式、联结式的活动和关系得以实施，不仅包括正式参与者，还包括不同的合作伙伴，可以在整个学习系统的不同水平上进行实施。不管是在学校的微观层面上抑或是在更广泛的系统层面上，学习领导力提供了以创建和维系旨在助益良好学习的环境为核心的领导力的重要形态和目的，决定了学习的方向和结果。

该书是"创新型学习环境"项目第三阶段"实施与变革"研究的第一本举足轻重的出版物，它承接《创新型学习环境》一书中对学习领导力的重点强调，从概念和实践两个层面对什么是学习领导力进行了更深入的分析。同时，该书还介绍了一些如何运用创新策略和创新举措培育学习领导力的具体案例，并提出了几个重要观点：（1）学习领导力将创建促进 21 世纪学与教的环境置于领导力实践的核心；（2）学习领导力表现出了创造性并且常常伴随着勇气；（3）学习领导力示范并培育着 21 世纪专业主义；（4）学习领导力是社会性的、联结性的；（5）随着学习环境的创新，学习领导力变得更加复杂，通常涉及各种非正式伙伴；（6）创新型的学习领导力涉及复杂的多层次的化学过程；（7）需要系统层面的学习领导力。

《教育：促进健康，凝聚社会》一书起源于经济合作与发展组织教育研究与创新中心"学习的社会产出"项目(Social Outcomes of Learning，SOL)。该项目主要考虑到当代世界各国的国民幸福与社会进步等非经济问题的重要性日益显现，教育对于塑造这些关乎社会进步的指标作用显著。然而，人们对教育与社会产出之间的因果效应、因果路径、环境作用以及不同教育干预措施的相对影响，都知之甚少，因而开始了相关研究。经济合作与发展组织教育研究与创新中心于 2007 年出版了《理解学习的社会产出》(*Understanding the Social Outcomes of Learning*)一书，以一系列概念框架，描述并帮助人们理解学习与各项社会产出之间的关系。《教育：促进健康，凝聚社会》是该项目第二阶段的研究报告，也是"学习的社会产出"项目的第二本著作。

该书综合现有证据、原始数据和政策议题，以评估"学习的社会产出"，说明了借由何种途径，教育能够有助于改善社会产出。该书提出，通过培养认知、社交和情感技能，促进公民养成健康的生活方式及建立良好的人际关系，教育可以改善健康，促进"公民和社会参与"。然而，只有信息交流和认知技能是不够的。社交和情感方面的技能可使个体更有效地利用认知技能处理所获信息，这样，人们才能更好地预防和应对健康风险，凝聚社会。教育不仅有助于个体习得这些技能，也有助于个体养成关乎健康生活方式的习惯、规范和信念，还有助于培养积极的公民。学习同样存在于家庭和社区，二者都是儿童发展多项关键能力的重要环境。该书还指出，当家庭、社区与教育机构所作出的努力保持一致时，这些努力最有可能取得成效。这就要确保在各个教育阶段、各社会领域的政策连贯统一。此外，政府在促进政策一致性和激励利益相关者合理投资方面，扮演着不可或缺的角色。

《技术驱动，教育为本：技术革新教育的系统方法》一书以丰富的案例从技术创造的机遇、技术驱动革新的监测与评价、研究的作用与贡献三方面阐释了技术驱动的教育革新。

该书第一部分概述了教育领域中技术的变化趋势，重点总结了 Web2.0 及数字学习资源的兴起与发展带来的机遇与挑战。第二部分侧重于论述国家如何监控与评价技术的应用，旨在支持与促进技术应用的普及与推广。这一部分还呈现了来自澳大利亚和新加坡的两个不同案例，分别介绍了澳大利亚在监控与评价 ICT 的教育应用的广泛事宜中是如何形成日益复杂的视角的，以及新加坡是如何从国家整体规划的层面对技术革新教育进行整体的设计、实施与评价的。第三部分以新视角呈现了研究的作用与贡献，针对技术应用效果研究采用持续的国际对比，探索了设计研究的可行之道。

最后，该书对运用系统方法开展技术驱动的教育革新予以了肯定，指出这种方法在对此类革新的评估以及运用可信证据决策的复杂问题上尤其有用，并且对当前教育革新假设构成了挑战。对此，该书还建议各国政府及教师等人群重新思考如何支持、监测与评价革新，无论这种正确的策略与工具应用是否恰当，是否发挥了所有的潜能，教育中技术应用的最终落脚点应该始终是学生的学习质量。

《全球化世界中的语言：为促进更好的文化理解而学习》一书源于"全球化、语言和文化"项目（Globalization, Languages and cultures）。该项目由经济合作与发展组织教育研究与创新中心发起，从 2008 年到 2011 年与哈佛大学教育研究生院密切合作完成，其目的是使人们更好地理解一些在这个全球化时代越来越重要、但在教育研究文献中只是部分或边缘性地得到了解决的问题。比如，在非母语语言学习中为什么有些人比另一些人更成功？为什么有些教育体系或国家在非母语教育中比另外一些更加成功？对这些问题的探讨越来越重要，因为全球化的兴起使语言能力无论是对个体而言，还是在社会层面都越来越彰显其价值。

全书共 25 章，每一章作者的文化背景几乎都不相同，从而能表达独特的声音，并把各种学科交叉点上的想法汇聚到一起，提供来自全世界的观点。书中探讨的问题超越了（应用）语言学，涉及历史学、社会学、心理学，并且总是（直接或间接地）触及极端微妙的身份认同/他异性等问题，因此又涉及哲学、伦理学和政治学。

本书视角多元，探讨了从法国到哈萨克斯坦，从秘鲁到坦桑尼亚等全球范围内许多国家的语言学习问题，针对语言和文化在现在和将来对于人类的中心作用提出了重要看法。其总体目标是说明世界范围内语言多样性及其与教育的关系等宏大问题，分析教育政策和实践如何更好地回应这些新情况带来的挑战，以便使现在的决策者们能更了解情况，同时启发读者认识到（以及鼓励他们反思）学习过程本身以外促进或阻碍成功习得非母语语言的多重因素。

《回归艺术本身：艺术教育的影响力》主要从两大部分对艺术教育进行了讨论。第一部分就不同艺术教育形式对认知的影响进行了分析，包括多元艺术教育、音乐教育、视觉艺术教育、戏剧教育、舞蹈教育对认知的影响和视觉艺术对阅读的影响。第二部分阐述了艺术教育对创造力、主动性、社交技能、脑力开发等非认知方面的影响。该书通过对大量研究的客观而审慎的分析，提出接受一定形式的艺术指导将对某些具体技能的开发产生影响，特定艺术形式的学习会形成对应类型的技能，而这些技能可能"转移"到其他领域。例如，音乐学习涉及听觉训练，听觉注意力的提高会提升语音感知技能，因而音乐学习就"转移"提升了语音感知技能。另外，戏剧学习涉及人物分析，因此会影响到理解他人观点的技能。但该书同时指出，艺术教育对于创造性和关键思维、行为和社交技能的影响尚无定论。

展望未来对艺术教育影响力的研究，该书作者希望研究者能进行更多的实证性研究，并且建议优先对艺术教育的方法论和理论架构进行探究。更加具体的建议则包括考察艺术思维习惯，探究具体艺术和特定非艺术技能间的联系，比较研究艺术形式的学习和"转移"领域的学习等。

本译丛将是一套开放的译丛，未来我们还将继续关注和跟踪经济合作与发展组织与"学习科学与教育创新"主题相关的项目与研究，并及时引介。本译丛的出版是华东师范大学推进学习科学研究的又一努力。此前，由我的导师华东师范大学终身教授高文先生及华东师大学习科学研究团队在 2002 年推出的"21 世纪人类学习的革命"译丛（第一辑）是国内关于学习科学研究的首套译丛，主要收录了北美学习科学研究的若干经典著作，推出后在教育研究、实践与决策领域都产生了广泛影响。2012 年，我和我的同事们继续在此基础上主编了"21 世纪人类学习的革命"译丛（第二辑），到目前已出版了 8 本译著。我希望现在推出的这套"OECD 学习科学与教育创新"译丛能够继续为我国的学习科学研究带来新的视角，提供另一种参考。

最后，在译丛出版之际，我要感谢全体译者过去两年多来所付出的辛劳，感谢华东师范大学出版社王焰社长、教育心理分社的彭呈军社长以及编辑孙娟对丛书出版给予的支持。我也期待着来自读者您的反馈和宝贵意见。

2016 年 7 月于江西上饶信江河畔

前　言

　　本报告综合了经合组织"学习的社会产出"（Social Outcomes of Learning，SOL）项目 5 年来的分析研究成果。该项目在第一阶段开发了一个概念性框架，来描述学习与各项社会产出间的关系；第二阶段则聚焦于评估经验性证据，以此判定借由哪些途径，教育最可能帮助改善社会产出。

　　本报告证实，提升各项能力能够改善健康、凝聚社会，教育对提升这些能力具有显著作用。然而，仅凭信息交流和认知技能，并不足以提升这些能力。社交和情感方面的技能可使个体更有效地利用认知技能处理所获信息，这样，人们才能更好地预防和应对健康风险，凝聚社会。教育可以帮助提升上述能力，不仅有助于个体对这些技能的习得，也有助于个体养成关乎健康生活方式的习惯、规范和信念，还有助于培养积极的公民。学习同样存在于家庭和社区，二者都是儿童发展多项关键能力的重要环境。困难之处在于如何确保各种环境的一致性和连贯性。政府在促进政策一致性和激励利益相关者合理投资方面，扮演着不可或缺的角色。由此，教育可为社会进步作出重要贡献。

　　本书的出版事宜由经合组织教育研究与创新中心（Centre for Educational Research and Innovation，CERI）协调处理，具体工作由中心项目经理宫本浩治（Koji Miyamoto）①负责。为此作出重要贡献的其他人员包括：教育研究与创新中心主任德克·范·达默（Dirk Van Damme）、项目分析师弗朗西丝卡·博戈诺维（Francesca Borgonovi）以及前中心主任和项目经理汤姆·舒勒（Tom Schuller）。

---

① 宫本浩治（Koji Miyamoto），日本广岛大学大学院教育学研究科教授。——译者注

致　谢

　　本报告是"学习的社会产出"(Social Outcomes of Learning，SOL)项目第二阶段的研究成果,成果的取得有赖于经合组织(OECD)十个成员国的财政支持和积极参与,包括澳大利亚、比利时(弗拉芒语区)、加拿大、意大利、韩国、卢森堡、荷兰、挪威、瑞典和英国(英格兰和苏格兰)。在项目第一阶段框架建构的重要工作中,奥地利、日本、瑞士和美国发挥了重要作用。感谢"学习的社会产出"项目的顾问和国际专家,在项目的实施和报告起草过程中,他们作出了重要贡献:丹·安德森(Dan Andersson)、萨蒂亚·布林克(Satya Brink)、阿诺·希瓦利埃(Arnaud Chevalier)、陈翱鹰(Oon-ying Chin,音译)、安德烈·德·穆尔(Andre de Moor)、理查德·德雅尔丹(Richard Desjardins)、伊莎贝尔·埃罗(Isabelle Erauw)、法伦·哈桑(Fareen Hassan)、洪英兰(Young-Ran Hong,音译)、布里诺伊·霍斯金斯(Bryony Hoskins)、弗兰西斯·凯利(Francis Kelly)、唐·肯克尔(Don Kenkel)、斯蒂芬·莱曼(Stephen Leman)、格哈德·莫尔斯(Gerhard Mors)、拉斯·内尔吕姆(Lars Nerdrum)、路易莎·里博尔齐(Luisa Ribolzi)、里卡多·萨巴蒂斯(Ricardo Sabates)、汤姆·舒勒(Tom Schuller)、丹·谢尔曼(Dan Sherman)、阿斯特·绍尔和马克·祖尔克(Astrid Shorn and Marc Suhrcke)。2010 年 2 月,挪威教育研究部(Norwegian Ministry of Education and Research)在奥斯陆协助举办了有关教育、社会资本和健康(Education, Social Capital and Health)的国际会议,感谢挪威教育研究部和所有参会人员;感谢全球责任工程师与科学家国际网络联盟(International Network of Engineers and Scientists for Global Responsibility, INES)所做的有关劳动力市场和社会产出的研究,这些成果对研发"学习的社会产出"(SOL)指标颇有助益;感谢法国经济文献研究所(Institut de Recherche et

Documentation en Économie de la Santé)和社会资本全球网络(Social Capital Global Network),协助举办了社会资本与健康研讨会;感谢经合组织的其他同事,特别是就业、劳动与社会事务理事会(the Directorate for Employment,Labour and Social Affairs)的弗朗哥·萨西(Franco Sassi)、米歇尔·切奇尼(Michele Cecchini)和卡门·许尔塔(Carmen Huerta),他们对本项目健康方面的数据分析作出了贡献;还要感谢教育研究与创新中心的众多同事,尤其是提供行政支援的辛蒂·兰格瑞-巴比奇(Cindy Luggery-Babic)和琳达·霍(Lynda Hawe)。

目　录

图表目录

图

表

专栏

概　要

国民幸福和社会进步是经合组织成员国高度重视的政策议题。

在过去十年间，围绕发展和繁荣问题的政策趋向已逐渐发生变化。在收入、就业和国内生产总值这些传统的经济衡量标准之外，人们更多地将兴趣转向非经济层面的衡量标准——国民幸福和社会进步，如健康、公民参与和快乐。最近的突出举措包括法国政府成立了经济绩效与社会进步测评委员会(Commission on the Measurement of Economic Performance and Social Progress)（由约瑟夫·斯蒂格利茨（Joseph Stiglitz)①、阿玛蒂亚·森(Amartya Sen)②和让-保罗·菲图西(Jean-Paul Fitoussi)③任主席），世界卫生组织成立了健康问题社会决定因素委员会(Commission on Social Determinants of Health)（由迈克尔·马莫特(Michael Marmot)任主席）。触发这些全球性行动的初衷是，社会本该更加团结，公民也该更健康、更快乐。一些经合组织成员国已测量到多项社会凝聚力指标的下降，如投票、志愿者活动和人际互信等。这些改变可能对民主社会的质量造成重大影响。呈高发态势的肥胖与抑郁症所触发的健康

① 约瑟夫·斯蒂格利茨(Joseph Stiglitz，1943年2月生)，美国经济学家，哥伦比亚大学教员，1979年获得约翰·贝茨·克拉克奖(John Bates Clark Medal)，2001年获得诺贝尔经济学奖。曾担任世界银行资深副总裁与首席经济师。——译者注

② 阿玛蒂亚·森(Amartya Sen)，印度经济学家。1933年出生于印度孟加拉邦。因其在社会选择、福利分配和贫困研究领域的突出贡献，获1998年诺贝尔经济学奖。1959年在剑桥大学三一学院获得博士学位后，先后在印度德里大学、德里经济学院、伦敦经济学院、牛津大学任教。1987至1998年担任哈佛大学经济学和哲学教授。1998至2003年出任剑桥大学三一学院院长。2003至今重返哈佛大学任经济学和哲学教授。联合国开发计划署人类发展报告主要起草人，人类发展指数设计者之一。——译者注

③ 让-保罗·菲图西(Jean-Paul Fitoussi)，法国经济学家，巴黎政治学院经济学教授，巴黎政治学院经济研究中心主任，法国前总统萨科齐的经济顾问。——译者注

挑战,已成为一个重要的公共健康问题,这会导致生活质量的显著下降和公共支出的显著增加。

教育对提升国民幸福和促进社会进步具有显著作用,是一种高性价比的投资。

大量文献表明,教育与多种社会产出联系紧密,如更健康、更强壮的公民和更强的社会凝聚力,以及更少的犯罪行为。也有文献进一步指出,教育对大部分的社会产出具有积极影响。更为重要的是,基于政策视角,教育已经被视为一种性价比较高的改善健康和减少犯罪的方法。本报告指出,学校的各项干预措施是应对肥胖问题的有效方式。因此,教育可以成为切实可行的健康政策。

教育使人强大——教育不仅使人们增长知识,扩展他们在认知、社会和情感方面的技能,教育还帮助人们改善习惯、价值观和态度,养成健康的生活方式,提高积极公民素养(active citizenship)。[①]

通过提供信息,提高认知技能,强化社会情感能力,如适应力、自信心和社会技能,教育可以帮助人们做出明智有效的决策。相应地,教育还可以帮助人们选择健康的生活方式,控制疾病,并激发他们对政治的兴趣,帮助他们理解为什么移民可以为社会带来实质性好处。此外,教育还可以为儿童提供一个理想的环境,让他们形成健康的生活方式和积极的参与态度。例如,营养均衡的学校饮食有助于儿童养成健康的饮食习惯,相关的辅助课程有助于学生了解保持均衡饮食和营养的重要性。在开放的课堂氛围中,公民课程要求学生对公民问题、校风建设进行实际参与,以此来提高其积极公民素养,进而促进其成年后的公民参与。

但是,教育没法单独起作用……

除去睡眠时间,孩子们只有剩余的一半时间呆在学校。某些家庭和社区的环境会很容易抵减政策制定者、老师和学校管理人员的努力。例如,当儿童在放学回家的路上逛快餐店时,当他们在家沉迷于久坐的活动时,学校为培养健康生活方式和习惯所做的努力,就会变得无效。同样,如果儿童没有足够的参加社区公民活动的机会(如女

---

① "active citizenship",指成为积极公民的素养和资质。1791年法国宪法在规定公民选举权与被选举权时提出了积极公民的概念,要求享有选举权与被选举权必须具备一定的财产条件。——译者注

童子军），没有通过与家长讨论公民问题来增强公民价值观的机会，那么，学校对促进积极公民意识形成的努力也不会成功。此外，同辈影响也很重要，在校外有危害健康行为（如未成年人饮酒、吸烟）的儿童，很容易产生不好的同伴影响。显然，家长和那些参与营造社区环境的人，需要留心自己的做法对学校教育会产生什么影响。

……如果儿童的认知、社会和情感等各项技能没有在早期得到发展，那么，教育的作用就很有限。

儿童在开始义务教育之前更容易习得多项基本能力。各种基本认知技能，如积极的心态，健康习惯，还有耐心、自我效能感和自信等人格特质，都可以在生命早期的家庭环境中得到培育。具备这些基本技能和人格特征的儿童，在进入小学教育后，更容易强化已有人格特质，发展多种高阶能力，在健康和社会融合方面也会有更好的表现。考虑到有相当数量的儿童来自弱势群体家庭，没有良好的家境，也没受过优质的启蒙教育，义务教育和矫正教育就显得格外重要。为了实现公平的目标，教育政策应该考虑帮助那些有技能缺陷的儿童，那些没机会在早期阶段发展各项基本能力的儿童。

在改善健康和促进社会融合的过程中，教育政策制定者、教师和学校管理人员的作用至关重要……

为了改善有限公共经费的产出，教育政策制定者面临的挑战与日俱增。为了达到成功的标准，教师和学校管理人员需要提高学生在各种高压考试中的成绩，改善课程与教学质量，还要与不同文化和语言背景的学生打交道，所有这些都让他们不堪重负。本报告是为了建议教育的利益相关者需要更多的资源和新式任务来应对不同的社会需求？其实，教育的利益相关者在应对诸如健康和社会融合这类挑战时，其贡献并不必然关涉在重要的课程改革、教师培训和缩小班级规模等方面的大量投资，认识到这一点十分重要。增加提升改善社会产出的能力的投资已经做了，因为这些有助于人们取得教育上和劳动力市场上的成功。此外，报告还指出，受教育环境（校风、校规）的改善有助于促进对儿童健康、公民参与和生活方式的培养。这些改善可以伴随着课内外活动的调整来实现，儿童可因此在实践中学习积极公民素养、健康的生活方式和如何均衡饮食。通过这种方式，儿童能改善他们的能力（包括健康素养或公民素养）。当他们出现、投身并奋斗于更大的社会时，他们就能更好地防范健康风险，应对健康挑战。

由适度追加投资所带来的这些变化可能产生显著的社会回报。

　　……但是这些成效可能有赖于其所采用的政策和行动与提升国民幸福感及促进社会进步的做法保持一致。这需要政府的统筹规划。

　　当学生在学校的体验与在家庭和社区同步时，学校对于提升国民幸福感和促进社会进步的努力会更加有效。这同样需要确保教育机构提供的服务与儿童在教育中的进步是匹配的。这表明统筹的重要性，即所有的利益相关者都应明确自己与他人的责任。政策的连贯性要求政府在横向上（即在教育部、卫生部、家庭部和社会福利部）、纵向上（即在中央、区域和地方政府）和动态上（即在不同层级的教育）都可以做到紧密衔接。这会是一个挑战，因为经合组织成员国政府在这些方面经验有限。政府还可以考虑改善各项治理和管理结构，并利用政策工具，来加强横向、纵向和动态的协作，采用统筹方式使社会进步。

第一章 导言

宫本浩治(Koji Miyamoto)　汤姆·舒勒(Tom Schuller)

今日之全球政策趋向彰显了国民幸福与社会进步等非经济方面问题,如公众健康、公民参与、公众对政治的兴趣和犯罪率的重要性。众所周知,教育对于达成这些关乎社会进步的指标作用显著。然而,我们对教育与社会产出之间的因果效应、因果路径、环境作用以及不同教育干预措施的相对影响,都知之甚少。有限的知识妨碍了政策制定者采取具体行动以改善民生福祉。本报告提供了应对上述挑战的举措,就是综合现有证据、原始数据和政策建议,来评估"学习的社会产出"。

1.1 政策背景

过去十年,围绕发展与繁荣问题的政策趋向已逐渐发生变化。关于成功,焦点已逐渐由传统的经济指标(如收入、就业和国内生产总值)转向非经济层面的国民幸福与社会进步(如公众健康、公民参与、政治利益、犯罪活动,甚至是"幸福")。这一重要变化体现了政府回应公民多元需求的坚定承诺。

基于全球监测的人类发展指数(Human Development Index, HDI)是体现这一转变的突出例子,该指教涵盖多个测量维度,如"健康与长寿"、"知识的获取"(UNDP, 2009)等。[①]

---

① 人类发展指数(Human Development Index, HDI)每年由联合国开发计划署(United Nations （转下页）

这一指数的灵感源自"能力"(capability)和"赋权"(empowerment)等概念,即仅靠获取商品和服务不足以改善个人的生活(Sen,1979,1985)。另一个例子是健康问题社会决定因素委员会(Commission on Social Determinants of Health,CSDH)号召解决正日益扩大的健康不平等问题。在其颇有影响的报告《用一代人时间弥合差距》(*Closing the Gap in a Generation*)里,健康问题社会决定因素委员会(CSDH)[1]基于对造成健康不平等的社会性和政治性因素的综合评估,提出国别的、多国的和跨部门合作的多种政策,以应对各种健康挑战(WHO,2008)。更近一些时候,法国政府发布了经济绩效与社会进步委员会(Commission on the Measurement of Economic Performance and Social Progress)的最终报告,介绍了一些改善并监测国民幸福与社会进步指标的策略(Stiglitz *et al.*,2009)。[2] 该委员会建议,应将社会评价系统的焦点从经济产出指标转向国民幸福。

2008—2009 年的全球经济危机为探讨非经济议题提供了一个更具说服力的例证。尽管危机的产生和扩散是由于全球金融系统和监管机制的缺陷,但其对个人生活所带来的影响却远不止诸如失业、收入下降和资产缩水等经济后果。人们担心,危机已经伤害了公众健康、政治互信和社会融合。为了应对经济危机,20 国集团峰会(G20)于 2009 年 9 月在匹兹堡举行,讨论了发达经济体间可能采取的协作政策、法规和改革等复苏举措。尽管匹兹堡讨论的中心在于刺激私人需求和加强金融机构监管,但各国领导人也已意识到危机导致的诸多其他社会后果。20 国集团峰会的成果是形成了一个框架,列举了促成强劲、可持续、稳定的全球经济增长所需要的政策(G20,

---

(接上页)Development Project,UNDP)发布。"健康长寿"由出生时的预期寿命衡量,"知识获取"由入学率(从小学到高等教育)和成人识字率衡量。HDI 也测量经济维度的国民幸福,"体面的生活水平"由 GDP 衡量(UNDP,2009)。

[1] 健康问题社会决定因素委员会(Commission on Social Determinants of Health,CSDH)由世界卫生组织(WHO)在 2005 年建立,由著名的流行病学家迈克尔·马莫特(Michael Marmot)任主席。其最终报告于 2008 年 8 月发布,对各类全球健康挑战进行了辨识,并提供了一整套的政策建议。

[2] 经济绩效与社会进步委员会(Commission on the Measurement of Economic Performance and Social Progress)是 2008 年初由萨科齐(Nicholas Sarkozy)总统领导下的法国政府创立,由著名经济学家约瑟夫·斯蒂格利茨(Joseph Stiglitz)、阿玛蒂亚·森(Amartya Sen)和让-保罗·菲图西(Jean-Paul Fitoussi)共同主持。该组织 2009 年 9 月出版的最终报告明确了关乎社会进步的各项挑战,并提出了未来发展的路线图。OECD 将作为敦促实施该报告所提出的各种建议的秘书处。

2009)。各国领导人意识到,在实施这些政策的过程中,需要更多地考虑经济发展的社会与环境层面的因素。

社会并没有像人们所预期的那样进一步融合,民众也没像所预期的那样健康和快乐。这些全球性行动聚焦于在社会层面改善民众福祉,而采取这些行动是因为一些OECD成员国已经遭遇了诸多社会凝聚力指标的退化,如投票、志愿者活动和人际互信,这一趋势或许对民主社会的生活品质产生重大影响。由肥胖和抑郁所带来的各种健康挑战,已成为主要的公共健康隐忧,因为这已导致生活质量的显著下降和公共健康支出的显著上升。

1.2 教育的作用

鉴于这种政策趋向,对教育感兴趣的政策制定者、研究者和从业人员会考虑教育在提升国民幸福感与促进社会进步中所能发挥的作用。大量实证研究表明,教育与一系列健康与社会资本[①]指标密切相关(Grossman,2006;OECD,2007;OECD,2009)。[②] 越来越多的研究表明,教育对各类社会产出有直接影响。[③] 更进一步说,以货币标准衡量,教育已取得显著成效。例如,在荷兰,个体因受教育获取的健康回报大约从 1.3% 上升到 5.8%;个体因受教育而获得的各种回报中,最高的直接工资回报,从 6% 上升至 8%,十分显著(Groot and van den Brink, 2007)。在美国,完成高中教育(1997 年生均成本约 8 000 美元)的货币收益不仅包括每年约 1 万美元的工资收入,还包括因犯罪活动减少而产生的每年 1 600 到 3 000 美元的额外收益(Heckman and

---

① 对于"社会资本"(social capital)概念,尚没有为人们普遍认同的定义,从其基本内涵看,社会资本是相对于经济资本和人力资本的概念,指社会主体(包括个人、群体、社会甚至国家)间紧密联系的状态及其特征,其表现形式有社会网络、规范、信任、权威、行动的共识以及社会道德等方面。社会资本存在于社会结构之中,是无形的,它通过人与人之间的合作进而提高社会效率和社会融合。——译者注
② 这包括一组指标,像预期寿命、死亡率、肥胖、抑郁、吸烟、与工作有关的疾病,以及投票、政治兴趣、信任、志愿活动、捐赠和犯罪。在这些研究中,实证分析使用最多的是特定国家的微观数据,英国和美国的数据也使用较多。测评结果通常在调整人口和社会经济的国别差异后仍有效。
③ 第三章和第四章的报告,讨论了揭示教育和社会产出因果关系的文献。然而,值得注意的是,也有一些研究没有发现教育影响在统计上的显著性。

Masterov, 2007)。① 因此，证据显示，对提升国民幸福感与促进社会进步，教育能够潜在地发挥重要作用。

教育系统有助于促进社会进步

正如本报告所显示的，个体所受的教育会以不同的方式影响他们的社会产出。首先，通过提供信息，提高认知技能，强化社会情感能力，如适应力、自信心和自尊等，教育可以使人见多识广，帮助人们做出明智的决策。② 相应地，教育还可以帮助人们选择健康的生活方式，控制疾病，并激发他们对政治的兴趣，帮助他们理解为什么移民可以为社会带来实质性的利益。其次，教育能够帮助人们获得更高的收入，更高的社会地位，更有用的人脉。这些可以为他们提供更好的医疗保健，更健康的工作和生活环境，更大的政治影响力。第三，教育可以为儿童提供一个理想的环境，让他们形成健康的生活方式和积极的参与态度。例如，营养均衡的学校膳食有助于儿童养成健康的饮食习惯，相关的辅助课程有助于学生了解保持均衡饮食和营养的重要性。培养儿童积极公民意识的学校活动、氛围和规则有助于促进其成年后的公民参与。需着重强调的是，教育的总成效包括所有教育可能产生影响的途径所产生的结果。③

教育的成效会因外部性④而提高

一个人的教育也可能对其他人的健康和社会资本产生积极影响。例如，受过教育

---

① 教育的成本和收益以 2004 年的美元值计算。赫克曼和马斯捷罗夫（Heckman and Masterov, 2007）认为，在减少犯罪方面，投资于教育胜于投资于警力，是更划算的策略。
② 社会技能包括沟通技能、谈判技巧和与他人合作的能力。学生们显然可以通过与其他学生甚至是老师的互动来学习这些技能。
③ 值得注意的是，教育的某些方面可能产生积极的影响，而其他方面可能产生消极影响。因此，"积极的教育影响"这个短语暗指教育的净影响是积极的。
④ 外部性（externalities），指个体的行为对社会或者其他个人、部门造成了影响却没有承担相应的义务或获得回报，亦称外部成本、外部效应或溢出效应。分为正外部性（positive externality）和负外部性（negative externality）。正外部性是某个经济行为个体的活动使他人或社会受益，而受益者无须花费代价，负外部性是某个经济行为个体的活动使他人或社会受损，而造成负外部性的人却没有为此承担成本。此处指正外部性。——译者注

的父母能够更好地照顾儿童的健康,能够提供鼓励公民兴趣和政治兴趣的家庭环境。同样地,受过良好教育的教师能够鼓励学生的健康行为和参与精神。更进一步说,社会和社区的教育水平能够影响与健康相关的表现、公民参与和信任。在受教育水平高的社区,儿童和成年人极少非法吸食毒品和酗酒,如果周围都是受过高水平教育的人,那么,他们将更倾向于参与社区活动,对邻居和移民也会有较强的信任感。

发生在不同的情境中的学习

除了提供有组织的学习经验[①],非正规学习(non-formal learning)和非正式学习(informal learning)也是相关的教育形式。[②] 这些学习经历发生在家庭、学校、工作场所和社区。在个体生命的任何时期,环境都可能影响个体技能、性格和习惯的形成与发展,进而影响他们的健康水平和公民参与程度。这就是在评估学校教育对社会产出的影响时,要兼顾家庭和社区因素的原因。更进一步说,环境影响有时间跨度:儿童早期在家庭接受的教育对他们日后的学习方式和社会产出有巨大影响。早期的能力发展投资会比未来的能力发展投资更有效。因此,不同学习环境之间存在着水平的和动态的互动。

1.3 "学习的社会产出"项目

2005 年,经合组织教育研究与创新中心(Centre for Educational Research and Innovation,CERI)发起了"学习的社会产出"(Social Outcomes of Learning,SOL)研究

[①] 教育机构提供正式的教育。然而,他们也能提供非正式的学习体验,例如,提供学校健康膳食和社区志愿服务。

[②] 非正规学习(non-formal learning)发生在教育或者培训机构外,通常未经认证。然而,这类学习也是结构化的(就其学习目标、学习时间或学习支持而言)。它可能发生在工作场所,可能发生于公民社会组织或团体的活动中,也可能由那些被视作正式教育体系的辅助系统的组织或服务(如艺术、音乐和体育课)来提供。非正式学习(informal learning)通常来自与日常生活相关的工作、家庭、社区或休闲活动,但也可能来自学校(如学校健康膳食),它是非结构化的(就其学习目标、学习时间或学习支持而言),通常也没有认证。它可能是有目的的,但大多数情况下,它是无目的的(OECD, 2007)。

项目。教育研究与创新中心认为,教育能够在多个方面提升国民幸福感并促进社会进步,但研究者也意识到,由于没有很好地对很多可获得的信息加以整合,因而限制了人们对教育是否导致差异、造成多大程度的差异、给谁带来差异以及这些差异是如何造成的等一系列问题的理解。"学习的社会产出"研究项目致力于两个领域:健康与"公民和社会参与",①两者都是影响个人和集体生活质量的关键因素,也为测量教育成效增加了一个特别的维度。研究揭示了上述关系的复杂性,尤其是考虑到了相互作用的多重特质。

健康是越来越需要被关注的领域。经合组织成员国日益增多的老龄人口正在推升私人和公共支出,这导致健康支出的增长常常超过国民生产总值的增长。而诸如肥胖、药物滥用和抑郁症等健康问题,又引发了大量的个人问题和社会问题。在改善健康水平和控制成本等方面,教育都可以发挥作用。同时,健康对学习环境也有重要影响:不难想象,一个儿童及其家长的健康对该儿童的认知发展有着重要影响。值得注意的是,健康是人力资本基础理论构成的必要组成部分,人力资本是指个体促进经济和社会进步的能力。因此,健康既是人力资本的一部分,又是教育的产品,但是,这两者(教育与人力资本)之间,并非简单的单向联系。

"公民和社会参与"状态也是经合组织成员国重点关注的问题之一,尽管它显然很难从成本角度来讨论。选民投票率的下降和传统政党的空心化日益普遍且愈发令人担心。人们普遍感受到民众参加志愿者活动的意愿和社会凝聚力的削弱。所以,教育又一次被假定具有增进"公民和社会参与"的潜能。然而,教育与公民和社会参与的关系是双向的:教育可以影响"公民和社会参与",民众的参与程度对他们获得教育上的成功和获取教育机会的可能性都有显著影响。一个有用的分析必须聚焦于这些复杂的相互作用。

"学习的社会产出"(SOL)项目的第一阶段致力于开发一个理论框架,可以用它来描述教育影响健康与公民和社会参与的各种方式,并通过匹配现有证据来辨识各种可

---

① "公民和社会参与"的涵义比"社会资本"狭窄。后者是囊括人脉、规范、信任和促进社交互利行为的总和,而前者仅关乎个人的行为、态度和观念。然而,两者密切相关,并被认为是可以相互促进的。例如,布雷姆和拉恩(Brehm and Rahn, 1987)认为,公民参与影响信任,乌斯兰内(Uslaner, 1997)则认为,信任也塑造了公民参与。

能的方式。① 第二阶段的任务是在已建立的概念框架下夯实实证基础,即聚焦于肥胖、心理健康和酒精消费三个健康子域,以及志愿服务、政治兴趣和信任/宽容三个"公民和社会参与"子域。报告已周密地考虑了教育对社会产出的因果效应(causal effects)和边际效应(marginal effects)②问题③,这两个问题揭示了教育是否会产生影响以及教育影响的程度与水平如何。本报告运用诸多最新的实证研究方法,并补充了经合组织的微观数据分析,以夯实因果效应和边际效应的证据基础。我们也强调了因果路径(causal pathways)问题,最近兴起的因果路径研究要求对证据基础进行仔细评估,为此,报告做了如下区分:(1)教育对塑造个体特征的影响,即对信息技能、认知技能④和社会情感技能⑤的影响;(2)学校环境的影响,如学校膳食和同伴影响;(3)教育的间接影响,例如收入与社会网络(人脉)。本报告也高度重视家庭和社区环境对教育效果的积极影响与消极影响。最后,为了更好地理解不同类型的教育对健康产出的相对有效性,本报告对针对肥胖的各类教育干预措施进行了成本收益分析。

1.4 评估"学习的社会产出"所面临的挑战

更好地理解"学习的社会产出"显然是有价值的。然而,评价教育在促进积极社会产出时所起到的名义的、潜在的和实际的作用,是一项复杂的任务。本报告揭示了在这一领域阻碍研究进展和政策制定的关键难题。

首先,方法论上的挑战。现在,数据分析方法已经有了明显的进步,相关的微观数

---

① 第一阶段的综合报告(OECD, 2007)描述了概念框架的细节。因此,本报告专注于实证方面,即实证框架的论述(第二章)和综合实证证据进行实证分析(第三、四、五章)。

② 边际效应(marginal effects, marginal utility),又译"边际效用",是指每新增(或减少)一个单位的投入(商品或服务),对投入获得者所增加(或减少)的效用。当增加的投入超过某一水平之后,在其他投入固定不变的情况下,连续增加某一种投入,新增的每一个单位的投入所换来的产出或收益反而会逐渐减少,即:随着投入量的增加,边际效用将会逐步减少,在经济学上,这被称为"边际效应递减"。——译者注

③ 本报告的边际效应是指社会产出水平提高一级与教育水平提高到更高一级有关系。

④ 认知技能包括通用技能,如识字和算术能力;特殊技能,如健康素养和公民能力;和更加复杂的技能,如高阶运算能力。

⑤ 包括社会心理特征(如适应力、自我效能、耐心)和社会技能(如沟通和互动技能),也包括态度和价值观。

据的范围有了很大的拓展。可是,建立强因果关系的进展一直无法达到预期,研究人员仍挣扎于应对不同因果路径的相关影响问题。此外,在有关教育干预措施的评价的文献中,对教育的具体内容仍涉及甚少。政策制定者和研究者最好考虑一下,基于现有技术的不断扩展和优化,哪些东西是可以预期的。本报告提出的挑战是有代表性的,并非仅指某一领域。第二章介绍了方法论的背景,阐述了围绕学习的社会产出的定量分析挑战以及解决它们的可能策略。基于第二章描述的实证框架,第三章、第四章将阐述很多事实证据(包括初始分析)。

第二个挑战,用确凿证据回应一些超越"教育问题"(education matters)的诉求。对于政策制定者来说,了解教育问题是有意义的,但并无特别的启发。教育问题有可能会涉及投资某一特定水平、特定类型或特定内容的教育的具体收益吗?有可能涉及评估不同类型的教育干预措施的相关影响吗?第三章和第四章提供了有关教育的水平、类型和内容的信息,这些信息可能关乎更多。第五章中,第一次尝试评估各种不同的教育干预措施的相对有效性。

第三个挑战,教育家需要意识到,教育的净影响(education's net effects)可能不都是积极的,实际上可能存在消极影响。给某一个体一年额外的教育,不一定能改善他在健康与"公民和社会参与"方面的处境。这是因为,教育可能产生不良的影响,如压力①和不均衡的饮食习惯,学校经历也可能使学生接触到行为不良的同龄人。教育可能同时具有积极与消极影响。这给分析带来一些困惑,抵消反作用后,教育的净影响可能非常小。教育也可能带来一些间接的消极影响,尤其是由教育而产生的机会分布与回报。如果教育做不到公平,它就会加剧不平等,并使相关的社会问题与个人问题恶化。第三章和第四章在阐释这些结果时,考虑了这些问题。

第四个挑战涉及从证据转化到政策行动。第三、四、五章提供的证据,对"什么起作用"作了说明。然而,这些证据基础足以给政策制定者提供一个采取具体政策行动的强大工具箱吗?如果不能,哪些证据被忽视了?还需要哪些类型的研究以缩小其中

---

① 这可以体现在受过教育的人在职业上承担的责任更多,工作时间更长,而且社交更频繁等方面。然而,学界对此观点存有争议。例如,英国政府的研究表明,职位越高的英国公务员,压力越少,因而患心脏病等健康问题的可能性也越低(Cabinet Office of the United Kingdom,2004)。

的差距？我们将在第六章讨论这些问题。

最后一个挑战是甄别教育在何种环境下有实质影响存在困难。虽然我们知道哪些类型的教育政策能够促进健康和社会融合，但这些干预措施的有效性、效率和可持续性还可能取决于教育发生的家庭、社区和特定的国家。[①] 例如，在那些需要受过高水平教育才能从事的职业中，如果有大量饮酒的社会习俗，那么，教育在控制重度酒精消费上的作用可能就极其有限了。同样，通过学校健康知识宣传活动来降低儿童肥胖率的做法不一定会成功，除非有与之相伴的辅助行动，敦促父母提供健康的家庭生活环境。本书第三、四、六章讨论了这一关乎政策一致性的重要方面。

参考文献

Brehm, J. and W. Rahn (1997), "Individual-level evidence for the causes and consequences of social capital", *American Journal of Political Science*, Vol. 41. 3.

Cabinet Office of the United Kingdom (2004), Work Stress and Health — The Whitehall II Study, Cabinet Office, London, *ucl. ac. uk/whitehallII/ findings/Whitehallbooklet. pdf*.

Groot, W. and H. Maassen van den Brink (2007), "The health effects of education", *Economics of Education Review*, Vol. 26, Elsevier, Amsterdam.

Grossman, M. (2006), "Education and Nonmarket Outcomes", in E. Hanushek and F. Welch (eds.), *Handbook of the Economics of Education*, North-Holland, Amsterdam.

G20(2009), *Leaders' Statement. The Pittsburgh Summit*, 24 – 25 September, Pittsburgh.

Heckman, J. J. and D. V. Masterov (2007), "The Productivity Argument for Investing in Young Children", Working paper, University of Chicago, Chicago, IL.

OECD (2007), *Understanding the Social Outcomes of Learning*, OECD Centre for Educational Research and Innovation, Paris.

OECD (2009), *Education at a Glance*, OECD, Paris.

Sen, A. (1979), "Utilitarianism and welfarism", *The Journal of Philosophy*, Vol. LXXVI.

Sen, A. (1985), *Commodities and Capabilities*, Oxford University Press, Oxford.

Stiglitz, J., A. Sen and J-P. Fitoussi (2009), *Report by the Commission on the Measurement of Economic Performance and Social Progress*, stiglitz-sen-fitoussi. fr/documents/rapport_anglais. pdf.

UNDP (United Nations Development Programme) (2009), *Human Development Indicators* 2009, UNDP, New York.

Uslaner, E. M. (1997), "Voluntary organization membership in Canada and the United States", Working paper, *www. bsos. umd. edu/gvpt/uslaner/acsus 97. pdf*.

World Health Organization (2008), *Closing the Gap in a Generation*, WHO, Geneva.

---

① 这些环境可能受文化、制度和政策因素的影响。

第二章　实证框架①

唐·肯克尔(Don Kenkel)　宫本浩治(Koji Miyamoto)

本章为研究者提供了一个用以指导那些评估教育在促进社会进步方面的绩效的实证框架。这一框架包括用以阐明成功促进个体健康和社会融合的教育系统特征的方法。本章运用业已确定的方法评估那些特定的教育系统指标(例如,已完成的受教育年限、获得的资格及受到的特定教育干预措施)能否体现出教育与健康和社会融合的因果效应,还阐述了用以评估教育对健康和社会融合产生影响的实现路径的方法。这一框架有助于更好地解释和评估现有关于"学习的社会产出"的文献,并为后续章节的分析奠定了基础。

2.1　引言

本章提供了多种统计方法,旨在解决下列与政策相关的问题:

- 教育在促进健康和社会融合方面的平均绩效是什么?
- 能够促进健康和社会融合的教育系统的特征有哪些?
- 在促进健康和社会融合时,教育系统针对哪类人表现得更好?

---

① 本章根据委托康奈尔大学和美国国家经济研究局的唐纳德·肯克尔(Donald Kenkel)教授撰写的论文"评估教育对健康、民主和社会交际的边际效应:一项可行性研究(Estimating the marginal effects of education on health and civic and social engagement: A feasibility study)"(Kenkel,即将发表)改编而成。

第一个问题可视为对教育（即已完成的受教育年限，或达到的教育水平）与社会产出是否有因果效应，以及其影响程度的评估。第二个问题可视为对特定的教育干预措施（如学校环境中的课程改革与学校变革）对社会产出的因果效应能否得到体现的评估。具体来说，在评估教育与社会产出之间的关系时，为了评估教育的某些特定特征（如提供信息、发展能力和提高收入）在多大程度上与社会产出存在相关性，需要将这些特征纳入考虑范围。最后，第三个问题，则需要回答教育与社会产出的因果效应是否因人而异。

统计方法并非是回答上述政策问题的唯一途径。定性分析，如个案研究、访谈等，也可以就教育或特定的教育干预措施的影响给出另一番解释。再者，如第三章和第四章所示，定性结论也有助于解释定量结论。然而，对致力于健康与社会融合领域的政策制定者、研究者和参与者来说，提供定量数据或许可使分析更具说服力（也就是说，他们更习惯于评估定量的统计证据）（OECD，2007a）。然而，由于本研究缺乏足够的定量证据，因此呈现学习的社会产出的最恰当方法也许是定量与定性相结合的混合研究法。

这一实证框架的建构，是基于一项从劳动经济学维度测量教育收入回报的长期实证研究（Card，2001）。研究健康的经济学家们来考察教育干预是否也会带来更好的健康表现（Grossman and Kaestner，1997；Grossman，2000，2006；Cutler and Lleras-Muney，2010），从而拓展了这一研究。一些新兴的研究探讨教育之于社会的回报是否可以以"公民和社会参与"（civic and social engagement，CSE）的形式体现，如选举、政治兴趣和志愿服务活动等（Dee，2004；Milligan et al.，2004）。此外，这一框架也参考了最新的项目评估文献，这些文献中提及的评估方法已被大量应用于经济学、教育学、传染病学、健康学和社会学研究。

本章所描述的一系列统计方法，从本质上讲，都是技术性的。虽然我们没有提供一个详尽的方法清单，但讨论了那些常用的实证文献和第三、四章使用的评估方法。[1] 进而言之，本章的目标并非为每一种方法提供详细的解释，而是简要描述实证

---

① 例如，康蒂等人（Conti，Heckman and Urzua，2010）提出的结构模型方法。本节未提及。

研究面临的挑战以及研究方法背后的基本思路。对那些处于前沿的实证研究者而言,本章或许并无多少吸引力,对那些缺乏技术性技能却又想更好地诠释并严肃评估"学习的社会产出"的现有实证性文献的研究者而言,本章的设计或许更有价值。

本章的其余部分围绕开篇提出的三个政策问题来组织。首先,2.2 介绍了怎样估算教育的因果效应(causal effects of education)和非线性效应(non-linear effects of education),进而以此评估教育系统的绩效。其次,2.3 介绍了如何将教育干预的因果效应和路径分析结果用于甄别可能起作用的教育系统特征。最后,2.4 节介绍了怎样用异质处理效应(heterogeneous treatment effects)[①]来评估教育针对哪些人群可以更好地发挥作用。

2.2　教育系统绩效的全面评估

教育的因果效应

对有意运用教育来改善社会产出的政策制定者来说,首要的问题(也许是最重要的问题)是:教育确实提升了社会产出吗? 遗憾的是,这一问题的答案并不容易得到,因为操作随机对照实验(randomised control trials,RCTs)[②]存在难度。在随机对照实验中,个体被随机分派到一个对照组或接受更多教育的实验组。[③] 通过对两组结果进行比较,可能得出教育对社会产出的因果效应的估计。虽然在已有的一些随机对照实验里,实验组接受过多种特定教育干预,可以作为参照,但如果要指定专门的实验组接受一年的额外教育,这样的随机对照实验就很难操作[④]。因此,后文对各种挑战以及揭示因果关系的各种方法的描述,是以随机对照实验及其所采用的方法都不可用为前

---

① 经济学上的一种评估项目或政策实施效果的数理分析方法。——译者注
② 随机对照实验(randomised control trials,RCTs)的基本方法是,将研究对象随机分组,对不同组实施不同的干预,以对照效果的不同。——译者注
③ 随机对照实验是辨识教育因果效应的"黄金标准",但通常因伦理和财务原因而很难实施。
④ 笔者不知是否有这样的随机对照实验。

提假设的。

评估教育因果效应面临的挑战

在评估一年期的学校教育与社会产出之间的因果效应时，为了准确理解这一问题所面临的诸多挑战，从下面的标准回归方程入手是有用的，这一方程在绝大多数的教育回报研究中都被用到：

$$Outcomes_i = \alpha + \beta \cdot Education_i + \gamma \cdot \boldsymbol{X}_i + \varepsilon_i \tag{1}$$

$Education_i$ 通常由个体 i 完成学校教育且其社会产出被测量时花费的时间（年限）来估算。向量 $\boldsymbol{X}_i$ 表示其他已测量的社会产出决定因素，如人口特征（如性别、年龄和种族）和父母背景测度（即父母的受教育水平）[1]。不能测量到的决定因素可通过随机误差项 ε_i 处理。如果 $Education_i$ 与不能测量到的变量无关，普通最小二乘法[2]（the ordinary least squares，OLS）的回归系数[3]$\hat{\beta}_{OLS}$ 就可提供评估一年的额外学校教育与产出的边际效应的无偏估计[4]。事实上，已有上百项有关教育与收入回报的研究都使用了方程(1)（Card，2001）。格罗斯曼等人（Grossman and Kaestner，1997；Grossman，2006）和经合组织（OECD，2007b）考察了一项样本量相对较少、但亦具代表性的研究，这项研究也使用了类似的方式来评估教育在健康和"公民和社会参与"方面的回报。

系数 β 用于解释一年期的学校教育相对产出的总效应（或净效应）估算。总效应涵盖了个体 i 在一年中所有的受教育经历的效应及相关的环境性效应（如学校餐食、同伴融合、有激励作用的教师和学校规范）。比方说，这些经历可能鼓励个体在健康方面投入更多资源，寻求更有效的治疗方式，更加配合治疗方案，采纳更健康的饮食和生

---

[1] 这一基本定义通常应做如下限定：仅包括那些能决定教育但又不能被教育所影响的因素（如天赋和身体条件），不包括那些可能被教育影响的因素（如收入）。

[2] 最小二乘法（又称最小平方法）是一种数学优化技术，它通过最小化误差的平方和寻找数据的最佳函数匹配。——译者注

[3] 在回归方程中表示自变量 x 对因变量 y 影响大小的参数。——译者注

[4] 无偏估计是参数的样本估计量的期望值等于参数的真实值。估计量的数学期望等于被估计参数，即为无偏估计。——译者注

活方式。注意：β 也涵盖收入或职业特性等教育对社会产出所可能带来的间接效应[1]。系数 β 反映了所有关乎健康实现路径的集合效应。

在方程（1）的估计中，关键的实证性挑战在于，$Education_i$ 可能是一个内生的解释变量，也就是说，$Education_i$ 和误差项 ε_i 之间存在相互关系。这样一种相互关系违背了普通最小二乘法（OLS）应用于方程（1）的潜在假设。在这种情况下，预估系数 $\hat{\beta}_{OLS}$ 是系数 β 的一个有偏估计，其误差的方向和大小取决于 $Education_i$ 和误差量 ε_i 之间的联系的性质和强度。有三种原因可以解释为什么教育可能受内生性偏差的影响：（a）反向因果关系；（b）隐藏的第三个变量；（c）测量误差。

（a）反向因果关系

造成内生性偏差的可能源头之一是反向因果关系（reverse causality），即因健康状况差或"公民和社会参与"水平低而导致受教育水平降低。青年不健康的身体状况会导致他们持续地缺课、注意力不集中，干扰到正常的学习，进而可能妨碍其受教育水平。这也可能导致其成年后的不健康，因而构成教育与成人健康之间的联系。同样，缺乏信任感和参与政治的兴趣低等较低的"公民和社会参与"水平，也可能降低其受教育水平。举例来说，一个"公民和社会参与"水平低的家庭，与学校的联系会比较少，这可能使学生的学业成绩更差[2]。

考虑到时间因素，可以将反向因果关系造成的偏差变成一个遗漏变量（omitted variable）问题。既然健康和"公民和社会参与"是长时间延续存在的，以前的健康或"公民和社会参与"状况可能成为现在的健康或"公民和社会参与"状况的决定性因素，那么，以前的健康或"公民和社会参与"在方程（1）中是遗漏变量，由误差项表示。对以前的健康或"公民和社会参与"的遗漏程度会产生一个遗漏变量偏差，这个偏差值取决于以前的健康或"公民和社会参与"与变量 $Education_i$ 的关联程度。因为，当下的教育收益值[3]

---

[1] 如，教育将提高个体收入，进而改善其卫生保健、营养膳食和健康环境（如健身会所）等条件。

[2] 这一例证与迪伊（Dee, 2004）的论述一致："在富有凝聚力的家庭和社区中成长的个体重视公民责任，他们也更有可能在学校里保持这种责任感。"

[3] "the current stock of education"直译为"当前的教育股票值"，"stock"，原义指"股票"，这里指教育收益。——译者注

取决于此前的教育投资决定，反向因果关系构成了以前的健康或"公民和社会参与"状况与个体当下的教育收益估值之间的关联性①。如果预估系数涉及以前的健康或"公民和社会参与"效应，$\hat{\beta}_{OLS}$将会因高估教育的因果效应而出现偏差。

(b) 隐藏的第三变量②

内生性偏差的第二个来源是可能存在一个或多个难以测量的隐藏的第三变量（hidden third variables）。这些变量是影响受教育水平、健康和"公民和社会参与"的真实原因③。在教育—收入关系语境下，最常被提到的隐藏的第三变量是能力④。这方面研究的长期关注点是认知能力更好的人更可能为接受更多教育而投资，但即使没有受更多的教育，更高的认知能力也会带来更高的收入（Card，2001）。近来，诸如前瞻性思考、坚守工作或适应环境等非认知能力被视为影响教育和收入的重要因素（Heckman and Rubinstein，2001）。

在教育—收入关系语境下，富克斯（Fuchs，1993）将时间偏好（time preference）⑤和自我效能（self-efficacy）⑥列入他最偏爱的隐藏的第三变量备选。时间偏好低的人倾向于舍弃现有效用而更多地投资于会在未来获益的教育和健康（Farrell and Fuchs，1982；Fuchs，1982）。斯坦福棉花糖实验（Stanford Marshmallow Experiment）是一个经典案例。研究者给四岁儿童两个选项：现在吃1颗棉花糖，或者等实验人员再回来时吃2颗。当这些儿童长到18岁时再次接受测试。庄田等人（Shoda et al.，1990）的研究发现：那些在四岁时做出延迟享乐决定的学生，其数学和英语能力更强，二者存在强相关。同样，自我效能感更强的人，即那些相信他们的能力通过练习可以控制事情结果的人，会更有可能投资于学校教育和健康。绝大部分关于学校教育—健康关系的

① 在一个真正的联立方程模型中，健康或"公民和社会参与"在时间（t）上的表现是教育在时间（t）上的一个决定因素，反之亦然。做决策的时间点不同（在t和t−1两个时间点分别做出的选择并不是"联立"）是为什么将这一问题视为一个遗漏变量问题的原因。
② 影响另外两个变量之间关系的变量，包括调节变量和中介变量。——译者注
③ 无法测量的异质性是一个更为常见但描述较少的隐藏第三变量。
④ 能力的某些特质或元素可以被视为天生的，另外一些则可以通过学习经历塑造。当然，这里的关注点是后者，以及影响社会产出的可塑能力是如何通过教育来促进的。
⑤ 时间偏好，指人们对现在的满意程度与对将来的满意程度的比值。——译者注
⑥ 自我效能，指人们对自己的某一成就行为是否能够成功进行的主观判断。——译者注

研究所使用的数据库都不包含直接或间接的针对时间偏好和自我效能的测试。因此,作为惯例,这些变量在评估方程(1)时被省略了。遗漏变量偏差的推导再次暗示了,在高估教育对健康的因果效应时,$\hat{\beta}_{OLS}$ 会出现偏差。

在教育—"公民和社会参与"关系的语境下,米利根等(Milligan *et al.*,2004)指出,鼓励孩子参加公民活动的父母也很可能培养出孩子对教育的浓厚兴趣[1]。将时间偏好和自我效能视作教育—"公民和社会参与"关系背后的隐藏的第三变量似乎也是合理的。如此前提到的"社会资本"术语一样,教育资本、健康资本和"公民和社会参与"也都具有一些共同特征。特别是自我效能概念中所蕴含的信念,对公民参与及其他关乎"公民和社会参与"方面的投资都是一种潜在的重要因素。教育—"公民和社会参与"的关系中,这种遗漏变量偏差暗示着,在高估教育对"公民和社会参与"的因果效应时,$\hat{\beta}_{OLS}$ 会出现偏差。

近期的一些研究探讨了偏差问题,在教育—健康关系语境下,这些偏差是由于一些认知技能或非认知技能的遗漏测试项而产生的。桑德(Sander,1998)指出,在美国,上大学和吸烟之间呈负相关,其中部分可归因于认知能力的差异。奥尔德等人(Auld and Sidhu,2005)用美军入伍资格测验(US Armed Forces Qualification Test,AFQT)[2]的分数来表明,认知能力占教育与自我报告的健康缺陷之间关联的四分之一。肯克尔等人(Kenkel *et al.*,2006)也用参军资格测试分数来作为认知技能的一个测评项,另外还加上了罗特控制点(the Rotter index of the locus of control)[3]指标来体现非认知技能。他们发现,认知能力与吸烟的相关性很强,但与超重的相关性较弱。基于罗特控制点指标的研究[4]结论显示,在认为事态失控时抽烟的男性,他们的抽烟行为

---

[1] 参见迪伊(Dee,2004)的前述相似观点。

[2] Armed Forces Qualification Test(AFQT),美军入伍的基本资格测验,包括词汇、运算、阅读和数学知识四个部分,四个部分按方程计算分数,最终分数为在所有参与考试人员中的相对排名百分比。——译者注

[3] 罗特控制点,也称内外控倾向,是心理学的一个概念,指个体对自己的行为和行为后所得报酬间关系所持的一种信念。最初由美国心理学家朱利安·罗特(Julian Bernard Rotter)于1954年提出,旨在对个体的归因差异进行说明和测量。罗特还设计了一个心理控制源量表,共29个问题。——译者注

[4] 控制点与自我效能联系紧密。控制点指个体认为他们能够控制局面的范围。那些内控点高的人通常能更好地控制自己的行为,并更有可能去主动尝试影响周围的环境和其他人。

更有可能只是当下行为,其本身不太可能之前就是烟民。而控制点与女性吸烟行为的关联性则比较弱。无论是男性还是女性,控制点都与超重或肥胖无关联。因此,美国的实证数据显示,认知能力与非认知能力可能是之前许多教育—健康关系研究中的重要遗漏变量。能力的遗漏测试项再次说明,$\hat{\beta}_{OLS}$将会因高估教育的因果效应而出现偏差。

（c）测量误差

除反向因果关系和隐藏的第三变量之外,第三个问题就是方程(1)中自我报告的$Education_i$可能产生的测量误差(measurement errors)。一个解释变量中的典型测量误差导致衰减偏差,即$\hat{\beta}_{OLS}$偏误至0,因而低估教育对健康和"公民和社会参与"的因果效应。

教育变量中的非随机测试误差是与教育—"公民和社会参与"关系特别相关的复杂情况之一。例如,米利根等人(Milligan et al., 2004)详细讨论了这样的可能:"受教育水平越高的人越可能以没有投票为耻,并因此更倾向于虚报投票情况。"[1]这类非随机测试误差使报告的教育及"公民和社会参与"情况呈正相关,因而预估系数$\hat{\beta}_{OLS}$在高估教育对"公民和社会参与"的因果效应时会出现偏差。在教育—健康关系语境下,非随机测试误差的模型并不完全符合预期。然而,不应忽视在这些研究中非随机测试误差所可能产生的偏差,如教育对自我健康报告的影响[2]。

总之,反向因果关系、隐藏的第三变量和测量误差意味着使用一种简单的方式来评估方程(1)可能会导致参与系数的估值偏差。一般而言,很难预测引起预估系数$\hat{\beta}_{OLS}$偏离真实系数的变量偏差的方向和大小。然而,反向因果关系和最常被提及的隐藏的第三变量备选项会导致偏差的升高。简言之,这些实证挑战很可能意味着,高估教育对健康和"公民和社会参与"的边际因果效应时,预估系数$\hat{\beta}_{OLS}$会出现偏差。

改进教育因果效应评估的方法

所幸,以往的实证成果为应对这些挑战及评估教育因果效应带来了诸多可能性:

---

[1] 这就是所谓的社会期望偏差(social desirability bias)。就健康来说,这意味着受更多教育的个体会少报某些行为,如吸烟或饮酒。

[2] 巴戈·德尤瓦等人(Bago d'Uva et al., 2008)运用辅测锚定法来测试这种假设。他发现,老一代欧洲人中,很多高学历的人的健康水平报告显示他们的健康水平较低,这很可能会导致对"真实"的健康水平与教育间关系的评估偏低。

（a）解释未测量到的异质性；（b）解释以前的健康和"公民和社会参与"；（c）解释隐藏的第三变量；（d）使用工具变量。

（a）解释未测量到不同个体间的异质性

在劳动经济学领域，一系列以教育的收入回报为主题的研究运用了基于对兄弟姐妹和双胞胎进行比较的策略（Ashenfelter and Kruegar，1994），其基本构想是：通过比较，研究者能够控制未测量到的家庭和社会经济背景，甚至是遗传因素（在双胞胎案例中）。

然而，基于以下两个原因，这种方法在测量教育的社会产出方面不大可行。第一，策略的执行需要大量的数据库，包括兄弟姐妹和双胞胎，并能做出区分。这样的数据在大部分国家是不可得的，当然也有例外。例如，澳大利亚和瑞典①都有双胞胎登记处，由此收集了大量的双胞胎微观数据。特别是瑞典的双胞胎登记的内容，涵盖了有关健康行为和结果的一系列广泛测试，包括与肥胖、抑郁和饮酒有关的测试。第二，在教育—健康关系和教育—"公民和社会参与"关系的语境下，上述策略可能没那么有用。双胞胎比较对教育—收入关系研究的焦点问题，即调控认知能力里未测量到的差异特别有用。然而，对教育—健康关系语境下最常讨论的隐藏的第三变量，如时间偏好、自我效能等，双胞胎比较的调控作用就不那么明显了。另一方面，兄弟姐妹比较对家庭背景差异的调控，可能有助于处理教育—健康关系和教育—"公民和社会参与"关系背后难以测量的隐藏的第三变量。

（b）解释以前的健康和"公民和社会参与"

由于以前的健康影响教育而产生的反向因果关系会导致健康回报的评估偏差，诸多实证研究应尽可能地调控以前的健康信息以减少偏差。同理，研究应该调控以前的"公民和社会参与"信息，以减少由于以前的"公民和社会参与"影响教育而产生的反向因果关系，以及由此导致的"公民和社会参与"的回报评估偏差。然而，这些调控以前的健康和"公民和社会参与"以减少因反向因果关系导致偏差的策略，常常受制于有限

---

① 艾萨克森（Isacsson，1999）使用瑞典双胞胎登记数据来评估瑞典国内的教育收益回报。近来，韦伯宾克等人（Webbink *et al.*，2009）使用澳大利亚双胞胎登记数据来评估教育与肥胖的因果效应。

的数据。这些策略的理想数据库,应基于个体始自儿童时期的长期跟踪研究,即从何时决定受教育,到成年后何时关乎健康和"公民和社会参与"的行为和成效在其自身得以呈现[1]。许多经合组织国家进行了高质量的长期跟踪研究。然而,绝大部分的成人样本不能提供他们早年决定受教育时的健康状况和"公民和社会参与"状况。更进一步说,在经合组织国家间所做的一些高质量横向调查中,健康和"公民和社会参与"数据库里也缺乏以前的信息。

　　解释以前的健康和"公民和社会参与"状况的次佳方法是使用替代项。例如,即使是横向调查的数据库也通常包含回顾童年时期健康问题的有用测度。许多数据库也包含家庭背景方面的测度,如父母的受教育水平。诸如此类的测度也是捕捉以前健康状况中的某些异质性表现的潜在有效替代项。同样的家庭背景测度也可能成为家庭以前的"公民和社会参与"状况的替代项。通常来说,虽然过去健康状况的测度或替代项在很多数据库中都可以找到可用数据,但要找到以前的"公民和社会参与"状况的合理测度或替代项则可能是更大的挑战。

　　虽然在教育对健康和"公民和社会参与"的因果效应的研究中应尽力调控以前的健康和"公民和社会参与"的数据,但绝大多数情况下,有限的数据意味着这一策略的可行性不高。

　　(c) 解释隐藏的第三变量

　　在教育对健康和"公民和社会参与"的因果效应的研究中,应尽可能地调控难以测量到的隐藏的第三变量,如时间偏好、自我效能和能力[2]。然而,这一策略会再次受制于数据的可获得性。美国的健康与退休研究(US Health and Retirement Study, HRS)设置了一系列新颖的问题以求取不同的时间和风险偏好(Barksy *et al.*, 1997)。1979年,美国的青年跟踪调查(US National Longitudinal Survey of Youth)包括了能力和自我效能方面的测度。还有一些欧洲人口的数据库包括了能力方面的测度。例如,英国

---

[1] 因为近来的一些研究将成年人的健康表现与子宫对胎儿的影响联系起来,所以,可以说,理想的长期跟踪研究数据应从个体出生前开始。

[2] 从理论上讲,应该在接受教育(或教育干预)前对他们进行测验,因为教育(或教育干预)可能会对那些变量产生直接影响。

的一个高质量数据库——全国儿童发展调查(National Child Development Survey)——内含 7 岁儿童的阅读和数学能力的测试结果。迪尔登(Dearden,1999)在一个英国的教育收入回报研究中,就取用了这些数据作为调控测度。同样,乌西塔洛(Uusitalo,1999)使用了来自芬兰国防军基本能力测验(Finnish Defence Forces Basic Ability Test)的数据来评估芬兰的教育收入回报。国际成人读写能力调查(International Adult Literacy Survey,IALS)以及相关的成人读写能力和生活技能调查(Adult Literacy and Life skills Survey,ALLS)为选定的经合组织国家提供了能力测试。然而,在经合组织国家间,尚没有关于时间偏好和自我效能的可比较数据。

　　替代项测度是一种可能的策略,其替代的是时间偏好和自我效能等难以测量的特性。孔洛斯等人(Komlos *et al.*,2004)指出,有两种常用的实证方法可用于测试时间偏好:一是结构计量经济学法,即使用消费和储蓄数据通过欧拉方程(Euler equations)①来估算时间偏好率;二是使用健康与退休研究中的调查数据。这一假设需要结构估计,还有数据要求,因而在研究教育对健康和"公民和社会参与"的边际效应时,这一方案并不可行。然而,受这种方法的启发,孔洛斯等人(Komlos *et al.*)在他们关于肥胖的研究中,使用了储蓄率和消费者债务作为时间偏好的替代测度。该方法以肥胖研究中的储蓄和消费者债务为基础。其他的实证研究有时用消费者健康行为——最常用的是吸烟,来作为一些时间偏好、风险偏好和健康偏好的共同替代项。赫瓦贾等人(Khwaja *et al.*,2006)利用健康与退休研究中的数据,探讨了吸烟者和不吸烟者是否在时间偏好、风险偏好和健康偏好上存在系统性差异。研究发现,与不吸烟者相比,吸烟者更没耐心且更爱冒险,但两者在健康偏好上没表现出显著差异。赫瓦贾等人的研究结论为将吸烟作为时间和风险偏好替代测度提供了一些支持,但该结论也显示出这一策略的致命伤:消费者诸如吸烟等不健康行为的差异性很大,且这些

---

① 在流体动力学中,欧拉方程是一组支配无黏性流体运动的方程,以瑞士数学家和物理学家莱昂哈德·欧拉(Leonhard Euler,1707 - 1783)命名。方程组各方程分别代表质量守恒(连续性)、动量守恒及能量守恒。历史上,只有连续性及动量方程是由欧拉推导的,然而,流体动力学文献常把全组方程——包括能量方程——称为"欧拉方程"。欧拉方程一般有两种写法:"守恒形式"及"非守恒形式"。守恒形式强调物理解释,即方程是通过一空间中某固定体积的守恒定律;而非守恒形式则强调该体积跟流体运动时的变化状态。——译者注

差别很难被解释。在更多情况下,许多实证经济学家对将包括储蓄率、消费者债务和吸烟等内生机会变量作为解释控制变量的策略,抱有非常怀疑的态度。方程(1)将额外内生变量纳入内生解释变量带来了一系列新的计量经济学问题。在这种情形下,相对于原来的"疾病"(即忽略如时间偏好和自我效能等变量的测度)而言,这种"治疗方案"很难说是更好还是更坏。

虽然在教育对健康和"公民和社会参与"的因果效应的研究中,应尽力调控诸如时间偏好等隐藏的第三变量,但在绝大多数情况下,有限的数据会严重削弱这一策略的有效性。

(d) 使用工具变量[1]

对教育因果效应的研究,可行的办法是考虑使用工具变量(instrumental variables, IVs)及其他依赖准实验[2]设计的方法。这些方法可以生成教育中的外生变量(exogenous variation),用以辨识教育在健康和"公民和社会参与"上的因果效应。当特定的关键假设成立时,应用于非实验性或测量性数据的工具变量方法能够辨识某一结果的某些解释变量的因果效应[3]。这种方法应用最广泛的领域是计量经济学,最近也已被应用于社会学(Winship and Morgan, 1999)以及临床和健康服务研究(Permutt and Hebel, 1989; McClellan $et\ al.$, 1994)。

研究教育和健康以及"公民和社会参与"之间的关系,工具变量方法依赖于满足外生条件(与教育相关的)的工具变量,而不是那些有关健康或"公民和社会参与"的直接决定因素。这一方法利用工具变量中的外生变量来进行自然实验或准实验,进而建立不被前述的偏差因素影响的教育变量。在所有应用中,工具变量方法的使用面临两个挑战:被提出的工具变量必须有效而且可靠(Murray, 2006)。换言之,工具变量本身不能与误差项 ε_i 有联系,但必须与潜在的外生变量 $Education_i$ 有充分的联系。

---

[1] 某一个变量与模型中随机解释变量高度相关,但却不与随机误差项相关,那么就可以用此变量与模型中相应的回归系数得到一个一致估计量,这个变量就称为工具变量。——译者注
[2] 准实验,是指在无需随机安排被试时,运用原始群体,在较为自然的情况下进行实验处理的研究方法。——译者注
[3] 影响研究对象的变量。它解释了研究对象的变动,表现为方程所描述因果关系中的因(即回归分析中的自变量)。——译者注

以往的关于这一方法的研究认为，评估教育对健康和"公民和社会参与"影响的因果效应，最可行的工具变量应是基于教育政策和教育系统制度特征的变量。如卡德（Card，2001）在详细回顾有关教育收入回报的工具变量研究时所指出的："近来，有关各式各样的学校教育这类的供方资源受到了很多关注，相关的特征包括最低离校年龄、学费或学校的地理位置。"劳动经济学的研究论点是，基于教育政策供给的工具变量是有效的，将其用于教育对健康和"公民和社会参与"的因果效应同样有效。卡德（Card，2001）提到的这些教育政策，除了其对教育的影响，看起来不可能直接决定健康和"公民和社会参与"的产出，因此，有必要将这些变量从方程（1）中排除掉。再者，归因于教育政策工具变量的教育差别不会被前述的问题干扰。从本质上说，个体的教育需求是与个体对健康和"公民和社会参与"的需求联系在一起的，因此，教育在方程（1）中是潜在的内生性的。根据卡德的观点，辨识教育政策的策略改变了教育供给。系统性联系并不存在于教育差异辨识和个体过去的健康或其他隐藏的第三变量（如个体的时间偏好率、自我效能和能力）之间。系统联系同样不会存在于基于教育政策的教育差异辨识和个体的测量误差之间，因此去掉产生偏差的来源是更好的做法。正如默里（Murray，2006）所说："工具变量评估法能够解决很多问题，以至于经济学家们可能将其奉为一剂万能良药。"

虽然有关教育政策工具变量的有效性已经有了不错的案例，但如果其解释力不够强，可能终究无法成为一个有效的解决方案。尽管在理论上排除限制是有效的，但在实践中，关乎健康和"公民和社会参与"的工具和未测量到的决定性因素之间仍可能存在巧合性联系。如果这些工具的解释力较弱，那么，即使是小的巧合性联系，也可能导致工具变量估值的严重不一致。

鉴于工具变量问题的潜在弱点，关于教育因果效应的研究应该仔细考虑方程（1）中工具变量与误差项 ε_i 之间的巧合性联系。建议的辨识策略有赖于一国教育政策环境在时间上的变化，以及相较其他国家（如美国）在某一点上的时间变化和区域变化。辨识策略可以运用这些变化的资源进行真实实验和准实验。在实证经济学中，这种方法是通用的，迈耶（Meyer，1995）在评价中强调："如果不能在实验中调控所使用的变量，就应该先搞清楚变量的来源。"教育政策环境和主要的学校改革被政策进程所决定或影响。作为一种结果，它们不太可能是随机分布的。用工具变量评估教育对健康和"公民和社会参与"的边际效应时，会导致估算偏差的问题性巧合联系。然而，这一状况并不一定会发生。只有未测量的因素同时影响了教育环境和健康及"公民和社会参与"时，问题性巧合联系才会产生所谓的"政策内生性"。

不属于通常意义上的改革政策是潜在的、相对更清晰的辨识教育对健康和"公民和社会参与"的因果效应的工具变量。另外，有些研究可以限定影响因素的来源。例如，列拉斯-穆尼(Lleras-Muney，2005)曾用义务教育法来评估教育对道德的影响。她指出："在发生变化期间，对个体而言，义务教育法中的变化看来已是外生性的。尽管不同国家对教育的评价标准不同，但此处的回归分析包含了大量可以反映这些效应的控制变量(例如虚拟队列变量，包括出生国虚拟变量，以及出生地与队列互动)。"她还强调："没有证据显示这些法案中的哪项条款或限制已单独影响到了健康。"因此，列拉斯-穆尼(Lleras-Muney)得出结论：义务教育法不太可能与方程(1)中的误差项 ε_i 有联系。

在另一例子中，迪伊(Dee，2004)使用儿童劳工法案作为针对教育的工具变量来评估教育对"公民和社会参与"的因果效应。这一法案改变了允许儿童进入劳动力市场的最低教育要求，并因此被认为改变了儿童的受教育水平。将这些变量作为工具变量，迪伊(Dee，2004)做了如下解释："这些法案在1910年到1940年那场激烈的'高中运动'(high school movement)中所起的作用是有限的。这说明，这些法案的变化并非是会真正影响到公民社会态度的实质变化的一部分。"因此，他的结论是儿童劳工法案不太可能与方程(1)中针对"公民和社会参与"的误差项 ε_i 有联系。

在上述列拉斯-穆尼(Lleras-Muney，2005)和迪伊(Dee，2004)的两项研究中，一系列的实证资源提供了丰富的证据，包括制度的细节和历史的梳理。在决定一个案例能否成为关乎教育的有效工具变量时，这些证据常常是关键之一。工具变量研究应仔细考虑政策水平因素，这些因素可能导致在用作工具变量的教育政策改革和"健康"与"公民和社会参与"之间产生巧合性联系。

除了努力控制政策内生性来源和巧合关联来源之外，利用工具变量研究教育对健康和"公民和社会参与"的边际效应时，应对弱工具变量进行测试。斯托克等人(Stock *et al.*,2002)提供了一个有关方法的有用调查,可以用来监测和处理弱工具变量。他们认为,实证研究者们可以采用一些有用的方法去解决弱工具变量的问题。如果要进行这些测试,教育的因果效应研究应该用一种更有效的统计方法[①]:有限信息,最大似然率(maximum likelihood)[②];福勒 K 估计(Fuller-k estimator)[③];偏差校正的两阶段最小二乘法(bias-adjusted two-stage least squares)[④]或刀切法工具变量估计[⑤]。

鉴于将教育政策作为工具变量的潜在弱点,也许应该考虑用其他工具变量来辨识教育对健康和"公民和社会参与"的因果效应。先前的一些研究使用了家庭背景作为变量。预测受教育水平时,家庭背景常是统计意义上相对较强的指标,然而,在考虑排除限制的有效性时,这些变量遭到了强烈的质疑。即假定工具变量不是健康或"公民和社会参与"的直接决定因素,也与未测量到的健康或"公民和社会参与"的决定因素无关。例如,在伯杰和利(Berger and Leigh,1989)、桑德(Sander,1995a,1995b))等人较早的研究中,假定诸如父母所受学校教育这样的变量可以从健康状况的方程中排除掉。但如果受教育更多的父母在其子女健康方面投资更多,储备了更多的健康知识,上述排除限制就是无效的,学校教育对健康影响的估值也会出现偏差。在劳动与健康经济学的标准化实践中,用基于家庭背景的工具变量来评估教育对健康和"公民和社会参与"的因果效应,是一种不可靠的方法。

辨识适当的工具:将教育政策作为工具变量

诸如教育改革等供方的工具变量的应用,依赖于在不同国家和不同时期的政治进

---

① 即采用的统计方法在实际应用中有优良的性能,受现实"异常数据"的影响很小。——译者注

② 有限信息最大似然率方法由安德森等人(Anderson and Rubin,1949)提出,用于估值一次单一结构方程。参见,Anderson,T.W.and Rubin,H.(1949),"Estimator of the parameters of a single equation in a complete system of stochastic equations". *Annals of Mathematical Statistics*,20(1);46-63.——译者注

③ Fuller-k,$\kappa=\lambda-\alpha(n\cdot k)$,$k$ 代表工具的数量,n 代表样本的大小。参见:Fuller,W.A.(1977);"Some Properties of a Modification of the Limited Information Estimator," *Econometrica*,45,939-953.——译者注

④ 估算联立方程模型最常用且简单的方法,是一种以方程求方程的技术。——译者注

⑤ 统计学中重采样方法的标志,是为了降低估计的偏差。常见做法是每次从样本集中删除一个或几个样本,剩余样本即为"刀切"样本,经过一系列这样的估算,可以得到稳定性方差并减少偏差。

程中所进行的准实验或自然实验,很难对如何获取这些变量作出归纳。然而,许多已应用于教育收入回报研究的工具变量也许能够评估教育对健康和"公民和社会参与"的边际效应。表 2.1 列出了可能适用于所列国家(或地区)(澳大利亚、加拿大、丹麦、法国、德国、爱尔兰、意大利、荷兰、挪威、葡萄牙、瑞典、中国台北、英国和美国)的教育改革的工具变量。

要说明教育政策在工具变量研究中的使用,对以下三种研究加以评述或有助益。第一,欧瑞普洛斯(Oreopoulos, 2006a)用英国的教育政策改革来评估中学教育的收入回报。历史上,英国曾经有过相当高的辍学率。1947 年,英国把最低离校年龄从 14 岁提高到 15 岁。此政策提供了一种强辨识策略:14 岁青少年离校率从 57% 下降到 10%。欧瑞普洛斯利用断点回归(regression discontinuity, RD)设计来评估学校教育的平均收入回报。他比较了政策变化前后学生的受教育水平和成年后的收入情况。这一方法类似于工具变量研究中的辨识策略。在这种方法中,政策变化被用作教育的准自然实验变量来源之一。然而,重要的是,断点回归设计也调控教育和收入的跨时点的一般趋势。

表 2.1 基于教育政策的工具变量(IVs)

国家	用作教育工具变量的教育政策	相关工具变量研究
澳大利亚	第二次世界大战造成的学校损毁	伊齐诺和温特-艾莫 (Ichino and Winter-Ebmer, 2004)
加拿大	离校年龄的变化和儿童劳工法案	欧瑞普洛斯 (Oreopoulos, 2006b)
丹麦	1958 年改革:减少教育壁垒 1975 年改革:将义务教育年限由 7 年提升到 9 年,并废除 8—10 年级间的双轨制	阿伦特(Arendt, 2005)
法国	1968 年改革:学生骚乱后的教育改革 1922,1952 年改革:扎伊和贝尔图安(Zay and Berthoin)改革将最低离校年龄分别提高到 14 岁和 16 岁	莫林和麦克纳尔 (Maurin and McNally, 2008) 阿尔布和勒基安 (Albouy and Lequien, 2009)

国家	用作教育工具变量的教育政策	相关工具变量研究
德国	1940 年代:第二次世界大战造成的学校损毁 1950 年代:废除中等教育学费	伊齐诺和温特 - 艾莫(Ichino and Winter-Ebmer, 2004) 莱因霍尔德和于尔格斯(Reinhold and Jurges, 2009)
爱尔兰	1960 年代中期:引入免费中等教育 1972 年:离校年龄由 14 岁提升到 15 岁	卡伦和哈蒙(Callan and Harmon, 1999)
意大利	1963 年:将两种非义务的初中学校并入一个义务教育系统。此后,个体接受强制义务教育的年限由 5 年上升为 8 年 1969 年:不管中学期间修读什么课程,在完成中等教育后都有机会升大学	迪·彼得罗和德尔普拉托(Di Pietro and Delprato, 2009) 布鲁内洛和米尼奇(Brunello and Miniaci, 1999)
荷兰	1982 年:大学修业年限由 5 年减为 4 年	韦伯宾克(Webbink, 2007)
挪威	1960 年代:义务教育年限由 7 年或 8 年上调为 9 年	布莱克等(Black et al. , 2005)
葡萄牙	1956 年:义务教育年限由 3 年上调为 4 年 1964 年:义务教育年限由 4 年上调为 6 年	维埃拉(Vieira, 1999)
瑞典	1960 年代:义务教育年限由 7 年上调为 8 年或 9 年	梅格和帕姆(Meghir and Palme, 2005)
中国台北	1968 年:义务教育年限由 6 年上调为 9 年 初中大规模扩建(呈现明显的区域差异)	周信义等(Chou et al. , 2007)
英国	1947 年:最低离校年龄由 14 岁调整为 15 岁 1973 年:学校改革	哈蒙和沃克(Harmon and Walker, 1999) 欧瑞普洛斯(Oreopoulos, 2006a)
美国	义务教育法 入学年龄政策规定:入学年龄为 5 周岁,年龄认定以 12 月 1 日(加利福尼亚州)或 9 月 1 日(德克萨斯州)为界	安格里斯特和克鲁格(Angrist and Kruger, 1991) 麦克拉里和罗耶(McCrary and Royer, 2006)

　　第二,阿伦特(Arendt,2005)用丹麦的教育政策改革来评估教育对自我健康报告、身高体重指数和吸烟方面的影响。他用了两个工具变量来揭示个体是否受到实施

于1958年和1975年的教育改革政策的影响。阿伦特加入时间趋势变量来解释健康随时间推进而呈上升态势另有原因而非由于教育的改革。他分析指出,在受教育水平普遍上升的趋势峰顶上,1958年后又出现了急剧上升,说明此次改革是一个有用的工具变量。然而,1975年的改革似乎没有产生这么大的影响,鉴于1975改革的性质,这样的结果也是意料之中的。阿伦特用福勒检验(F-tests)[①]以显示工具变量比较弱。他随后得出如下结论:"无论男女,接受更长的教育都会呈现更好的自我健康报告。如果允许内生性存在,这种关系会逐级增长,但如同其常在工具变量方法中被发现的一样,标准误差也是如此。因此,不能否认,对自我健康报告而言,教育是外生性的,也不能否认,不存在无效的教育。当身高体重指数被用于评估健康状况时,也会得出类似的结果。"

第三,周信义(音译)等人(Chou *et al.*，2007)用中国台北的教育政策改革来评估父母的教育对儿童健康的影响。1968年,台北的义务教育年限从6年增加到9年,并开始大规模扩建初中,废除初中入学考试,因而所有的小学毕业生都可以继续他们的学业。小学毕业后直接升入初中的学生比例从1967年的62％上升到1968年的75％,1973年攀升至84％。因此,这些教育政策改革看起来提供了一次有力的准实验。学校基建项目的地区分布差异,又创造了额外的准实验变化。周信义等人用同期群指标和项目(学校基建)强度测量来作为代表教育的工具变量。福勒检验显示:这项研究没有遇到弱工具变量问题。研究者发现,父母的教育可以改善子女的健康状况。他们还注意到,无法否认教育是外生性的这一零假设(null hypothesis)[②],但是,他们指出,外生性检验对"与两阶段最小二乘法相关的效率损失的解释力相对较低。"

尽管把义务教育法等教育法律政策作为外生性工具有一定吸引力,研究者仍需谨记,有效的分析基于这样的假设——这些法律政策的时间测度要么与某国的特定趋势无关(如果在介绍这些法律政策时,用到跨国差异),要么与时间的特定趋势无关(如果

---

① 即迪基-福勒检验(Dickey-Fuller test)可以测试一个自回归模型是否存在单位根(unit root)。——译者注

② 统计学术语,又称原假设,指进行统计检验时预先建立的假设。零假设成立时,有关统计量应服从已知的某种概率分布。当统计量的计算值落入否定域时,可知发生了小概率事件,应否定原假设。——译者注

将个体置于法律政策中,分析时用到时间差异)[1]。例如,马宗达(Mazumder,2007)指出,在美国,教育对健康状况的影响对于各州的特定趋势是敏感的。进而言之,工具变量评估只抓住了受改革影响的特定人群的改革结果,但缺乏教育对普通群体影响的信息。工具变量评估通常是一个子群体接受一年教育的加权平均因果效应。此权重取决于子群体受工具变量的影响程度。结果,工具变量方法提供了一个所谓局部平均处理效应(local average treatment effect,LATE)的评估方法(Angrist *et al.*,1996)。鉴于不同的子群体对政策改革的反应不同,工具变量方法测试的是那些由于政策改革而多接受一年教育的子群体的平均处理效应(Oreopoulos,2006a)。

这一论点的重要意义在于,在评估教育的因果效应时要考虑分级,即只有更高一个级别的教育才可能显现出因果效应。例如,如果某研究者假设只有第三级教育(tertiary education)产生人际互信的因果效应,那么工具变量评估时使用诸如强制义务教育法或儿童劳工法案等政策变化作为评估手段,就很可能产生微小的或者统计学意义上的不显著估计。在诠释和集成第三、四章中的证据时,应牢记这一点。

教育的非线性效应
评估教育非线性效应面临的挑战

标准回归方程(1)和许多先前的研究均假定教育和诸如收入、健康或"公民和社会参与"等产出之间存在一种线性关系[2]。理论上,可直接采用不同的函数形式来描述教育和收入、健康或"公民和社会参与"之间的关系。例如,卡德(Card,2001)建立的内生性学校教育模型就暗含一个二次方函数式:

$$Outcomes_i = \alpha + \beta \cdot Education_i + \delta \cdot (Education_i)^2 + \gamma \cdot X_i + \varepsilon_i \qquad (2)$$

在方程(2)中,经济学家普遍认为,预估值 δ 是负值,因而受教育年限与产出之间

---

[1] 实际上,研究假设,这两个群体(实验组和对照组)的产出并不因没有这些法案而不一样。

[2] 许多劳动经济学研究假设,在收入对数和完成学校教育年限之间存在线性关系。这一假设意味着,多受一年额外的学校教育会带来同等比例的收入增长。尽管收入水平和受教育年限之间的隐含关系是非线性的,对数线性函数形式并没有考虑到其他的非线性关系,如教育的边际回报在更高教育年段下降(按层级或百分比计)的可能性。

的关系表现为凹形曲线,即随着受教育层次的提高,额外受教育年限的边际效应递减。通过广泛的结果比对,经济学家们注意到,生产函数呈现为一个递减的边际产品。除了卡德(Card,2001)的收入—教育关系模型,格罗斯曼(Grossman,2006)也指出,教育改善健康的边际效应随受教育层次的提高而递减。如果教育以信息为因果路径来改善健康,则有理由相信,与更高级的技能(如文学批评能力)相比,基本技能(如基本的读写能力)的提高会得到更多的健康回报。类似的论证指出,"公民和社会参与"和教育之间的关系可能也表现为凹形曲线。

更为灵活的表达方式是将产出—教育关系视作受教育年限的阶梯函数(step function)[①],函数中的每一个单独的阶表示一年。

$$Outcomes_i = \alpha + \beta_1 \cdot Edu1_i + \beta_2 \cdot Edu2_i + \cdots + \beta_{18} \cdot Edu18, \delta + \gamma \cdot X_i + \varepsilon_i \quad (3)$$

在方程(3)中,$Edu1_i$表示个体完成一年的完整教育,$Edu2_i$表示个体完成两年的完整教育,以此类推,直到$Edu18_i$(或数据中已测量到的受教育年限的任意最大值)。参数$\beta_1 \sim \beta_{18}$的估值表示,相对于没有接受教育的年限(或者数据中已测量到的受教育年限的最小值),特定受教育年限的结果。受教育年限变化的边际效应,如受11年教育和受12年教育之间的差别,表示为:$\beta_{12} - \beta_{11}$。由于β_i是自由变化的,这种表述并不会限制不同层级的学校教育的边际效应对比。相反,线性表述对边际效应的限制则是一样的,所以,对前例就会加上限制,使$\beta_{12} - \beta_{11} = \beta_{13} - \beta_{12}$。在二次方表达式里有一个负值$\delta$,边际效应会不断递减,所以,$\beta_{12} - \beta_{11} > \beta_{13} - \beta_{12}$。

方程(3)给出的灵活表达与评估收入—教育关系中是否存在"羊皮效应"(sheepskin effects)[②]呈显著相关。如果个体额外多受一年教育且能够获得学位或证书(传统上称作羊皮),其边际效应是获得更高的收入,这表明,羊皮效应确实存在。亨格福德和索伦(Hungerford and Solon,1987)发现,在教育收入回报上,确实存在实质性的、统计上

---

① 形如阶梯的具有无穷多个跳跃间断点的函数,即分段函数。——译者注

② 又称"文凭效应"。有研究显示,与只完成1年中学教育并且没有毕业的人相比,中学毕业者的收入增长幅度是前者的5到6倍。与此类似的收入不连续跳跃也发生在从大学毕业的人群中。经济学家将这称作羊皮效应,它的命名是基于毕业文凭通常都是纪录在羊皮上这一事实。——译者注

显著的羊皮效应。他们的结论与经济学模型一致,即假定除了能使劳动者们更具生产力外,教育所提供的文凭也给了他们更具生产力的标识。赫克曼等人(Heckman *et al.*,1995)也对传统的收入—教育关系的线性表达进行了检验,但他们否定了这种表达方式。

关注健康、"公民和社会参与"与教育之间的非线性关系十分重要,但选择函数形式时却需要权衡取舍。教育的边际效应随教育层次提高而发生的递减是可以由方程(2)中的二次方特别表达式计算的。类似方程(3)的灵活表达式在理论上很有吸引力,但在实践上对数据有很高的要求。例如,它甚至会需要超过 15 000 个劳动者的大型相关样本。亨格福德和索伦(Hungerford and Solon)在方程 3 中的系数估计是不准确的,因为绝大部分的教育范畴包含的样本都区分得非常细。另一个考虑是,羊皮效应看起来不可能存在于教育的健康回报和教育的"公民和社会参与"回报。除了产生社会地位效应和个人预期与身份的心理效应,并无显性证据证明,在现实中收到一张文凭会改善健康或"公民和社会参与"的状况。一个包含更少阶数的方程(3)通常可能是一个可行的折中方案。有时,数据限制也使我们不得不折中。例如,在某些调查中,教育涉及的范围更广、层次更高,如涉及小学、中学和高等教育。对这些数据,只可能采用有限阶数的阶梯方程来估算。进而言之,教育和健康或"公民和社会参与"之间的非线性关系使内生性偏差的处理难度有所增加。

教育非线性效应的评估方法

从理论上讲,可以用前述的工具变量方法来评估所有层次的教育的因果效应。然而,实际上,同时应对因果关系和非线性关系的实证分析是目前实证研究的前沿领域。过去在劳动和健康经济学方面的研究大都只关注其一,而忽略另外一个。然而,一些劳动经济学方面的研究提供了同时应对两方面问题的可能途径。

例如,哈蒙和沃克(Harmon and Walker, 1999)在评估教育的收入效应时,以英国为样本,将非线性关系纳入考量。为了捕捉高层次教育的非线性数据,他们在总受教育年限之外特别纳入了 18 岁后接受继续教育的年限。为了辨识不同阶段教育的因果效应,他们用了两组工具变量:一组是影响低年段教育决定的因素;另一组是影响 18 岁以后的教育决定的因素。

斯卡利(Skalli, 2007)也用一个工具变量来评估法国的教育收入效应,但没有假定任何非线性关系的外显形式。在第一阶段,他对获得 10 年、11 年直至 18 年或更多年限等 9 个层次的教育进行了序列概率(ordered probit)[1]估算;第二阶段,他评估了 9 个单独的收入方程,每一个都包含第一阶段中的选择性修正项。这个特别表达式与方程(3)中描述的阶梯函数类似,因为它考虑了 9 类单独的教育收入效应,而且没有对评估出的效应作任何限定[2]。斯卡利发现了一种非常显著的非线性关系,并得出结论:所评估出的边际回报在不同教育阶段间波动。

近来,莫菲特(Moffitt, 2007)提出了一种用来评估异质群体的边际处理效应的非参数方法(nonparametric method)[3]。他指出,先前的绝大部分研究,使用的仅仅是一个二元工具变量,"只有部分的(关乎教育的)边际回报函数能被非参数辨识"。在他的研究中,"由于使用了多元的、多价值取向的工具,更大范围的回报函数可以被估算出来。"

因此,早先的研究认为,使用多元工具变量,以示在不同的教育阶段有不同的教育影响因素,是一个辨识教育非线性效应的可行办法。一组适用于工具变量的例子包括:强制义务教育改革影响低年段的受教育水平;高等教育的补贴或学费影响大学入学率和毕业率。然而,鉴于在辨识有效且有力的工具方面存在困难,现实中,绝大部分评估教育对社会产出的非线性效应的有价值研究,都没有考虑因果效应,而只是评估了不同阶段的教育与社会产出之间的关系。卡特勒和列拉斯-穆尼(Cutler and Lleras-Muney, 2010)关于健康产出的研究即是一个典型案例。本书第三、四章进行的分析也只是回顾了解释相互关系的研究。

---

① 即 probit 模型,是一种广义的线性模型,服从正态分布。——译者注

② 斯卡利(Skalli, 2007)使用了一个基于义务教育法的单独工具变量,但是,他证明,这一工具变量只对最高年段的学校教育有影响。他的研究结论是,在义务教育段之后,"有些人 14 岁就已经辍学了,有些人在 16 岁毕业,他们可能发现,花费额外两年受教育的时间拿一张高中文凭是值得的。到 18 岁,他们中一些人可能发现,投资于高等教育是值得的。"然而,他注意到,在美国的研究中,相似的工具变量只对低年段的教育有影响。这说明,他的策略可能不是普遍适用的。

③ 一般认为,在一个统计推断问题中,如给定或者假定了总体分布的具体形式,只是其中有若干个参数,要基于来自总体的样本对这些参数作出估计或者进行某种形式的假设检验,这类推断方法称为非参数方法。——译者注

2.3 辨识运行中的教育系统的特征

当政策制定者意识到教育之于社会产出存在一种因果效应时,他们就会有兴趣去了解那些对提升社会产出特别起作用的教育系统的特征(如课程改革、教学方法和学校组织)。反之,当政策制定者发现教育对社会产出不存在因果效应时,他们就会有兴趣去了解哪些教育系统特征无益于提升社会产出。研究者可以用两种方法解决这些问题:一种是评估特定教育干预之于社会产出的因果效应,这可以提供起作用的教育干预信息及其影响范围;另一个方法是评估用以解释教育和社会产出之间关系的不同路径的相对贡献,这可以通过先调控回归设置中的可能中介因素,再评估教育梯度(或教育与社会产出之间的相互关系)是如何变化的。

教育干预的因果效应

评估教育干预因果效应的挑战

政策共同体(policy community)①对客观评估教育项目的有效性和效率总是抱有强烈的兴趣,相应地,研究者们在改进经济评估方法及其应用方面都取得了显著的成效。由于教育干预被视为发展中国家减少贫困和促进经济增长不可或缺的驱动力,因此,在发展研究领域,这属于典型案例。

在辨识教育干预对劳动力市场和健康产出的因果效应时,有关项目评估(programme evaluations)②的实证性研究文献已经明确了相关挑战③。关注以下有关项目评估的简单统计模型,将有助于分析这些挑战。

假设$Education_i$代表参与一个教育项目的个体i,由此,如果个体i参与了,则$Education_i=1$,否则,$Education_i=0$。当个体i参与时,她的社会产出水平将是SO_{1i},

---

① 指那些在一个特定的政策社会领域共享利益的参与者的集合,他们为平衡、优化他们的关系而相互合作。——译者注

② 项目评估(programme evaluations),也称为影响力评估(impact evaluations)。

③ 据笔者所知,还没有任何一个对"公民和社会参与"的影响进行评估的项目。

如果她没有参与,就是SO_{0i}。这样,该教育项目的因果效应(或效果)就可以表述为:

$$E[SO_{1i} - SO_{0i} \mid Education_i = 1]$$
$$= E[SO_{1i} \mid Education_i = 1] - E[SO_{0i} \mid Education_i = 1] \tag{4}$$

从本质上说,这是假定的教育项目的参与所产生的影响的均值,通常,在各种文献中被称为处理效应(treatment effects)[①]。评估处理效应面临的挑战是人们并不知道$E[SO_{0i} \mid Education_i = 1]$是什么。换句话说,如果纳入项目研究的个体实际上没有参与项目,其结果是无法测量的。研究者通常称之为反事实。

有的研究可能倾向于简单地将非参与者的平均产出从参与者的平均产出中减去,以此来确定教育干预的影响,如方程(5)的等号前所示。然而,由此获得到的可能不仅是教育干预的因果效应,还有方程(5)中提到的偏差。

$$E[SO_{1i} \mid Education_i = 1] - E[SO_{0i} \mid Education_i = 0]$$
$$= E[SO_{1i} - SO_{0i} \mid Education_i = 1] - [Bias] \tag{5}$$

由于绝大多数教育干预对于个体的选择,都是基于个体或其家庭的特点(如收入、居住区域),这样的偏差可能无法避免,它通常被称为选择性偏差(selection bias)。如果项目参与者是随机分布的,则偏差会消失。[②]

个体或其家庭可测量的和不可测量的特点都会引起这个偏差(Ravallion, 2001)。可测量偏差与实验组和对照组的差异相关,这些差异会通过两组间的可测量的控制变量体现出来。如果可测量的控制变量在两组之间存在差异,结果就会出现偏差。然而,如果两组的可测量特点分布不同,即使两组间的可测量的控制变量相同,偏差仍然会存在。慎重选择对照组,即选用具有相同可测量特点的实验组和对照组,可以消除偏差源。如果不可测量变量对学校教育和项目参与的影响受数据中可测量变量的条件限制,这些变量也可能导致偏差。[③]

---

① 即项目实施过程中,实验组的效应。——译者注
② 如果这一教育项目里的选择是随机决定的,那么,恰当的方法应适用于随机实验(或随机对照实验)。
③ 因此,这一问题与隐藏的第三变量问题相似。

评估教育干预的因果效应[①]

如前所述,评估教育干预效应面临的关键性挑战来自绝大部分的政策干预都定位于特定群体这一事实,也就是说,实验组并不是随机选择的。有多种不同的方法可以减小因非随机选择教育干预而产生的偏差。核心思路是,假定项目参与者实际上没有参与该项目,那就需要解决因假定的产出而缺失信息所带来的问题。因而,评估最终是一个关于缺失信息的问题。有文献建议,可行的方式是构建对照组来辨识如果没有这个项目的反事实的可能状况,这就是说,可行的方法可能是建构对照组来辨识没有这个项目的反事实情况下会发生什么。对照组的参与成员会被设定为和实验组基本一致,除了一个关键差异:即对照组实际没有参与项目。做到这一点的方法有四种:

1. 随机化

在清晰定义某些特点的人群中随机选取实验组和对照组,除了实验组参与项目实验外,两组通常没有差异。

2. 匹配性

匹配的目的是从更大范围的调查中辨识出对照组。对照组基于一系列可测量特点与实验组匹配,或基于可测量特点,使用参与的预估概率(常被称为"倾向评分"[②])进行匹配。理想的对照组来自与实验组相同的经济环境,并且由受到相似训练的调查者进行同样的问卷调查。

3. 双重差分法

在项目实施前(第一次差分)和实施后(第二次差分)都对实验组和对照组进行比较。这种方法假设学生(或学生家庭)不可测量的特点的效应在其受到教育干预前后没有变化。如果不可测量的特点随着时间推移而保持不变,就可以通过研究产出将这些特点随时间的变化而加以差分。

4. 工具变量法

其逻辑与此前讨论过的工具变量完全一致。关键是辨识出影响项目参与的变量,

[①] 本节选自拉瓦莱恩的著作(Ravallion, 2001)。

[②] 是一种统计学方法,用于处理测量研究(observational study)的数据。采用倾向评分为了减少偏差和混杂变量的影响,以便对实验组和对照组进行更合理的比较。——译者注

但不包括产出后的参与。如果这样的变量存在,便可以辨识归属于项目产出中的外生性变化的来源——辨识出其定位不是随机的而是有目的的。工具变量先被用来预测项目参与,然后是看产出指标如何随预测值变化而变,如何以其他特点为条件而变。

另外一种评估教育干预的方法是用断点回归设计(regression discontinuity designs)。虽然这种方法始于20世纪60年代,但直到最近才被应用到教育和经济领域。断点回归设计有两个重要的假设。第一,对教育干预的选择基于可测量变量,这种变量通常被称为赋值变量(assignment variable)。举例来说,变量可以是家庭收入阈值,而估计值在此阈值之上的参与者会被分派到实验组,而那些估计值在此阈值之下的则被分到对照组。第二,产出变量是关于赋值变量的连续平滑函数,特别接近于阈值。因而,这一方法不能用于评估教育干预对志愿者行为发生率的效应。不过,它可以用来评估教育干预对志愿者行为强度(如过去一年中志愿者行为的天数)的效应。

图2.1对断点回归设计方法作了说明。假设家庭收入被用于分配学生接受教育干预(实验组)。家庭收入是赋值变量,最低家庭收入是阈值。该图描述了符合要求的数据的正效应,即预测产出值在阈值上的激增。对实验效应(即激增)的断点回归评估能够通过使用回归模型加统计显著性检验来进行。断点回归提供了对符合项目要求的数据对产出影响的评估,而前述的工具变量评估反映了实验(即教育干预)对产出的影响。

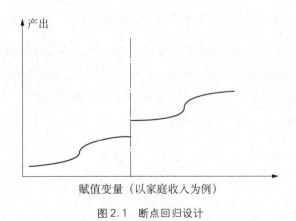

图2.1　断点回归设计

路径分析

评估教育干预因果效应的方法有赖于来自实验设计或那些允许进行准实验设计的微观数据库。这些数据通常很难取得,尤其是要获得如此众多的经合组织国家的数据。进而言之,很难用这种方法来将某种因果路径(如通过课程改革来提升基本能力)的作用与另一种因果路径(如收入效应)的作用进行比较。

推断不同路径作用的简单方法是,在追加多个用以研究某个特别路径的因素时,评估方程(1)中的 β 因此而产生的强度变化[①]。例如,下述可能的因果路径也许能解释教育对社会产出的影响:

- 直接方式:通过提升个体的认知技能水平;
- 间接方式:通过提升收入水平。

要评估每一个这样的因素对教育层级(education gradient)的贡献,有效的做法是评估教育层级在受到这些因素影响后的变化。更严谨的做法是,考虑一个解释性因素向量 Zi ,也许它是上述因果路径的一个要素。要检验这一解释性因素的影响,有必要在把解释性因素 Z_i 加入方程(1)后,再对其重新进行评估:

$$Outcomes_i = \alpha + \beta^* \cdot Education_i + \gamma \cdot X_i + \delta \cdot Z_i + \varepsilon_i \tag{6}$$

教育系数的百分数因加入解释性因素而成比例下降, $1 - \dfrac{\beta^*}{\beta}$ 给出了这一解释性因素对教育层级贡献的估计值。卡特勒和列拉斯-穆尼(Cutler and Lleras-Muney, 2010)使用来自美国和英国的微观数据评估了一系列因果路径的贡献。他们的研究显示,获取信息的能力和认知技能测度解释了 30% 的教育层级情况,而收入、健康保险和家庭背景也解释了另外 30% 的教育层级情况。

---

① 这一方法以卡特勒和列拉斯-穆尼(Cutler, Lleras-Muney, 2010)的研究为基础。

2.4 辨识教育对谁的影响更大

截止到目前,已有的分析暗指教育影响并不因群体不同(如性别、年龄或种族不同)而异。然而,教育可能在这些群体间很好地展现出异质性效应,也就是经济学家所谓的异质处理效应(heterogeneous treatment effects)[1]。由于这些人群间的社会产出有显著的不平衡(见第三、四章),会有政策共同体有兴趣知道教育是否有助于减小/扩大群体间的不平衡。通过评估不同群体间处理效应如何变化可以轻松地测量到这一状况。

以方程(7)修正方程(1)来研究异质处理效应,取代此前由参数β给定的共同的教育边际效应,每个个体i都有一个不同的边际效应β_i。因此,研究的焦点就不是评估教育的边际效应,而是转换延伸至研究处理效应的分布特征,例如中位数或平均处理效应(average treatment effect,ATE)。教育—健康关系或教育—"公民和社会参与"关系可以被重新诠释为针对某一特定群体的平均处理效应。如果这一群体的定义方式与教育年段相关,平均处理效应就能证明在教育对健康、教育对"公民和社会参与"的效应中是否存在非线性关系。

$$Outcomes_i = \alpha + \beta_i \cdot Education_i + \gamma \cdot X_i + \varepsilon_i \tag{7}$$

不同的平均处理效应会与不同的教育政策相关。例如,评估教育改革的健康收益往往聚焦于某一群体的弱势部分。相关的平均处理效应是这一子群体的教育之于健康的平均效应,这与整个群体的平均处理效应可能有着实质性差异。

工具变量方法可以得出多种不同的、有效的因果处理效应评估,即针对不同子群体的教育边际回报的多种有效评估。工具变量评估是一个子群体受一年教育的加权平均因果效应,权重取决于子群体受该工具变量影响的程度。由此,工具变量方

---

[1] 注意异质处理效应(heterogeneous treatment effects)与基于分层线性模型(hierarchical linear modelling,HLM)方法所估计的固定效应和随机效应一致。分层线性模型方法这一术语越来越多地为教育领域中的研究者所使用。

法提供了评估局部平均处理效应的方法(local average treatment effect，LATE)
(Angrist *et al.*，1996)。局部平均处理效应是"那些因遵循为工具默认的赋值—处理
机制而改变处理状态的平均处理效应"(Inchino and Winter-Ebmer，1999)。克林
(Kling，2001)把工具变量策略解释为："经常依赖于对个体的测量，这些个体因某些
规则或动机的影响而得到更多的学校教育。这些规则或动机对某一群体的子群体
接受学校教育的决策有显著影响。如果个体间的教育回报没有保持不变，那么，同
样有效的辨识策略针对不同的子群体可能产生不同的结果。"这些不同的结果对应
不同的平均处理效应。虽然克林的研究着眼于教育的收入回报，但其研究逻辑也适
用于教育的健康和"公民和社会参与"的回报。例如，格罗斯曼(Grossman，2006)认
为，在最近有关教育健康回报的评估中，工具变量评估优于普通最小二乘法评估，因
为工具变量反映出在学校教育的低阶段，影响人们做选择的政策干预，在这些阶段，
局部平均处理效应明显。

在解释教育对健康和"公民和社会参与"的边际效应的评估时，考虑局部平均处理
效应非常重要。因为可以提供异质处理效应，工具变量法没有必要提供有关教育的平
均边际回报的估算。正如卡德(Card，2001)所强调的："然而，就政策评估目的来说，
学校教育针对某一群体的平均边际回报可能与针对该群体因某项建议改革的影响而
产生的平均回报不太相关。在这样的案例中，最有用的证据可能是，以先前类似的改
革为基础，通过工具变量评估学校教育带来的回报。"

2.5 额外的考量

工具变量和普通最小二乘法评估之间的比较

教育对健康和"公民和社会参与"的因果效应的研究应该遵循标准的实证做法，以
普通最小二乘法结果为基准，报告并对比工具变量的结果。这其中有两项关键的比
较，第一，工具变量法得出的边际效应估算值大于还是小于普通最小二乘法的估算值？
第二，如何对围绕工具变量估值和普通最小二乘法估值的置信区间进行比较？

前述的实证挑战倾向于认为普通最小二乘法的基准评估点 $\hat{\beta}_{OLS}$ 会因高估教育对

健康和"公民和社会参与"的边际因果效应而出现偏离。因为工具变量法应该得出没有偏差的估值 $\hat{\beta}_{IV}$，先验估计是 $\hat{\beta}_{OLS} > \hat{\beta}_{IV}$。一般而言，我们会发现 $\hat{\beta}_{OLS} > \hat{\beta}_{IV}$ 倾向于支持工具变量法是有用的。然而，先前关于劳动力和健康经济学的研究经常得不出预期模式。卡德（Card，2001）通过大量的文献研究发现："近来的文献用供方特征来描述学校教育选择，发现工具变量对学校教育回报的估值至少和最小二乘法的估值一样大，有时甚至更大。"格罗斯曼（Grossman，2006）在教育对健康影响的工具变量研究中得出了类似的结论。又如，列拉斯-穆尼（Lleras-Muney，2005）在关于教育对死亡率的影响的研究中指出："这里所有用到的工具变量估值都比普通最小二乘法估值大很多……首先，这是出人意料的结果：先验估计认为，普通最小二乘法的估值会很大。"

对教育之于健康和"公民和社会参与"的边际效应的研究应该考虑几种可能的解释，即为什么工具变量估值可能大于普通最小二乘法估值。下列可能的原因是基于卡德（Card，2001）的讨论总结出的。首先，可能是反向因果及诸如时间偏好等隐藏的第三变量非常小导致 $\hat{\beta}_{OLS}$ 偏离。由于教育变量中的测量误差，$\hat{\beta}_{OLS}$ 是潜在向下偏离（趋向于0的），不同来源的偏差可能被抵消或体现在向下偏离的 $\hat{\beta}_{OLS}$ 中。这可以解释为什么 $\hat{\beta}_{OLS} < \hat{\beta}_{IV}$。然而，卡德（Card，2001）认为，教育的测量误差只能对普通最小二乘法和工具变量之间的估值差距做出10％的解释，因此，这种解释看起来是不完善的。

第二个更为普遍的解释是，使用多个教育政策工具变量的研究倾向于恢复某些个体的亚群的局部平均处理效应，这些个体因受教育而获得相对高的回报（Card，2001；Grossman，2006）。

第三种更为复杂的解释是，已发表的一些研究结果里都使用了这一范式。研究者本身及演算的过程，大都倾向于更大规模 T 检验的工具变量。由于工具变量方法增加了与预估系数有关的标准误差，为了更大规模 T 检验而产生的演算结果偏差形成了一个趋势，即只公布和报告较大的有关教育的边际效应估值。阿申费尔特等人（Ashenfelter *et al.*，1999）总结道："一旦将要公布的研究结果的可能性影响受到控制，不同的评估方法（如普通最小二乘法和工具变量）得出的评估结论的差异就相对变小了。"

除了比较教育对健康和"公民和社会参与"的边际效应估值大小,还需要比较评估的准确性。工具变量方法的一般特性之一就是因标准误差较大和置信区间较宽而导致精准性较差。阿申费尔特等人(Ashenfelter et al., 1999)对来自 27 项有关教育的收入效应的研究中的 96 个评估进行的元分析表明,工具变量研究的平均估值比普通最小二乘法的平均估值高 40%,即平均标准误差大 400%(5 倍)。教育对健康和"公民和社会参与"的边际效应的工具变量研究,使用了以教育政策为工具变量的相同辨识策略,同样可能产生类似的不精确估值。在解释评估结果时,记住工具变量评估的相对不精确性很重要。

尽管外生性检验提供了对普通最小二乘法和工具变量评估的相关系数的正式统计对比,但这些检验对教育边际效应的假定性研究可能不具有信息价值。外生性测试的逻辑是,在零假设的条件下,教育实质上是外生性的,普通最小二乘法和工具变量评估中的 $\hat{\beta}_{OLS}$ 和 $\hat{\beta}_{IV}$ 的差异只有样本误差的不同。为在统计上检验 $\hat{\beta}_{OLS}$ 和 $\hat{\beta}_{IV}$ 是否显著不同,研究者进行了一个零假设的外生性测试。否定外生性的零假设暗指教育是内生性的;但没法否定零假设的信息更少。当工具变量评估相对不精确时,如在教育的边际效应的工具变量研究中出现这种情况,外生性检验就不是很有用了。由于 $\hat{\beta}_{IV}$ 的宽置信区间可能包含 $\hat{\beta}_{OLS}$,因此零假设 $\hat{\beta}_{OLS}=\hat{\beta}_{IV}$ 不能被否定。但是宽置信区间也意味着 $\hat{\beta}_{OLS}$ 与 $\hat{\beta}_{IV}$ 截然不同的假设同样不能被否定。这一情况的典型例证来自列拉斯-穆尼(Lleras-Muney, 2005)所做的一项颇具影响力的有关教育对道德的影响的研究。她发现,工具变量估值实际上大于普通最小二乘法评估值,但外生性测试却不能否认这两个估值相同的零假设。尽管没法否认外生性,但大部分实证经济学家还是认为,在评估教育对健康的效应时,工具变量的估值考虑到了内生性,因而是更可靠的证据。

跨国比较

评估应考虑到,不同国家间的教育与健康的关系的可能性状况会有差异。卡特勒和列拉斯-穆尼(Cutler and Lleras-Muney, 2006)建议:"当具备预防和治愈疾病的知识和技术时,健康梯度就会上升。"因为可获取的知识和技术因国家而异,教育与健康的关系也就被认为会有所差异。就"公民和社会参与"来说,不同国家之间的差异更可能源于特定国家的文化、政治和制度因素。

对这些国家进行大类划分，进而考量不同的教育—健康关系可能是有效的做法。划分的大类有：高收入国家和低收入国家。在对多个教育的收入效应的研究进行元分析后，阿申费尔特等人（Ashenfelter *et al.*，1999）发现，"不同地理区域的估算回报差异很小——那些没和美国划分在一组的国家包括：芬兰、洪都拉斯、印尼、爱尔兰、荷兰、葡萄牙和英国。"然而，黄健等人（Huang *et al.*，2009）的元分析研究显示，美国教育在社会互信和参与方面的回报，显著高于其他国家（大多数欧洲国家）。

一般均衡效应

在教育对健康和"公民和社会参与"边际效应的研究中应该探索的是，当评估健康和"公民和社会参与"对教育的回报时，一般均衡效应是否重要。方程（1）描述的标准方法和方程（2）（3）的扩展版本都采用了个体层面或局部均衡方法。焦点在于如果个体接受更多的教育，他或她的健康、"公民和社会参与"或收入将会如何增长。这些研究并没有试图去模型化或预测许多个体接受更多教育后的一般均衡效应。在美国的多项研究中，评估是基于教育中的准实验变化做出的。这些数据来自州层面的教育政策改革。赫克曼等人（Heckman et al.，1998）认为，这一方法可能会误导对国家层面的教育政策的分析。常见的问题是"对影响少数个体的政策而言是真实的因素，对国家经济有普遍影响的政策不见得也必须是真实的"。在教育—收入关系的语境下，一般均衡效应的例证有，如果学费补贴增加了大学入学率，则增长的毕业生数量压低毕业生相对收入的可能性有多大。在此例中，与采用个体层次或局部均衡方法的估算相比，国家教育政策在收入上的一般均衡效应可能要小得多。

在评估健康和"公民和社会参与"回报时，一般均衡效应的相关性更加不明显。受教育程度越高的个体，其工资收入反而低，这种可能性产生的影响不大，因为健康和"公民和社会参与"作为教育的回报并不只依赖于教育对收入的影响。[1] 看起来，一般

---

① 然而，有人可能会提出，教育投入水平的整体提高会带来更好地获得（私人）医疗套餐的途径。这可能会影响健康治疗的价格，进而影响健康行为。

均衡效应也不可能针对某些教育和健康、"公民和社会参与"的因果路径。

如第四章将会讨论的，也许最明显的因果路径是通过信息实现的。关于健康和"公民和社会参与"的信息在消费方面的主要特性是共享性[①]：一个人对健康或"公民和社会参与"的学习并不会阻碍另一个人对同样事实的学习（或消费）。因此，如果一项教育政策增加了对此类信息的需求，信息的价格也不太可能在一般均衡情况下被显著哄抬。[②] 然而，一般均衡效应也可能出现在更后面的阶段。一些研究指出，受过更多教育且掌握更多信息的病人与医生和其他医护人员的互动行为不同（Cutler 2006）。列拉斯-穆尼和利希滕伯格（Lleras-Muney and Lichtenberg，2002）发现，受过更多教育的病人会采用更新的而且可能更有效的药物治疗方法。在一般均衡的情况下，掌握更多信息的病人数量越大，就越有可能会哄抬诸如医生的时间、最新的药品和其他医疗护理等稀缺资源的价格，并降低这些资源的可获得性。换言之，掌握丰富信息的病人可能具有很多的健康优势，但当掌握丰富信息的病人数量很多时，这种健康优势就会变小。

一般均衡效应也可能与受同伴影响的教育之于健康和"公民和社会参与"的因果路径有关。例如，一项实际上提高了大学入学率的学费补助也可能改变了大学同学的构成。拿到补助的大学新生可能来自某个群体中的不同部分，带着强烈的反健康、反"公民和社会参与"的态度进入大学。所以，那些大学新生在受到常见的大学同伴群体的亲健康和亲"公民和社会参与"的同伴影响的同时，他们也使其他学生受到了自己的反健康、反"公民和社会参与"态度的影响。在这一案例中，国家教育政策的净效应或一般均衡效应可能实质上弱于局部均衡研究的估算。然而，如果新生的起点更低，那么，净效应或一般均衡效应可能会更强。

---

① 经济学上对公有财产和私有财产的分类，以共享性及非排他性作为界定。共享性是他人的享用不减少自己的享用价值，而非排他性即不付费亦可享用。——译者注

② 例如，当教育增长提升了消费者对大众科学、新闻杂志和电视节目的需求时，这些信息源的价格似乎不太可能有大的增长。

2.6 小结

本章描述了一个用以评估教育系统对提高社会产出效果的标准实证框架,它不仅强调阐明因果关系的挑战,还强调应对不同教育阶段间和不同子群体间的不同因果关系的重要性。为了应对缺乏实证数据的因果关系,同时要考虑先前的健康状况、"公民和社会参与"状况,以及隐藏的第三变量的重要性。本章还指出,工具变量方法是许多经合组织国家评估因果关系的可行方式,尽管这种方法仍有不足之处[①],但在有大量的微观数据以及经合组织国家间的政策工具可以利用的情况下,这一方法仍有可行性。另外,本章还提出了一些讨论可能发挥作用的教育系统的特征的方法,这可以通过评估特定教育干预的效应直接完成,也可以通过评估教育对社会产出可能产生影响的路径间接地完成。

参考文献

Albouy, V. and L. Lequien (2009), "Does compulsory schooling lower mortality?", *Journal of Health Economics*, Vol. 28, pp. 155 – 168.

Angrist J., G. Imbens and D. Rubin (1996), "Identification of Causal Effects Using Instrumental Variables", *Journal of the American Statistical Association*, Vol. 434, pp. 444 – 455.

Angrist, J. and A. Krueger (1991), "Does Compulsory Schooling Attendance Affect Schooling and Earnings?", *Quarterly Journal of Economics*, Vol. 106, pp. 979 – 1014.

Angrist, J. and A. Krueger (1994), "Estimates of the Economic Return to Schooling from a New Sample of Twins", *American Economic Review*, Vol. 84, pp. 1157 – 1173.

Arendt, J. N. (2005), "Does Education Cause Better Health? A Panel Data Analysis using School Reforms for Identification", *Economics of Education Review*, Vol. 24, pp. 149 – 160.

Ashenfelter, O., C. Harmon and H. Oosterbeek (1999), "A Review of Estimates of the Schooling/Earnings Relationship, with Tests for Publication Bias", *Labour Economics*, Vol. 6, pp. 453 – 470.

Auld, M. and N. Sidhu (2005), "Schooling, Cognitive Ability, and Health", *Health Economics*, Vol. 14,

---

① 卡德(Card, 2001)在回顾了基于教育收入回报的工具变量的大量拓展性研究后,总结道:"很多案例中,工具变量评估都是相对不精确的,而且,没有一项实证策略是基于真正的随机化。因此,没有一项单独的研究有可能是决定性的。"人们不应期望找到"最好的评估"。较为可行的目标是划定评估教育之于健康和"公民和社会参与"的边际效应的合理范围边界。

pp. 1019 – 1034.

Bago d'Uva, T., O. O'Donnell and E. van Doorslaer (2008), "Differential Health Reporting by Education and Its Impact on the Measurement of Health Inequalities among Older Europeans", *International Journal of Epidemiology*, Vol. 37, pp. 1375 – 1383.

Barksy, R. et al. (1997), "Preference Parameters and Behavioral Heterogeneity: An Experimental Approach in the Health and Retirement Study", *Quarterly Journal of Economics*, Vol. 112, pp. 537 – 579.

Berger, M. and J. Paul Leigh (1989), "Schooling, Self-Selection, and Health", Journal of Human Resources, Vol. 24, pp. 433 – 455.

Black, S., P. Devereux and K. Salvanes (2005), "Why the Apple Doesn't Fall Far: Understanding Intergenerational Transmission of Human Capital", *American Economic Review*, Vol. 95, pp. 437 – 449.

Brunello, G. and R. Miniaci (1999), "The Economic Returns to Schooling for Italian Men. An Evaluation Based on Instrumental Variables", *Labour Economics*, Vol. 6, pp. 500 – 519.

Callan, T. and C. Harmon (1999), "The Economic Return to Schooling in Ireland", *Labour Economics*, Vol. 6, pp. 543 – 550.

Card, D. (2001), "Estimating the Returns to Schooling: Progress on Some Persistent Econometric Problems", *Econometrica*, Vol. 69, pp. 1127 – 1160.

Chou, S. Y., J. T. Liu, M. Grossman and T. Joyce (2007), "Parental Education and Child Health: Evidence from a Natural Experiment in Taiwan", *NBER Working Paper 13466*.

Conti, G., J. Heckman and S. Urzua (2010), "The Education-Health Gradient", *American Economic Review: Papers and Proceedings*, Vol. 100, pp. 234 – 238.

Cutler, D., A. Deaton and A. Lleras-Muney (2006), "The Determinants of Mortality", *Journal of Economic Perspectives*, Vol. 20, pp. 97 – 120.

Cutler, D. and A. Lleras-Muney (2006), "Education and Health: Evaluating Theories and Evidence", *NBER Working Paper 12352*.

Cutler, D. and A. Lleras-Muney (2010), "Understanding Differences in Health Behaviours by Education", *Journal of Health Economics*, Vol. 29, pp. 1 – 28.

Cutler D., M. B. Landrum and K. A. Stewart (2006), "How do the better educated do it? Socioeconomic status and the ability to cope with underlying impairment", *NBER Working Paper 10240*.

Dearden, L. (1999), "The Effects of Families and Ability on Men's Education and Earnings in Britain", *Labour Economics*, Vol. 6, pp. 551 – 567.

Dee, T. S. (2004), "Are There Civic Returns to Education?", *Journal of Public Economics*, Vol. 88, pp. 1697 – 1720.

Di Pietro, G. and M. Delprato (2009), "Education and Civic Outcomes in Italy", *Public Finance Review*, Vol. 37, pp. 421 – 446.

Farrell, P. and V. Fuchs (1982), "Schooling and Health: The Cigarette Connection", *Journal of Health Economics*, Vol. 1, pp. 217 – 230.

Fuchs, V. (1982), "Time Preference and Health: An Exploratory Study", in *Economic Aspects of Health*, University of Chicago Press, Chicago, IL, pp. 93 – 120.

Fuchs, V. (1993), *The Future of Health Policy*, Harvard University Press, Cambridge, MA.

Grossman, M. (2000), "The Human Capital Model", in A. J. Cuyler and J. P. Newhouse (eds.), *Handbook of Health Economics*, North-Holland, pp. 349 – 408.

Grossman, M. (2006), "Education and Non-Market Outcomes", in E. Hanushek and F. Welch (eds.), *Handbook of the Economics of Education*, North-Holland, Amsterdam.

Grossman, M. and R. Kaestner (1997), "Effects of Education on Health", in J. R. Behrman and N. Stacey (eds.), *The Social Benefits of Education*, University of Michigan Press, Ann Arbor, MI, pp. 69 – 123.

Harmon, C. and I. Walker (1999), "The Marginal and Average Returns to Schooling in the UK", *European Economic Review*, Vol. 43, pp. 879 – 887.

Heckman, J. J., A. Layne-Farrar and P. Todd (1995), "The Schooling Quality-Earnings Relationship: Using Economic Theory to Interpret Functional Forms Consistent with the Evidence", *NBER Working Paper* 5288.

Heckman, J. J., L. Lochner and C. Taber (1998), "General Equilibrium Treatment Effects: A Study of Tuition Policy", *American Economic Review Papers & Proceedings*, pp. 381 – 386.

Heckman, J. J. and Y. Rubinstein (2001), "The importance of noncognitive skills: Lessons from the GED testing program", *American Economic Review Papers and Proceedings*, Vol. 91, pp. 145 – 149.

Huang, J., M. Henriette and W. Groot (2009), "A meta-analysis of the effect of education on social capital", *Economics of Education Review*, Vol. 28, pp. 454 – 464.

Hungerford, T. and G. Solon (1987), "Sheepskin Effects in the Returns to Education", *Review of Economics and Statistics*, Vol. 69, pp. 175 – 177.

Ichino A. and R. Winter-Ebmer (1999), "Lower and Upper Bounds of Returns to Schooling: An Exercise in IV Estimation with Different Instruments", *European Economic Review*, Vol. 43, pp. 889 – 901.

Ichino, A. and R. Winter-Ebmer (2004), "The Long-Run Educational Cost of World War II", *Journal of Labor Economics*, Vol. 22, pp. 57 – 86.

Isacsson, G. (1999), "Estimates of the Return to Schooling in Sweden from a Large Sample of Twins", *Labour Economics*, Vol. 6, pp. 471 – 489.

Kenkel, D. (forthcoming), "Estimating the Marginal Effects of Education on Health and Civic and Social Engagement: A Feasibility Study", OECD, Paris.

Kenkel, D. D. Lillard and A. Mathios (2006), "The Roles of High School Completion and GED Receipt in Smoking and Obesity", *Journal of Labour Economics*, Vol. 24, pp. 635 – 660.

Khwaja, A., F. Sloan and M. Salm (2006), "Evidence on Preferences and Subjective Beliefs of Risk Takers: The Case of Smokers", *International Journal of Industrial Organization*, Vol. 24, pp. 667 – 682.

Kling, Jeffrey R. (2001), "Interpreting Instrumental Variables Estimates of the Returns to Schooling", *Journal of Business & Economic Statistics*, Vol. 19, pp. 358 – 364.

Komlos, J., P. K. Smith, and B. Bogin (2004), "Obesity and the Rate of Time Preference: Is There a Connection?", *Journal of Biosocial Sciences*, Vol. 36, pp. 209 – 219.

Lleras-Muney, A. (2005), "The Relationship between Education and Adult Mortality in the United States", *Review of Economic Studies*, Vol. 72, pp. 189 – 221.

Lleras-Muney, A. and F. Lichtenberg (2002), "The Effect of Education on Medical Technology Adoption: Are the More Educated More Likely to Use New Drugs?", *NBER Working Paper* 9185.

Maurin, E, and S, McNally (2008), "Vive la Revolution! Long-Term Educational Returns of 1968 to the

Angry Students", *Journal of Labor Economics*, Vol. 626, pp. 1 - 33.

Mazumder, B. (2007), "How Did Schooling Laws Improve Long-Term Health and Lower Mortality?", Federal Reserve Bank of Chicago, mimeo.

McClellan, M., B. J. McNeil, and J. P. Newhouse (1994), "Does More Intensive Treatment of Acute Myocardial Infarction in the Elderly Reduce Mortality?", *JAMA*, Vol. 272, pp. 859 - 66.

McCrary, J. and H. Royer (2006), "The Effect of Female Education on Fertility and Infant Health: Evidence from School Entry Policies Using Exact Date of Birth", *NBER Working Paper* 12329.

Meghir, C. and M. Palme (2005), "Educational Reform, Ability, and Family Background", *American Economic Review*, Vol. 95, pp. 414 - 424.

Meyer, B. D. (1995), "Natural and Quasi-Experiments in Economics", *Journal of Business & Economic Statistics*, Vol. 13, pp. 151 - 161.

Milligan, K., E. Moretti and P. Oreopoulos (2004), "Does Education Improve Citizenship? Evidence from the United States and the United Kingdom", *Journal of Public Economics*, Vol. 88, pp. 1667 - 1695.

Moffitt, R. (2007), "Estimating Marginal Returns to Higher Education in the UK", *NBER Working Paper* 13534, October.

Murray, M. P. (2006), "Avoiding invalid instruments and coping with weak instruments", *Journal of Economic Perspectives*, Vol. 20, pp. 111 - 132.

OECD (2007a), *Evidence in Education*, OECD, Paris.

OECD (2007b), *Understanding the Social Outcomes of Learning*, OECD, Paris.

Oreopoulos, P. (2006a), "Estimating Average and Local Average Treatment Effects of Education When Compulsory Schooling Laws Really Matter", *American Economic Review*, Vol. 96, pp. 152 - 175.

Oreopoulos, P. (2006b), "The Compelling Effects of Compulsory Schooling: Evidence from Canada", *Canadian Journal of Economics*, Vol. 39, pp. 22 - 52.

Permutt, T. and J. R. Hebel (1989), "Simultaneous-Equation Estimation in a Clinical Trial of the Effect of Smoking on Birth Weight", *Biometrics*, Vol. 45, pp. 619 - 22.

Ravallion, M. (2001), "The Mystery of the Vanishing Benefits", *The World Bank Economic Review*, Vol. 15, pp. 115 - 140.

Reinhold, S. and H. Jurges (2009), "Secondary school fees and the causal effect of schooling on health behaviour", *Health Economics Letters*, Vol. 19, pp. 994 - 1001.

Sander, W. (1995a), "Schooling and Quitting Smoking", *Review of Economics and Statistics*, Vol. 77, pp. 191 - 199.

Sander, W. (1995b), "Schooling and Smoking", *Economics of Education Review*, Vol. 14, pp. 23 - 33.

Sander, W. (1998), "The Effects of Schooling and Cognitive Ability on Smoking and Marijuana Use by Young Adults", *Economics of Education Review*, Vol. 17, pp. 317 - 324.

Shoda, Y., W. Mischel and P. Peake (1990), "Predicting adolescent cognitive and self-regulatory competencies from preschool delay of gratification: Identifying diagnostic conditions", *Developmental Psychology*, Vol. 26, pp. 978 - 986.

Skalli, A. (2007), "Are Successive Investments in Education Equally Worthwhile? Endogenous Schooling Decisions and Non-linearities in the Earnings-Schooling Relationship", *Economics of Education Review*, Vol. 26, pp. 215 - 231.

Stock，J. H. ，J. H. Wright and M. Yogo (2002)，"A Survey of Weak Instruments and Weak Identification in Generalized Method of Moments"，*Journal of Business & Economic Statistics*，*Vol*. 20，pp. 518 – 529.

Uusitalo，R. (1999)，"Return to Education in Finland"，*Labour Economics*，Vol. 6，pp. 569 – 580.

Vieira，J. A. C. (1999)，"Returns to Education in Portugal"，*Labour Economics*，Vol. 6，pp. 535 – 541.

Webbink，D. (2007)，"Returns to University Education：Evidence from a Dutch Institutional Reform"，*Economica*，Vol. 74，pp. 113 – 134.

Webbink，D. ，N. Martin and P. Visscher (2009)，"Does Education Reduce the Probability of Being Overweight?" *Journal of Health Economics*，Vol. 29，pp. 29 – 38.

Winship，C. and S. L. Morgan (1999)，"The Estimation of Causal Effects from Observational Data"，*Annual Review of Sociology*，Vol. 25，pp. 659 – 706.

第三章　教育与"公民和社会参与"

弗朗西丝卡·博戈诺维(Francesca Borgonovi)　宫本浩治(Koji Miyamoto)

经合组织成员国对"公民和社会参与"状况越来越感兴趣,不仅因其内在的价值,也因它会为社会带来潜在收益。教育能够在促进"公民和社会参与"过程中发挥作用吗? 一方面,可用的因果证据显示,在美国,中学教育在培养政治参与方面正发挥着作用,但在欧洲,对此尚无定论;另一方面,揭示高等教育对公民参与、人际互信和宽容等方面具有潜在重要作用的证据很少。有关教育净效应缺乏稳健因果数据这一点表明,教育的某些特定特征比其他特征更加重要。有证据表明,在公民教育中提供有关民主实践和制度方面的信息,对促进"公民和社会参与"作用有限;然而,在提高认知技能、发展社会技能和情感技能,塑造积极公民的习惯和态度等方面,倒是前景可观。为了促进这些能力的发展,学校可以通过一系列课程和课外活动形成开放的课堂气氛,还可以利用情景学习为儿童提供所有关于公民参与的体验。在通过提供一个有利环境以培养儿童对"公民和社会参与"的积极态度和价值观方面,家庭和社区也可以发挥作用。

3.1 引言[①]

经合组织成员国越来越担心他们的公民社会(civil society)[②]和社会凝聚力(social cohesion)[③]问题。在一些国家,这是因为投票率、公民参与与人际互信程度呈下降趋势;[④]而在另一些国家,则是由于有这样的观点:现有的公民与政治参与水平不足以维系一个充满活力的社会。[⑤] 社会结构和非正式制度的变化趋势可能加剧了这些担心。例如,不断兴起的移民潮正在挑战原住民的宽容度(OECD, 2006)。虽然移民总体上可以对劳动力市场和社会起到积极作用,但原住民对此大都态度消极,而且通常不能正确理解移民的价值(Davidov et al., 2008)。社会风气也不利于促进人际互信,因为人们参与社区交往的机会正在减少(Putnam, 2000)。

也有民众对社会凝聚水平不均衡感到担心,这种不均衡分布在依人口统计学和社会经济学划分的不同群体之间。例如,普特南(Putnam, 1993, 2000)、阿莱西纳和拉·费拉拉(Alesina and La Ferrara, 2000)认为,在美国,女性参与协会和社团的数量

---

① 本章借鉴了加拿大人力资源和技能发展署(Human Resources and Skills Development Canada, HRSD)的萨蒂亚·布林克和贾斯廷·贝亚德(Satya Brink and Justin Bayard)以加拿大的数据为基础所做的分析报告,以及伦敦大学教育学院的布里诺伊·霍斯金斯(Bryony Hoskins)的论著。

② 公民社会(civil society),也称为市民社会,是指围绕共同的利益、目的和价值上的非强制性的行为集体,通常包括那些为了社会的特定需要、为了公众的利益而行动的组织,诸如慈善团体、非政府组织(NGO)、社区组织、专业协会、工会等。公民社会组织具有非官方性、非盈利性、相对独立性和自愿性等特点。——译者注

③ 社会凝聚力(social cohesion),又称社会融合,指社会共同体及其成员在观念、行动方面显示出来的一致性和协同性,它既是社会公众趋同的精神心理过程,又是社会进行社会动员与社会整合的一项基本功能。——译者注

④ 普特南的研究(Putnam, 2000)显示,自1960年代中期以来,美国社会资本(social capital)的各种指标急剧下降,而考尔和格雷(Caul and Gray, 2000)认为,一些经合组织成员国的选举投票率在逐渐下降。然而,并非所有社会资本指标都随时间的推进而下降。例如,欣泽和库普(Schyns and Koop, 2010)的研究显示,在丹麦和荷兰,1960年代以来,人际互信水平有适度提升,宗教组织成员数量得以适度增加。奥菲和富克斯的研究(Offe and Fuchs, 2002)显示,德国的社会资本没有下降。

⑤ (经合组织)提供了一个有关"公民和社会参与"的传统指标下降原因论争的综述(OECD, 2007),回应了公民参与情况究竟是真的有所恶化,还是转向了其他新的参与形式。

明显低于男性。[1] 朗兹(Lowndes,2000)则认为,在英国,对于政治,女性表现出的态度比男性要消极很多,尽管在政治参与层面(如投票)的性别差异已明显缩小。丹尼(Denny,2003)的研究表明,在加拿大、智利、美国和欧盟,女性不太可能参与志愿服务。也有证据表明,一国之内,在不同种族、民族、社会经济阶层以及不同地理区域之间,其公民参与和人际互信差异显著。[2]

这些担心反映了一种普遍看法,即一个社会的内在价值是以社交网络、关乎互惠的规范和互信为基础的。不仅如此,一个和谐的社会也会带来实际的好处。有文献指出,公民参与改善了劳动力市场的产出,减少了犯罪,培育了运转良好的民主制度,促进了健康。[3] 实证研究还强调,人际互信在促进经济增长、制度效率以及减少贪污等方面发挥了积极作用。[4] 鉴于社会凝聚力的好处和社会制度、环境变化所带来的潜在威胁,更好地理解促进高水平的"公民和社会参与"的条件是至关重要的。

对经合组织成员国而言,它们的公民社会和社会凝聚力状况是什么样的?[5] 是否会因国家不同而有很大差异? 图 3.1 显示,像志愿服务、政治兴趣和人际互信等指标,

---

[1] 公民参与中的性别差异可以反映出参与的本质上/形式上的差异。例如,女性更有可能加入涉及儿童和家庭问题的非正式协会。女性劳工参与数量的增长,会有助于平衡公民参与中的本质上的性别差异。

[2] 在美国,西班牙裔和国外出生的人参与公民和政治性活动的可能性更低(Foster-Bey,2008)。阿莱西纳和拉·费拉拉的报告(Alesina and La Ferrara,2000a)显示,美国的信任和公民参与水平存在明显的区域不平等,通常南部的表现水平更低。他们认为,在更加不平等、种族歧视或民族分裂更严重的区域,社会活动的参与度明显较低。丹尼(Denny,2003)认为,在 19 个经合组织成员国中,生活在农村的人更愿意成为志愿者。

[3] 芒希(Munshi,2003)和埃迪等人(Edin *et al.*,2003)的研究显示,美国和瑞士的(社会)网络成员与劳动力市场产出之间存在正相关。比曼(Beaman,2009)的报告说,在美国,30%至60%的工作是通过非正式的社交关系网找到的。这大概是因为人际关系网对弥补市场缺陷很重要:待聘的工作往往缺乏符合条件的求职者信息。普特南(Putnam,1993)使用意大利的跨区域数据研究表明,当公民参与水平更高时,当地政府的效率更高。然而,并非所有的团体和关系网都有积极产出。公民参与能否带来积极产出可能依赖于团体和关系网所秉承的价值观和目标。这和他们如何看待运行良好的社会和成功生活有暗合联系。

[4] 当人们彼此信任时,经济活动的交易费用会降低,大型组织机构和政府的工作会更加有效(Alesina and La Ferrara,2000b)。阿罗(Arrow,1997)和福山(Fukuyama,1995)认为,可以根据一个社会的互信程度预测它的经济发展水平。克纳克和基弗(Knack and Keefer,1997)认为,国家间的互信可以预示其经济增长。拉-波尔塔等人(La Porta et al.,1997)发现,信任对司法效率和政府廉洁有积极影响。

[5] 研究者经常使用社会资本概念去描述公民社会如何运作。根据普特南(Putnam,2000)的研究,社会资本是指社交网络及其相关的互惠规范与信任的概念总和。人们假定社会资本能促进群体互动,这些活动会产生经济和社会利益。

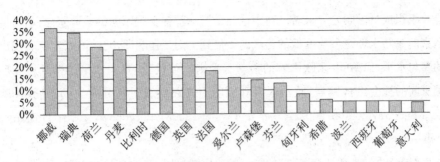

志愿服务(2002—2006)

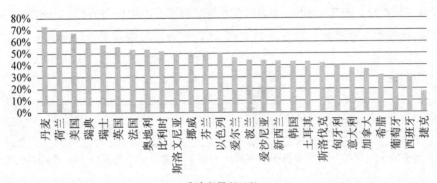

政治兴趣(2008)

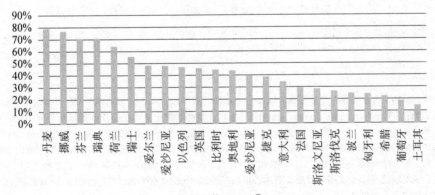

人际互信(2008)①

图3.1 "公民和社会参与"的跨国差异

资料来源:志愿服务(Volunteeting)。Borgonovi(2010).*Political Interest and Interpersonal Trust*,OECD.

———————————

① 图中出现两次爱沙尼亚,疑有误,原版书就是如此。

在经合组织成员国间差异显著。通常这三个指标都存在国家间的显著差异,参与度高的国家的参与水平是参与度低的国家的 4 倍到 7 倍。在欧洲,北欧国家常常表现出较高的参与水平,而南欧、东欧国家的参与水平则比较低。[1] 参与水平的差异可能反映出国家间的社会经济因素、政治因素和制度因素在层级上和分布上的不同(Alesina and La Ferrara,2000a;2002;Costa and Kahn,2003;Borgonovi,2008;Hoskins and Mascherini,2009)。[2]

面对这些"公民和社会参与"的指标的跨国差异时,我们自然会想到教育是否有助于解释这些差异。图 3.2 显示,个体所受教育解释了产出中相当一部分的不同国家间的差异:体现在志愿服务上的差异为 14%,体现在政治兴趣水平上的差异为 21%,体

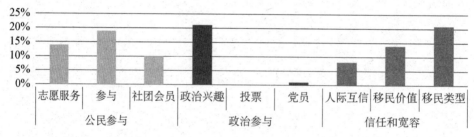

图 3.2　个人教育对"公民和社会参与"跨国差异的解释(欧洲),2002—2006

资料来源:基于博戈诺维(Borgonovi,2010)的研究。数据来源:第 1—3 轮欧洲社会调查(European Social Survery(ESS),Rounds 1 - 3(2002 - 2006)).

[1] 北欧国家的更高水平参与与皮希勒和华莱士(Pichler and Wallace,2007)的调查一致,后者使用"欧洲晴雨表调查"(Eurobarometer Survey,2004)评估正式社会资本和非正式社会资本的区域差异。克纳克和基弗(Knack and Keefer,1997)的报告指出,信任水平最高的五个国家是挪威、芬兰、瑞典、丹麦、加拿大,这些国家的结社活动和公民合作规范的排名也在最高之列。尽管与北欧国家相比,南欧和东欧国家的正式社会资本(formal social capital)水平(如成为社交俱乐部和志愿组织的成员,所表现出的人际互信等)往往相对较低,但他们的非正式社会资本(informal social capital)水平(如,经常与朋友、同事和邻居联系)与北欧国家大致相当。

[2] 收入不平等和宗教/种族的多样化可能是影响参与率分布系数的因素。例如,博戈诺维(Borgonovi,2010)认为,公民与政治活动的参与率、人际互信水平随着收入不平等的扩大而下降。更进一步说,生活在一个宗教多样性水平更高的国家的人,其参与社团的可能性往往更小,但人际互信与宽容水平会更高。阿莱西纳和拉·费拉拉(Alesina and La Ferrara,2000b)认为,在美国,生活在一个种族歧视和民族分裂的社区里的人,所表现的人际互信水平较低。

现在人际互信水平上的差异为 8%。另一方面,教育在解释投票率和党派、社团的会员数量上的跨国差异时,似乎作用有限。①

如果理解教育如何有助于改善"公民和社会参与"的指标,教育政策制定者们将从中受益。促成一个富有活力的社会的教育办法有很多。首先,教育可以通过提供相关信息、教授基本能力和社交技能,给予价值观、态度和信念,来帮助个人作出明智、自主的决定。② 上述个体特征使得教育更容易促成各种形式的公民和政治活动,③也使得教育更容易评价社会凝聚力和多样性。学校是儿童学习这些技能和品质的理想环境,在这里,他们既可以进行课程教学,又可以在实践中体验民主。一个鼓励学生坦率发表自己观点并挑战教师的学校环境,有助于培养学生积极的公民意识。其次,教育可以帮助个人获得更好的工作、更高的收入、更好的社会地位、更理想的配偶④、更安全的居住环境和更有用的人脉⑤。这能够帮助个人获得参加公民活动的途径,还可以帮助他们获得社会权力和政治权力。教育的效应通常意味着净效应,包括所有可能产生教育效应的路径,意识到这一点很重要。⑥ 政策制定者会有兴趣了解哪些路径是最有效的,因为这会指向用以提升社会凝聚力的具体措施。

此外,某一个体接受的教育对其他人的健康和社会资本也有积极影响。例如,有教养的父母可以找到更好的定居地,从而为子女提供一个能激发他们公民兴趣和政治

① 这一结果与维尔巴等人(Verba *et al.* , 1995)的调查一致,他证明了投票是最平等的参与形式之一。

② 基本能力通常指识字和算术。社交技能包括交流技能、谈判技能和合作能力。一些研究人员所使用的公民能力(civic competences)概念,包含知识等多个维度;跨文化交际能力等多种技能;影响社会以及与其他人一起工作等方面的能力;包容和尊重其他人的兴趣等;民主与性别平等方面的价值观;以及个人与社区身份认同等方面的认同感。霍斯金斯等人(Hoskins et al. , 2008)开发了一个欧洲国家公民能力的综合指标。这个指标被假定为可以提高个人能力,以理解在公民和政治事务中复杂和抽象的概念。这种理解会提高个人判断和决策质量。

③ 教育可以降低成本,提高公民参与收益(Dee, 2004)。信息水平和能力水平的增长,使人们处理复杂的政治信息变得更容易,操控公民参与中复杂的官僚要素和技术要素也变得更容易。通过让人们意识到参与的价值和间接回报,教育还可以提高参与的"预期"收益。

④ 教育会改变婚姻和生育决定,从而对"公民和社会参与"产生间接影响。

⑤ 有更强大社交网络的人,会有更好的参与各种公民与政治活动的渠道。如果社交网络基于多样化的种族和民族团体,还可能促进信任和宽容。

⑥ 这意味着某些特定的路径可能有积极的影响,而其他的则可能有消极影响。正教育效应(positive education effect)暗指所有这些教育影响的净效应都是积极的。

兴趣的家庭环境。① 有教养的老师会有更好的方法来激发儿童的参与精神。进而言之,社会和社区的教育水平能影响公民参与和互信的水平,并减少犯罪率。② 如果一个人生活在受过高水平教育的人群中,他们可能更愿意参加社区活动,对邻居和移民也有更强的信任感。

实证证据证实了这些潜在的教育积极影响。在经合组织成员国中,一般来说,受过良好教育的人比没有受过教育的人表现出更好的"公民和社会参与"水平(Putnam,2000;OECD,2007,2010)。更有教养的父母更能激发其子女的公民参与,一个更有教养的社会更加和谐,犯罪率更低。而且,越来越多的研究表明,这种因果关系确定存在。③

虽然现有证据普遍显示,教育在促进"公民和社会参与"方面能起到突出的作用,但许多问题仍没有答案。哪一个阶段的学校教育最能促进公民参与? 教育对人际互信的培养对特定群体会更有效吗(为什么)? 遗憾的是,很多评估教育与社会产出关系的研究很难回答这些问题。他们的隐含假定是,不同教育阶段和不同群体的教育与社会产出关系是稳定的,是有因果关系的。这些假设正面临挑战,人们采用欧洲和加拿大的微观数据对这些问题进行分析,并用文献④中的证据补充现有分析。由于这些文献难以提供一个全面的/连贯的可行因果路径图,⑤我们可以将数据分析的结论与现有文献加以综合,以弥补这一盲区。简而言之,本章要弥补这一方面的认识盲区,以便更好地理解教育是否有可能、在多大程度上可能、对谁有可能以及如何可能促进"公民和社会参与"。

---

① 父母教养更好的家庭往往拥有的书籍更多。他们更有可能与子女讨论公民与政治事务。教养更好的父母,本身更可能会积极参与公民活动,因此,可以成为榜样。

② 换言之,那些受教育水平更高的人更可能与教育水平相当的人生活在一起,在这样的环境中,反社会行为和犯罪都更少。对于那些受教育水平低的人来说,相反的状况也可能成立。

③ 这表明,教育的总效应可能是正向的。

④ 博戈诺维(Borgonovi,2010)提供了有关计量经济分析的详细说明。还要提及的是,本章有关加拿大的实证分析是由加拿大人力资源和社会发展署(Human Resource and Social Development,HRSD)提供的。

⑤ 事实上,大部分可用的证据集中在教育的总体效应上,不太可能通过它们来辨识可行的路径。重要的是要知道,通过哪种可能的因果路径,教育最有可能对社会融合产生效应。

本章聚焦于"公民和社会参与"。[①] "公民和社会参与"（civic and social engagement，CSE）是一个比社会资本（social capital）定义更窄的术语。后者是一个涵盖社交网络、互惠相关法则和信任的总体概念，而"公民和社会参与"则指一系列的个人行为、态度和看法。[②] 然而，"公民和社会参与"和社会资本密切相关，可以认为它们是相辅相成的。例如，布雷姆和拉恩（Brehm and Rahn，1997）指出，公民参与影响信任，而乌斯兰内（Uslaner，1997）则证明，信任反过来也塑造了公民参与。

"公民和社会参与"包括公民参与（civic engagement）、政治参与（political engagement）、信任和宽容（trust and tolerance）。公民参与的目标是通过个人的合作和参与，促进公众利益。本章特别关注了公民参与的两个指标：志愿服务、参与社团和协会。虽然有文献显示，志愿服务与社团参与是相关的，彼此有相似的特点（Putnam，2000），但在这里，我们将其区别对待，因为它们的类型不同，参与程度也不同。志愿者帮助社团和协会提供集体商品和服务，而参与者是这些商品的主要消费者（Wilson，2000）。然而，志愿服务、参与社团和协会都培育了新的社交纽带和社交网络，这些纽带和网络会促进信息交换、社会支援、共同的规范和互信的道德责任（Putnam，2000；Halpern，2005）。

政治参与的目标是，通过选择在公共机构任职的人员并影响他们的行动来直接影响公共政策（Verba and Nie，1972；Campbell，2006）。因此，本章会重点关注投票、政党或社团的成员状况，以及个体对政治和政治事务的兴趣（如，政治兴趣）。然而，所有这些关于政治参与的表述，都有管窥之嫌。例如，不知情的投票并不代表积极的政治参与。投票也许只是一种发生在选举情境下的行为。通过对政治兴趣的研究，或许可以确证教育在个人政治参与的质量上所可能发挥的作用。

关于信任和宽容，研究主要集中于人际互信和对移民的价值与类型上。人际互信主要关注个体对他人对自己的最大提防程度的设想。移民价值关注个体在哪些情形下会将移民作用视作积极的，而在哪些情况下又会将之视作消极的。最后，移民类型

---

① 有关"公民和社会参与"的详细说明，参见经合组织的文献（OECD，2006，2007）。

② 一些经济学家已用个体的社会资本投资决策将个体的社会资本（individual social capital）概念化（Glaeser et al.，2000），这使社会资本概念更接近于"公民和社会参与"。

关注不同类型的移民受本国居民的欢迎程度。

本章其余部分的结构如下：首先，在评估教育与"公民和社会参与"的关系时，特别关注不同教育阶段的差异、不同群体的差异、国家间的差异以及教育的因果效应。其次，通过分别衡量教育对个体的影响以及教育对个体所处环境的影响，评估可行的因果路径。最后，对已有研究进行评估，以揭示现存的认识盲区，这些盲区可能会限制决策者的能力，从而无法就提高"公民和社会参与"水平作出明智的决策。

3.2 教育与"公民和社会参与"之间的关系

在政治学、经济学和教育学等领域，有越来越多的关于教育和社会资本的实证文献，基于这些文献以及利用欧洲和加拿大的数据所做的一个分析[①]，本节讨论了教育是否有可能，在多大程度上有可能，及对谁有可能，促进"公民和社会参与"。

教育与"公民和社会参与"有关系吗？

大量的证据表明，与较自己学历低的同龄人相比，受过教育的人会表现出更高的"公民和社会参与"水平（Putnam，2000；OECD，2007，2010）。教育与"公民和社会参与"之间的正相关关系不能只归因于个体间的潜在差异。也就是说，额外多完成一年的教育或者取得更高一级的学历，都会增加个体进行公民参与、融入社会的可能性，即使把性别、年龄、社会经济地位、家庭背景和居住环境等个体差异考虑在内，也是如此。

在考虑了可测量的个体特征和国家固定效应（fixed effects）[②]的差异之后，图 3.3

---

① 这一分析基于博戈诺维的研究（Borgonovi，2010）。博戈诺维对 2002 年至 2007 年间遍及全欧的前三轮欧洲社会调查（European Social Survey，ESS）以及 2003 年加拿大的成人识字和生活技能调查（Adult Literacy and Life Skills Survey）的数据进行了分析。欧洲社会调查所用的分析数据来自 21 个经合组织成员国，这些现任成员国都至少参加过三轮中的两轮调查。它们是：奥地利、比利时、捷克、丹麦、芬兰、法国、德国、希腊、匈牙利、爱尔兰、意大利、卢森堡、荷兰、挪威、波兰、葡萄牙、西班牙、斯洛伐克、瑞典、瑞士和英国。

② 即采用固定效应模型来控制地区的异质性。固定效应通过去均值的方法消除不随时间变化的地区变量，其估计出的系数就是控制了地区异质性的随时间变化的变量的边际效应。——译者注

呈现的是欧洲国家的"公民和社会参与"与完成学校教育所需年限之间的相互关系。这一结果和此前的文献研究结果一致:教育与"公民和社会参与"提高的可能性相关。例如,在欧洲,有大约48%的人对政治感兴趣,教育年限每增加一年,对政治感兴趣的人会增加3.4%。同样,在欧洲,大约有17%的人参加志愿服务,但教育年限每增加一年,参加志愿服务的人会增加0.8%。这一结果与丹尼(Denny,2003)基于覆盖欧洲、北美和智利等19个国家的数据的研究一致,研究表明,教育年限每增加一年,参与社区或志愿活动的概率会增加1—4个百分点。[①]

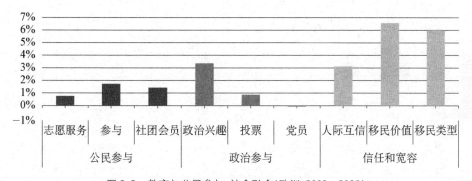

图3.3 教育与公民参与、社会融合(欧洲,2002—2006)

＊此图表明了教育与"公民和社会参与"之间的关系。对公民参与和政治参与来说,纵轴表示的是参与概率的变化;对信任和宽容来说,纵轴表示的是表现信任和宽容概率的标准差变化。政治领域涵盖了从2002年到2006年的数据,其他领域仅包含2002年的数据。除了党员数量一项外,其他所有值的统计显著性为5%。

资料来源:基于博戈诺维(Borgonovi,2010)的研究。数据来源:第1—3轮欧洲社会调查(European Social Survery(ESS), Rounds 1‑3(2002‑2006))。

图3.3还显示了受教育年限与信任、宽容的标准化系数之间在统计学上有显著的相关性。例如,每增加一年学校教育年限,人际互信标准差会增加3.1%。[②] 这一结果

---

① 丹尼(Denny,2003)采用的是国际成人读写能力调查(International Adult Literacy Survey, IALS)的数据,其中包含来自比利时、加拿大、智利、捷克、丹麦、芬兰、德国、大不列颠、匈牙利、爱尔兰、意大利、荷兰、新西兰、北爱尔兰、挪威、波兰、斯洛文尼亚、瑞典、瑞士和美国的微观数据。
② 这意味着学校教育年限的一个标准差(根据黄健等人的研究(Huang *et al.*,2009),绝大多数国家约为2.5—3.3年),占人际互信变化标准差的15%—18%。

与黄健等人(Huang *et al.*, 2009)的研究结论相似。2009 年,他们利用关于教育与社会资本的文献进行元分析①,以评估教育效应的大小。他们认为,每增加一年学校教育,人际互信之间的标准差会增加 4.6%。世界价值观调查(World Values Survey,WVS)②和格莱泽等人(Glaeser *et al.*, 2000)的研究也显示,在非欧洲国家,包括加拿大、日本和美国,教育与人际互信之间在统计学上存在显著相关。

总体而言,教育与政治兴趣、信任和宽容之间的关系是紧密的,而教育与公民参与、投票和党员数量之间的关系是适中的。

这种关系在不同的教育阶段会有变化吗?

虽然上述证据表明,一般情况下,已完成教育年限(或学历水平)与"公民和社会参与"指标相关,但这是否意味着每年的教育/每一个学历水平会匹配相同程度的"公民和社会参与"呢? 可以想象,诸如读写能力等基本能力水平对"公民和社会参与"尤为重要,而完成特定阶段的教育就足以发展这一能力。如果是这样,超出这一阈值的额外教育就不可能对改善"公民和社会参与"起到多少作用。对政策目标而言,辨识这一阈值所处的教育阶段(如果有的话)十分重要,因为这一阈值所指向的教育阶段,可能会对"公民和社会参与"产生最高的回报,而且,它可以显示与"公民和社会参与"密切相关的教育系统③的某些特定特征,以及与"公民和社会参与"密切相关的特定教育阶段④。

图 3.4 提供了教育与"公民和社会参与"之间各种可能关系的例证。第一,显示线

---

① 黄健等人的研究(Huang *et al.*, 2009)利用来自欧洲、美国和其他国家的 65 项实证数据,对教育、对社会参与和社会信任的作用进行了评估。
② 世界价值观调查由瑞典的非营利组织"世界价值观研究协会"(World Values Survey Association,WVSA)主持进行,是一项描述世界社会文化和政治变迁等问题的调查研究,调查对象是全球范围内具有代表性国家或地区的普通民众。目前,该调查项目已发展到 6 大洲 97 个社会群体中,覆盖了 88% 的世界人口。——译者注
③ 教育系统的特征可以包括儿童在学校学习什么(如公民教育或历史)、学校环境(如开放的学校氛围,教师或同伴)以及教育的劳动力市场产出,这些都是可能提高学生"公民和社会参与"水平的更好途径。
④ 然而,我们无法确定学校系统的特征是否可以提高"公民和社会参与"水平,除非有人在分析中可以明确对应这种因果关系。

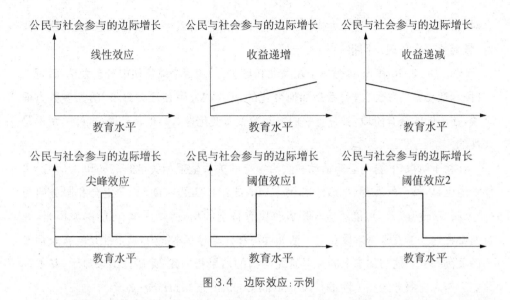

图 3.4 边际效应:示例

性效应的图表明每年/每个阶段的教育匹配同等程度的"公民和社会参与"。绝大部分的实证研究在揭示教育与"公民和社会参与"之间的关系时已经隐含假定这一效应是线性的。第二,这一关系可能会显示为回报递增或递减。回报递增可能出现的情况是,如果一个人通过教育逐步掌握了关乎"公民和社会参与"的一系列技能①,那么,对"公民和社会参与"的每一个回报都是对他人的补充,也进一步增加了对"公民和社会参与"的回报。第三,在教育与"公民和社会参与"之间可能存在尖峰效应(spike effect)。如果学生在某一特别的教育阶段,主要学的知识(例如,如何投票的知识)对促进"公民和社会参与"而言是决定性的,那么,这一效应就可能发生。第四,可能更为合理的一种情况是,只有超过某一特定阶段的教育阈值,教育与"公民和社会参与"才会显示出很强的关联性。可能发生的情形是,如果最低层次的社会技能是促进参与和融合的必要条件,那么,增值的社会技能也会促进参与和融合。最后,如上所述,对"公民和社会参与"而言,一些基本能力可能是重要的,但任何在这个层面之上的东西都不

---

① 这些技能不太可能是基本的识字和算术技能,而可能是诸如沟通技能、合作和谈判能力等社交技能,它们都属于那种随个体受教育水平不断提高而发展的技能。

会对"公民和社会参与"有太大作用。在这种情况下，存在一个教育阈值，超过这一阈值，教育就不会呈现正回报。

图 3.5a、3.5b 和 3.5c 描述了在欧洲和加拿大，随着个体从初中升至大学，教育与"公民和社会参与"之间的关系是如何变化的。[1] 就"公民和社会参与"的大多数方面来说，在不同的教育阶段，教育与它们之间的关系变化显著。也就是说，这种关系不是线性的。

在初中阶段，教育与志愿活动和政治参与的关系呈强相关（图 3.5a 和 3.5b）。可能的原因是，特定的课程（如政治和民主）和/或学校实践活动（如学生会和服务研习（service learning)[2]），可能对培育积极公民有特别的功效。另一个可能的原因是，儿童通常在这一学校教育阶段获得了诸如读写和计算等基本能力，这可能是培育政治参与的关键因素。这与加拿大的一项研究得出的结果相一致，此研究结果显示，基本读写能力与志愿服务的相关性很高（Canadian Council on Learning，2008）。

在高中阶段，教育与公民参与显示出最强的相关性（图 3.5a）。阿莱西纳和拉·费拉拉（Alesina and La Ferrara，2000a)关于美国的研究结果显示，高中教育及高等教育成就与公民参与具有显著的统计联系。[3] 为什么在这一教育阶段存在一个大的边际效应呢？一个可能的原因是，高中教育可能会赋予个体一定层次的社会地位，使其更容易参与公民团体和协会，或从中受益更多。[4] 另一个可能的原因是，高中阶段所培养的特定能力（如，高级社交技能和组织技能）使公民参与变得更容易。

最后，图 3.5c 表明，在欧洲，高等教育与信任和宽容具有最强的相关性。阿莱西纳和拉·费拉拉（Alesina and La Ferrara，2000b)的研究也显示：在美国，获得本科

---

[1] 虽然本节的分析聚焦于学历水平，但其结果与用接受学校教育年限为依据的分析非常相似（Borgonovi，2010）。除了考虑在劳动力市场的参与、收入、宗教信仰、社会整合、社会支持、意识形态立场、父亲的学历与健康状况等方面的个体差异外，还应注意到，这一关系的模式（即曲线形状）并没有本质的变化。

[2] 通过参与不同类型的义工服务，学会独立思考及反思，深化书本知识的学习。与中国的社会实践活动课有相似之处。——译者注

[3] 根据阿莱西纳和拉·费拉拉（Alesina and La Ferrara，2000a)的研究，那些受教育年限少于 12 年的，12.2%的人不太可能成为公民团体的成员，而那些受教育年限超过 16 年的，14.4%的人更可能成为公民团体的成员。这一结果是在考虑了个体的一系列人口与社会经济特征后得出的。

[4] 高中教育也可能影响人们对住宅区的选择，而这可能会对参入公民团体和协会的愿望及达成产生影响。

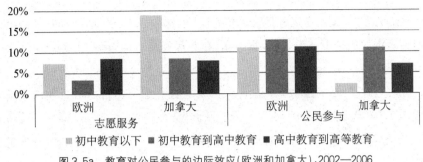

图 3.5a　教育对公民参与的边际效应(欧洲和加拿大),2002—2006

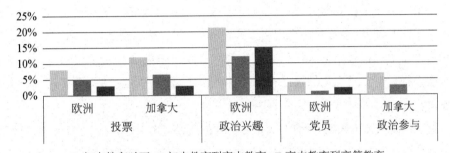

图 3.5b　教育对政治参与的边际效应(欧洲和加拿大),2002—2006

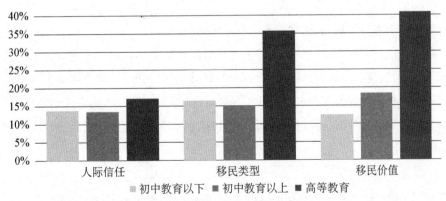

图 3.5c　教育对人际信任和宽容的边际效应(欧洲和加拿大),2002—2006

　＊欧洲的结果基于回归模型,对年龄、性别、少数民族身份、母亲和父亲的受教育水平、国家和年份固定效应等变量进行了控制。加拿大的结果基于线性回归模型,对年龄、性别、母亲和父亲的受教育水平等变量进行了控制。

　　资料来源:基于博戈诺维(Borgonovi, 2010)的研究。数据来源:第 1—3 轮欧洲社会调查[European Social Survey(ESS), Rounds 1—3(2002 - 2006)];加拿大 2003 年成人读写能力与生活技能调查(Adult Literacy and Life skills Survey,ALLS)。

及以上学历的人,表现出了这种最强的相关性。[1] 这和一项涵盖欧洲和其他地区的元分析研究所提供的证据一致,该证据显示,在人际互信方面,那些大学毕业的人获取的教育回报更高(Huang *et al.*, 2009)。为什么高等教育会让人更愿意去信任和宽容呢? 社会心理学家给出的解释是:一个人关于社会如何运转的信念和价值观大部分形成于 18 岁到 25 岁之间(Krosnick and Alwin, 1989; Giuliano and Spilimbergo, 2009)。黄健等人的研究(Huang, *et al.*, 2009)也显示,十七八岁到二十岁出头是学习信任他人、培养积极公民行为的关键阶段。进一步说,和国外出生的移民的有意义互动更可能发生在高等教育阶段,而当一个人更好地理解了移民的经济价值并且经历了上述互动后,会对移民表现出更多宽容。[2] 所有这些观点都显示,当高等教育提供有助于更好理解社会多样性的好处和跨文化理解的课程及学习环境以使学生对社会多样性与多元文化的好处有更好的理解时,学生的信任感和宽容度有可能得到发展。

这些结果大体上表明,教育与政治参与间的关系呈递减性回报,在高等教育阶段,教育与信任/宽容间的关系表现为回报递增或阈值效应,教育与公民参与之间的关系则没有清晰的规律。

在不同的人口群体间,这种关系会有差异吗?

教育与"公民和社会参与"之间的关系也可能会因个体的人口背景和社会经济背景而异。例如,在一个有着传统性别观念和家庭模式的国家里,女人可能不太倾向于学习政府和政治是如何运行的。[3] 另一方面,如果移民有兴趣迅速融入当地社会,并了解当地的社会和政治是如何运转的,他们可能会以额外的努力来进行公民参与和政治参与。

---

[1] 根据阿莱西纳和拉·费拉拉(Alesina and La Ferrara, 2000b)的研究,那些受教育年限少于 12 年的,13.8%的人不太可能表现出人际信任,而那些受教育年限超过 16 年的,18.0%的人更愿意表达人际信任。这一结果是在考虑了个体的一系列人口与社会经济特征后得出的。

[2] 我们也可以说,高等教育使个体在政治上越来越正确,并为社会期望所影响。

[3] 然而,这一论争也可能走向反面。女性有可能更倾向于支持和参与那些可能引起规范和风俗变化的政治运动。

图 3.6a、3.6b 和 3.6c 显示了在欧洲,基于性别、父母的受教育水平以及少数群体身份,教育与"公民和社会参与"之间的关系是如何变化的[①]。首先,研究结果显示,性别的作用并不明显:在增强女性接受教育与公民参与、政治参与和互信之间的联系时,性别的作用微乎其微。然而,鉴于通常女性融入公共活动和政治活动的可能性更低[②],教育无助于减少"公民和社会参与"中的性别不平等[③]。另一方面,鉴于女性通常比男性具有更高的人际互信水平,[④]教育也强化了在人际互信上的性别不平等。第二,结果显示,教育和信任/宽容之间的关系会随父母的受教育水平的不同而异:那些父辈受过高等教育的人,其教育受益可能更多。考虑到那些父母受教育水平低的人通常首先表现出低的信任/宽容水平,那么,增加教育可能会加剧在信任/宽容方面的代际不平等。然而,图 3.6b 显示,有没有一个有教养的父亲,在教育与公民参与关系的表现方面没有差别,布兰德(Brand,2009)利用美国的数据所做的研究显示,在公民参与方面,弱势群体从高等教育中获益比其他群体更多。第三,分析还显示,教育与公民和政治参与之间的关系受少数群体身份的影响很小。因此,少数群体(包括移民)看来并不会因为多受一年额外的教育而比多数群体融入度更高。[⑤]

基于加拿大的数据,可以得出更加详细的结论。[⑥] 虽然对女性来说,教育与公民参与之间显示出更强的相关性(例如在欧洲),但是,男性在志愿服务、投票和政治参与上显示出更高的相关性(与欧洲的结果相反)。有趣的是,那些父亲受教育水平很高的人,他们所受的教育与投票、政治参与的相关性较高;而那些父亲受教育水平较低的

---

① 由于数据的限制,对少数群体身份(即受试者在这个国家中是否是少数群体中的一员)的研究,仅在欧洲做了评估,对移民身份的研究,仅在加拿大做了评估。
② 其他方面的表现差不多,受 10 年教育的男性参与志愿活动的概率是 36%,成为协会或社团成员的概率是 88%,进行国家选举投票的概率是 93%。相比之下,女性的数据分别是:志愿活动为 19%,社团成员为 76%,选举投票为 90%。
③ 这一结果与黄健等人的研究(Huang et al.,2009)形成反差,他们对涵盖北美和欧洲地区的 65 个实证研究进行了元分析,并以此为基础发现,教育对社会信任和参与的影响,在女性当中相对较小。
④ 经合组织的文献(OECD,2009)显示,21 个经合组织成员国中,妇女的人际互信水平往往比男性高。
⑤ 这并非是教育与劳动力市场产出关系的实例。对澳大利亚、加拿大、德国、以色列、英国和美国的实证研究显示,学校教育在劳动力市场上的回报,移民要小于本土出生的居民(Chiswick and Miller,2009)。
⑥ 这一结果参见经合组织的研究(OECD,2010)。加拿大的数据用移民身份代替了少数群体身份。

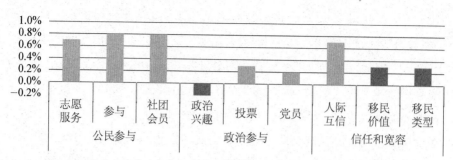

图 3.6a　作为女性对教育与"公民和社会参与"关系的影响(欧洲),2002—2006

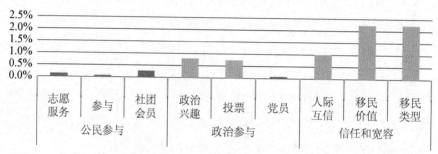

图 3.6b　有一个有教养的父亲对教育与"公民和社会参与"关系的影响(欧洲),2002—2006

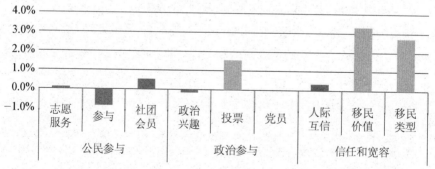

图 3.6c　少数群体身份对教育与"公民和社会参与"关系的影响(欧洲),2002—2006

　　* 基于回归模型,控制了年龄、性别、收入、少数民族身份、劳动力市场状况、宗教信仰、社会整合、社会支持、意识形成取向、父母亲的受教育水平和健康状况等变量。浅色条表示在 5% 处统计结果不显著

　　资料来源:基于博戈诺维(Borgonovi,2010)的研究。数据来源:第 1—3 轮欧洲社会调查(European Social Survey(EES),Rounds 1—3)。

人,他们所受的教育与公民参与的相关性更高。最后,对于移民来说,教育似乎对公民参与和投票影响较小,而成为党派组织成员影响更多。总之,针对不同人口群体,教育与"公民和社会参与"之间的关系,在欧洲国家和加拿大之间是不同的。

这种关系是否会因国家的不同而变化?

由于每个国家独特的社会、政治、文化和劳动力市场特点,教育与"公民和社会参与"的关系会存在国与国之间的差异。这种跨国间的差异也可能由国家监管的课程和学习环境所驱动,因为这些可能会影响到教育系统培育"公民和社会参与"的效果。

现有证据表明,在欧洲和北美(加拿大和美国),教育与"公民和社会参与"之间的关系存在不同的可能性。首先,图 3.5a 显示,与志愿服务联系最紧密的教育阶段,欧洲与加拿大存在差异:在加拿大,最紧密的阶段是初中,在欧洲则是大学。第二,黄健等人(Huang *et al.*,2009)认为,在美国,教育对公民参与和人际互信的效应通常远高于世界上其他国家(在该研究中主要指欧洲)。丹尼(Denny,2003)利用来自 19 个国家的微观数据进行研究,结果显示,教育和公民参与之间的关系,在英语国家和地区要高 1.3 个百分点。[①] 当调查教育对投票的影响时,米利根等人(Milligan et al.,2004)发现,在美国有强效应,而在英国则没有。[②]

为什么教育与"公民和社会参与"的关系会因地理位置/语言区域而异?是教育内容还是与教育发生具有交互作用的情境反映了这些区域差异?遗憾的是,很少有文献对此作出解释。黄健等人(Huang *et al.*,2009)推测,用美国数据的研究可能(在较低的教育阶段)会产生更高的边际效应,因为美国学校在鼓励学生参与公民活动方面表

---

① 丹尼(Denny,2003)用的是国际成人读写调查(International Adult Literacy Survey, IALS),讲英语的国家和地区包括和地区加拿大(英语区)、新西兰、英国和美国。

② 然而,由于对微观数据特征的差异分析和评估方法不同,来自美国和英国的结果不能作直接比较。此外,结果的差异可能是由于选举登记程序有差异。在美国,选举登记主要是个人责任(Milligan *et al.*,2004),而在英国,个人有法律责任,但也会有人积极地帮助注册。一般来说,一些国家已经将投票义务化。在澳大利亚的州和国家选举中,投票是强制的,瑞士某些州和土耳其也是如此,比利时和法国的参议员选举没有强制投票。

现得更加活跃、对种族多样性也持宽容态度:

　　"通常,人们认为美国的学校相比其他国家的学校在以下几方面表现得更加积极:鼓励学生经营学生办公室、参与公民活动、加入各种协会。熔炉理论(melting pot theory)①也有助于解释为什么美国人在社会资本上能收到更高的教育回报。鼓励对种族多样性的包容、创造美式传统的核心价值观(core values)是美国公立学校社会教育项目的主题。通过让学生了解种族多样性知识以及各种团体对美国文明发展的贡献,教育工作者会改变消极的民族成见,减少不宽容的行为,并且为了共同利益而加强合作。"(Huang *et al.*,2009)

　　由于收入不均和宗教多样性的程度不同,教育与"公民和社会参与"之间的关系在不同国家也可能有所不同。经济/宗教多样性水平较高的国家,其学校倾向于特别积极地提高对社会不平等和多样性的认识,并促进对宗教多样性的宽容。对于欧洲国家,博戈诺维(Borgonovi,2010)认为,收入不平等和宗教多样性对教育与公民参与(如志愿服务)和人际互信的关系没有影响。然而,不平等和多样性已被证明对教育与政治参与之间的关系(即政治兴趣和成为党员)具有显著影响。

教育对"公民和社会参与"有影响吗?
　　业已评估的证据表明,一般而言,教育与"公民和社会参与"的关系在统计学上具有显著性,但因教育阶段、人口群体和地区的差异而有所不同。对于政策制定者来说,知道这些是否是因果关系很重要,因为这种相关性可能只是反映了未被测量到的个人、家庭和社区特点的影响。②
　　越来越多的研究都集中在教育对一系列"公民和社会参与"指标的因果效应上。

---

① 始于一位移民美国的英国犹太人以斯雷尔·赞格威尔(Israel Zangwill,1864-1926),他在1909年写了著名的剧本《熔炉》(*The Melting Pot*),表述了他对美国社会的观察和看法,他认为"美国是上帝的坩埚,一个伟大的熔炉,使欧洲各个种族得到冶炼和重铸"。——译者注
② 参见第二章关于为什么相关性不意味着因果关系的正式讨论。

这些指标包括投票、政治兴趣、政治参与、志愿服务和公民参与。文献普遍显示,在美国和欧洲[1],教育对"公民和社会参与"的因果效应是不同的:根据对美国数据进行的评估研究,普遍认定教育与政治参与有因果效应,而绝大多数使用欧洲数据进行的研究则发现:能证明教育与"公民和社会参与"因果效应的证据非常有限。

基于美国数据的研究

两项研究显示,高中阶段的教育可能对政治参与有效,但不太可能对公民参与和信任有效。米利根等人的研究(Milligan *et al.*,2004)发现,额外一年期学校教育(由义务教育法和童工法的变化引起)会提高投票率及政治参与的其他测度(如响应电视和报纸上的运动)。[2] 迪伊(Dee,2004)也指出,增加一年的学校教育(由童工法的变化引起)对投票和其他参与测度(如读报)具有虽弱但积极的效应。然而,米利根等人(Milligan *et al.*,2004)和迪伊(Dee,2004)认为,因政策变革带来的额外一年期学校教育对公民参与、成员身份和信任的影响很小。虽然这两个研究显示较低阶段的教育对政治参与有一定的影响,但同时也揭示了较高阶段(高等教育)的教育产生的影响比较复杂。迪伊(Dee,2004),以上大学的难易程度作为工具,发现大学入学率对选举具有某种因果效应[3],而布兰德(Brand,2009)利用倾向得分匹配法(propensity score matching)[4]发现大学学历影响公民参与。而卡姆和帕尔默(Kam and Palmer,2008)及亨德森和查特菲尔德(Henderson and Chatfield,2009)同样采用倾向得分匹配技术的研究,得出的结论却是参加高等教育和政治参与没有因果关系。[5] 总体而言,基于美国数据的有限研究显示,较低水平的教育可能对政治参与产生影响,但更高水平的教

---

[1] 除美国和欧洲国家以外,未见其他的教育对"公民和社会参与"的因果效应的研究。

[2] 追随电视和报纸上的活动并不意味着个体能得到更多的政治信息。

[3] 根据迪伊(Dee,2004)的研究,大学入学率的增加会提高22%的投票可能性、17%的实际投票率。

[4] 一种统计学方法,用于处理观察研究的数据。在观察研究中,由于种种原因,数据偏差和混杂变量较多,倾向评分匹配的方法正是为了减少这些偏差和混杂变量的影响,以便对实验组和对照组进行更合理的比较。——译者注

[5] 卡姆和帕尔默(Kam and Palmer,2008)研究显示,大学入学前各种不同的生活经历可能影响大学入学考试和政治参与。卡姆和帕尔默(Kam and Palmer,2008)、亨德森和查特菲尔德(Henderson and Chatfield,2009)使用倾向得分匹配技术(propensity score matching technique)来控制高等教育中的非随机选择。关于倾向得分匹配方法的说明,参见第二章。

育对参与的影响则没有定论。美国的研究还显示，较低水平的教育对公民参与和信任的影响有限。

基于欧洲数据的研究

来自德国、西班牙、挪威和英国的证据显示，在欧洲，初中教育本质上是不太可能对政治参与有直接影响的。西德尔(Siedler，2007)考察了德国的学校教育，发现教育对几个政治参与指标有影响，这几个指标分别是：政治兴趣、投票人数、民主观念、政治团体中的政治参与和会员情况。研究证实，学校教育年限与所有参与指标呈正相关，他发现，由强制教育改革带来的学校教育外生性增长与更高的参与程度无关。一项基于挪威的投票数的研究发现，因强制学校教育而带来的额外一年期教育对投票决定没有因果效应(Pelkonen, 2007)。①米利根等人(Milligan *et al.*，2004)也无法找到证据证明，在英国，教育对投票数量和政治兴趣有直接影响。此外，利用西班牙义务教育年限和最低就业年龄之间间断性的变化，图亚(Touya, 2006)发现，因劳动法改变而导致的学校教育年限外生性增长没有提高政治参与的水平。最后，丹尼(Denny, 2003)提供了欧洲的教育与公民参与之间存在因果效应的证据。丹尼(Denny)使用来自英国、爱尔兰和意大利的微观数据显示，额外一年期学校教育(由义务教育法的变化引起)对志愿服务和公民参与不具有统计学上的显著效应。因此，使用欧洲数据的研究显示，较低阶段的教育不太可能影响政治参与和公民参与。

当前分析的贡献

为了补充有限的证据，揭示因果关系，我们对大量的欧洲国家进行了相关分析。②这些分析利用了欧洲各国义务教育改革所导致的义务教育年限变化，出生在不同国家、不同时期的人，完成义务教育的年限会因此而不同③。工具变量估算的结果

---

① 然而，佩尔科宁(Pelkonen)发现，当单独评估男性和女性时，额外的学校教育对男性(而不是女性)有显著且巨大的因果效应。

② 这一分析由博戈诺维(Borgonovi, 2010)提供。由于所用的工具(即义务教育法)可能主要改变处于相对低端教育程度的个体行为，教育年限对"公民和社会参与"效应的模型只能复制那些大专学历以下的样本。然而，结果仍与那些全样本的分析相似：教育似乎只对政治兴趣有影响。

③ 在整个20世纪，许多欧洲国家的立法发生了显著变化，其中的重要影响之一，就是儿童义务教育年限的显著延长。

(图 3.7)显示,因改革带来的额外一年期教育对投票、党员、信任和宽容等公民参与没有因果效应,这一发现与此前的研究结论一致,即:在欧洲,较低阶段的教育不太可能影响公民参与和投票。但是,额外一年期学校教育对政治兴趣存在因果影响,这一影响高达 9.7 个百分点。[1] 也就是说,个体因义务教育法而接受的额外一年期教育会使其对政治感兴趣的可能性增加 9.7 个百分点。这一发现,则与前述研究不一致。[2]

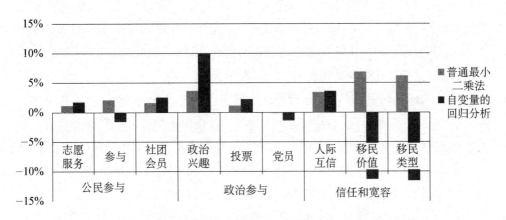

图 3.7 教育对"公民和社会参与"的效应,2002—2006

    * 结果是基于普通最小二乘法和工具变量的回归分析。将最低离校年龄的改革措施作为工具。回归控制变量包括年龄、性别、收入、少数群体身份、劳动力市场状况、宗教信仰、社会整合、社会支持、意识形态取向、父亲的受教育水平、母亲的受教育水平和健康状况等变量。浅色条代表在 5% 处统计结果不显著。

    资料来源:基于博戈诺维(Borgonovi, 2010)的研究。数据来源:第 1—3 轮欧洲社会调查(European Social Survey(EES), Rounds 1—3)。

---

[1] 使用工具变量框架得出的教育对政治兴趣的效应估值要明显高于普通最小二乘法估值,这一发现令人惊讶,因为原本认为,普通最小二乘法估值会偏离更高。因为义务教育改革只影响"执行者"的受教育水平,即个人待在学校受教育时间更长是因为教育改革,工具变量评估可能捕捉到局部平均处理效应。每当教育的政治回报对执行者更重要时,局部平均处理效应都将高于平均处理效应。关于局部平均处理效应,详见第二章。

[2] 然而,有一个例外。迪·彼得罗和德尔普拉托(Di Pietro and Delprato, 2009)使用意大利的数据评估了教育对政治兴趣的因果效应。他们发现,由 1962 年意大利学校教育改革(即强制要求学生在校时间由 5 年变为 8 年)带来的额外一年期学校教育显示出对政治感兴趣的可能性的因果效应。

综上所述，来自因果效应的证据显示，在美国，额外一年期学校教育（由可能影响到较低年段教育的体制改革带来的）对政治参与有影响。这可能印证了此前的假设：美国高中阶段的教育在提升民主观念和促进参与方面有积极作用。[①] 文献还显示，在欧洲，额外一年期学校教育（由可能影响到较低年段教育的体制改革带来的）对公民参与、信任和宽容的影响有限。[②] 后者隐含了三层含义：

首先，一般来说，在欧洲，初中教育对促进公民参与、信任和宽容可能没有什么作用。这可能仅仅意味着诸如先前的课程或教学模式等某些特定的学校教育特性，在促进公民参与、信任和宽容方面一直不是很成功。这也意味着，某些学校教育的特定因素（如教师的特点、课堂气氛和风气）并没有帮助学生形成公民参与、信任和宽容意识。下一节将讨论学校是如何更好地促进"公民和社会参与"的。

其次，欧洲的初中教育无助于促进学生的公民参与、信任和宽容，这可能意味着10 到 15 岁这一年龄段不见得是促进此类参与的最佳期。如上文所述，大学教育在公民参与、信任和宽容方面的回报更高，而社会心理学家的调查结果指出，18—25 岁对个人形成有关社会如何运转的信念和价值观十分重要。根据这一观点，将促进公民参与、信任和宽容的资源重新分配给大学阶段的教育或许会更有效。

第三，个体所受教育可能与激发公民参与、信任和宽容无关。如果社会地位（理论上讲可以通过受教育来获得）是"公民和社会参与"的关键因素，那么，个体间的相对教育水平比个体单独的绝对教育水平更重要。诺曼·尼等人（Nie et al.，1996）、赫利韦尔和普特南（Helliwell and Putnam，1999）、坎贝尔（Campbell，2006）以及经合组织（OECD，2007）都提及这一假设，我们将在后文予以检验。

3.3 因果路径

确定额外的学校教育是否影响以及在何种程度上影响"公民和社会参与"是一项

---

① 但是，这里仍有未解决的问题：为什么较低年段的学校教育没有影响到公民参与和信任。
② 较低水平教育的增加缺乏因果效应，与上述欧洲的边际效应结果一致：在公民参与、信任和宽容方面，获得初中学历的边际效应相对较小。

重要的实证研究,非常具有挑战性,而且有关这一效应实现路径的评估对政策制定者也有用。只有当政策制定者理解了可行的因果路径,才能更好地设计出有效的政策和改革方案。这一点之所以特别重要,是因为学校教育对"公民和社会参与"的净因果效应并不一定是正效应。这表明,辨识哪些路径有效、哪些路径无效极为重要。遗憾的是,现有研究证据就不同因果路径的效应所能提供的信息十分有限。本节将对已有的定量研究和定性研究进行评估,以推断学校教育是如何促进"公民和社会参与"的。

信息技能、认知技能和社会情感技能重要吗?

在美国,公民知识的习得与学校教学有关(Niemi and Junn,1998)。进而言之,通过学校教育获得的信息与公民的政治参与有关。例如,有关信息对政治参与的作用的研究证据表明,积极参与对公民知识有一个最低水平的要求(Galston,2001)。此外,在美国,较高的信息水平也与政治参与有关(Popkin and Dimock,1999)。由国际教育成就评价协会(International Association for the Evaluation of Educational Achievement,IEA)[①]进行的公民教育研究(Civic Education(CivEd) study)[②]结果显示,对大多数经合组织成员国来说,即使考虑到家庭背景的影响,公民知识与投票和政治兴趣的意愿仍有相关性(Torney-Purta et al.,2001)。这些结果显示,通过丰富儿童的知识,学校教育具有促进"公民和社会参与"的作用。然而,越来越多的证据显示,仅提供民主观念和政治制度方面的信息,对提高"公民和社会参与"的作用相当有限(OECD,2007;Hoskins,Janmaat and Villalba,2009)。

文献表明,教育能够通过提供多样化的认知技能影响"公民和社会参与",包括基本认知技能(Nie et al.,1996;Hauser,2000;Denny,2003)、理解政治沟通的技能

---

① 非官方的国际教育研究机构,建立于20世纪50年代末期。总部设在瑞典斯德哥尔摩,有40多个国家和地区参加,主要职能是:组织全球性的跨国家、跨地区的教育研究合作,利用现代化的调查和科学研究技术,在国际范围内开展各类教育项目的评价研究和比较研究;资助和推动发展中国家的教育科学研究工作。——译者注

② 国际教育成就评价协会在20世纪初启动的跨国教育调查项目,调查内容涵盖公民知识、公民态度、公民参与等。——译者注

(Torney-Purta *et al.*,2001)、官僚政治与组织技能(Wolfinger and Rosenstone,1980)、批判性思维与决策能力(Verba *et al.*,1995)①以及公民素养(Hoskins *et al.*,2008)。就基本的认知技能与成就而言,英国全国儿童发展研究(British National Child Development Study,NCDS)②的证据显示,11 岁时的普通认知测验表现是 33 岁时的信任、宽容和积极态度表现的最强有力的预测指标(Schoon *et al.*,2010)。鉴于学校能够有效地培养这些技能,可以将认知技能看作教育影响"公民和社会参与"的一条重要因果路径。劳格洛和奥亚(Lauglo and Oia,2008)提供了有关学校教育作用的直接证据:在挪威,即使考虑到家庭背景的影响,儿童的挪威语、英语和数学成绩都与公民参与相关。

教育还可以通过提高诸如耐心、对困难的应对能力、自我效能和赋权感等社会与情感技能,来促进"公民和社会参与"。遗憾的是,有关这一因果路径的实证研究十分有限。已有证据表明,自我效能和掌控意识是"公民和社会参与"的重要因素(Bandura,1993;Wilson,2000;Blais,2000;Whiteley,2005;Benton *et al.*,2008)。博戈诺维(Borgonovi,2010)基于欧洲社会调查的研究也表明,自我决定(self-determination)③与更高层次的交往、信任和宽容有关。④ 在挪威,劳格洛和奥亚(Lauglo

---

① 丹尼(Denny,2003)提供了读写能力对志愿服务有作用的证据。他发现,读写能力的测度(基于国际成人读写调查中的散文、公文和量化项目)对志愿服务有显著效应。当包括这一测度时,学校教育的影响降会低大约一半或以上。这种情况在智利、丹麦、荷兰、斯洛文尼亚尤为明显,因为在这些国家无法否定学校教育年限没有影响的假设。丹尼的结论是,当考虑到功能性读写能力时,教育的直接效应通常相对较小。

② 又称英国出生队列研究(British birth cohort),是一项持续性的、多学科的跟踪队列研究,始于 1958 年,2008 年进行了最近一次的测量和评价。英国全国儿童发展研究的内容相当广泛,涉及环境与出生、童年期到青春期的健康、教育与社会发展、健康的代际关系、健康的社会不均等性以及健康相关行为等。——译者注

③ 即自我决定论,如果任务满足了他们的价值标准和信念,外在动机会被个体内在化,并以此满足他们基本的心理需要,并进一步成为作决定的参考依据或行为的前导驱力。——译者注

④ 然而,博戈诺维(Borgonovi,2010)也发现,教育与"公民和社会参与"之间的关系没有被自我决定所调和。这是否意味着教育不能通过培养自我决定来提高"公民和社会参与"? 不一定。这可能是由于以前的教育实践对发展自我决定的意识无效。另外,也可能是家庭和社区的经验,在这方面起到的作用更大。

and Oia，2008)也证明，社交技能[①]与对政治和社会事务感兴趣之间有正相关关系。虽然有证据表明，在促进"公民和社会参与"时，社交和情感技能可以发挥重要作用，但对学校是否是发展这些技能的最佳场所这一点，目前尚不清楚。库尼亚和赫克曼(Cunha and Heckman，2008)的研究表明，诸如自我决定、自我效能和社交等技能，在学校和家庭中都可以得到发展。

通过哪些课程可以使有关"公民和社会参与"的知识、认知技能和社会情感技能得以最有效地发展并应用于公民实践，相关实证文献为此提供的证据还很有限。教育可以通过通识课程(general courses)[②]促进这些能力的发展，例如，通过通识课程中的特定内容版块(如在历史和社会科学课程中考察针对全民投票权的斗争)，或者通过专门设置的公民教育课程，促进公民的政治参与，并使学生进一步理解民主观念的重要性。从考察公民教育在促进"公民和社会参与"方面的效果的研究中发现，以教师为中心和对公民教育内容死记硬背的教育方式，对参与水平的影响，即使有，也很小(Niemi and Junn，1998；OECD，2007；Hoskins，Janmaat and Villalba，2009)。[③] 然而，新的研究表明，学校风气、班级氛围和直接实践的机会等学校环境因素，有助于培养积极的公民习惯和态度。

习惯和态度重要吗?

欧洲议会已收集到来自欧洲各地的有关有效培养具有民主意识的公民教育的定性研究证据(Bîrzéa et al.，2004，2005)。证据表明，当民主风气贯穿整个学校和课程

---

① 劳格洛和奥亚(Lauglo and Oia，2008)用纪律问题来研究社交技能。纪律问题的评估项目有："骂老师"、"和老师争吵"、"被送到校长办公室(因为冒犯)"、"被要求离开教室(因为不当)"以及"无正当理由旷课"(Lauglo and Oia，2008)。而那些对政治和社会问题不感兴趣的人通常更有可能产生纪律问题，那些对政治和社会问题表现出强烈兴趣的人相比那些保持适度兴趣的人，违反纪律问题也更频繁。这表明，个人心理特征和"公民和社会参与"之间的关系可能是非线性的、微妙的。

② 通识课程包括语言、历史和数学课。

③ 参见怀特利(Whiteley，2005)、经合组织(OECD，2007)和本顿等人(Benton et al.，2008)的著作。这些著述对学校用来促进"公民和社会参与"的各种方法作了评述。霍斯金斯、詹马特和维拉巴(Hoskins，Janmaat and Villalba，2010)指出，在任何国家，增加历史或公民教育以及社会科学的教学时数，对关乎公民参与和参与态度方面的知识和技能而言，并非一直都是正效应。

时,学习是有效的。这些课程可以培养学生对公民参与的积极态度。国际教育成就评价协会接下来要进行的国际公民与公民教育研究(International Civic and Citizenship Education Study)将对此进行定量检验,探索不同学科的教师和教学实践与学生的公民知识、公民技能、公民态度和公民性格之间的关系。

民主实践也可以通过制定一些规范而得以促进,这些规范有助于形成参与习惯和强烈的共同体意识、团队凝聚力及公民责任意识。这一发现与公民教育跟踪研究(Citizenship Education Longitudinal Study,CELS)的结果一致,后者对英格兰约 10 000 名首批接受法定公民教育的儿童从 11 岁起(2001 年)开始进行追踪调查,研究表明,公民教育的成功程度取决于学校是否是一个进行民主实践并参与民主实践且以此促进儿童技能发展、习得公民素养的场所,该研究将这种方法称为情境学习(situated learning)。[1] 该研究的结论称,通过对课堂实践和课程设计的细微改进,学校鼓励学生表达自己的看法,积极参与各项活动,这是对学生的潜在赋权,可以提高他们的个人效能感,从而促进"公民和社会参与"(Benton,et al.,2008)。

国际教育成就评价协会的公民教育研究还证实,对提高公民知识和促进公民参与而言,学校同时采取民主实践,鼓励学生就此发表自己的看法的做法是有效的。[2]这可以通过营造开放的课堂氛围来实现,在开放的课堂氛围里,学生可以公开地、积极地讨论所有问题,不仅限于与"公民和社会参与"相关的问题,还可以涉及其他课程领域的问题(Torney-Purta et al.,2001;Campbell,2006[3])。学校还可以利用课外活动,如志愿服务,在学校理事会学习如何决策等,来促进民主参与(Hoskins,Janmaat and

---

[1] 政治社会化领域提供的理论有助于解释"公民和社会参与"是怎样被学会的。已有的两个有用的理论是:社会学习理论(Bandura,1993)和情境学习理论(Lave and Wenger,1991)。这些理论,与基于认知和习得的学习模式有很大的不同,它们强调环境影响在学习上的重要性,强调要在不同社区中通过一系列观察、模仿和互动等形式的社会参与来学习。莱夫和温格(Lave and Wenger)通过人类学研究还证实了将知识置于相关情境之中时学习是如何发生的。

[2] 公民教育研究(CivEd study)的数据来自以下 28 个国家和地区:澳大利亚、比利时(法语区)、保加利亚、智利、哥伦比亚、塞浦路斯、捷克、丹麦、英国、爱沙尼亚、芬兰、德国、希腊、香港(中国)、匈牙利、意大利、拉脱维亚、立陶宛、挪威、波兰、葡萄牙、罗马尼亚、俄罗斯、斯洛伐克、斯洛文尼亚、瑞典、瑞士和美国。

[3] 坎贝尔(Campbell,2006)的研究表明,学校风气(一个涵盖课堂氛围、校内参与和公民素质标准的综合测度)对"公民和社会参与"的各项测度存在小但却显著的效应。

Villalba，2009）。通过一系列多样化的学校活动，触发公共讨论，促进情景学习，以培养学生成为积极公民的兴趣和习惯。

遗憾的是，这一做法并非是多数经合组织成员国的标准。图尔奈-普达等人（Torney-Purta，*et al*.，2001）以公民教育研究的成果为基础，注意到，只有约四分之一的学生表示他们在课堂讨论中发表观点会受到鼓励，而还有四分之一则表示很少或从不发言。他们还注意到，公民类课程的典型学习方式是以教师为中心的，即通过教材、背诵和完成作业来进行教学，并没有开展很多以学生为中心的活动。

学校中的情境学习

在考察社会学习理论（social learning theory）[①]过程中，德利·卡皮尼等人（Delli Carpini *et al*.，1996）和费什金（Fishkin，1991）发现，情境知识与特定的态度有关。德利·卡皮尼等甄别了具有"言论自由的法律"知识和容忍"特定群体有发表极端言论的自由"之间的关系。费什金做过一项民意调查，为了证实对公众提供刑事司法系统的证据是否会增加公众希望罪犯拥有合法权利的可能性。

证明公民教育有效的证据主要来自定性研究。最近的例子是英国督学自 2006 年至 2009 年对 91 所中学的观察报告（Ofsted，2010）。这些督学观察了学生们进行专题研讨和讨论相关问题的能力、学生的行为是否会带来实际的变化以及公民课程的教学质量。他们确认，仅有超过一半的学校是好的或是优秀的，有 10 所学校不合格。这些发现表明，年轻人受到的公民资质教育的质量存在差异。成功的关键在于，学校里有这样一批公民教育课教师，他们都是受过良好训练、有内在动力并在这门课的教学上投入充足时间的专家。面临的突出挑战是如何确保所有的年轻人尤其是那些能力较低的年轻人能融入学校里各种有关参与和决策的活动，而同时，公民教育课程也能关注这一群体的需求。

与收入有关吗？

学校也可以通过改善儿童的劳动力市场产出、步入社会网络从而间接影响"公民

---

① 美国心理学家阿尔波特·班杜拉（Albert Bandura）提出的社会心理学基础理论，不仅施加于个体本身的刺激物可以让其获得或失去某种行为，观察别的个体的社会教化学习过程也可以获得同样的效果。
　　——译者注

和社会参与"。那些受过更多教育的人比受过较少教育的同龄人的收入可能更高,而且,更有可能从事有偿工作[①],或从事不同类型的工作。[②] 志愿服务、社会参与、加入社团可以成为人们建立横向社会网络的方式,人们借此可以与那些相对来说可能收入更高的人建立联系(如,扶轮社(Rotary Club)[③])。此外,高收入者有可能更有能力以外包的方式打理自己的日常琐事,从而使他们能够依自己的心愿参与社团和协会的活动。

然而,从中高级劳务市场的表现看,教育也可能阻碍"公民和社会参与"。因为教育水平上升,收入水平上升,所花费的时间机会成本也随之增加;这会使用于参与志愿服务、社团和协会工作等活动的时间减少。鉴于较高的时间机会成本和个体投出决定性一票的可能性较低,高收入者也不太可能参与投票。[④] 越是时间密集型活动,机会成本花费越大,间接教育效应越呈负面性(Freeman,1997)。最后,对于那些由于职业和收入不稳定而导致经济来源相对频繁地受到冲击的群体而言,公民参与可能成为某种非正式形式的保险。那些只从事临时工作和季节性工作的个体、主要靠超时工作维持生计的个体、由于缺乏学历和成人培训而无技能或技能水平很低的个体,都可能热衷于公民活动,抱着在需要帮助时会得到帮助的希望,在时间允许的情况下,为社团作贡献(Dehejia *et al.*,2007)。

博戈诺维(Borgonovi,2010)为劳动力市场的参与和表现在何种程度上调节了教育与"公民和社会参与"之间的关系提供了有关加拿大及欧洲国家的证据。该报告在

---

① 英国学者查尔斯·汉迪(Charles Handy)将工作组合分为5种主要类别:两种有偿工作(paid work):工资工作(wage work)和计费工作(fee work);三种无偿工作(free work):家政工作(home work)、志愿工作(gift work)和研习工作(study)。工资工作依据时间计酬,计费工作依据结果计酬;家政工作包括在家所做的所有事情,煮饭洗衣、照看孩子、房屋维修、购物等;志愿工作指在家外所做的无偿劳动,如为慈善组织、社会团体、邻居或社区提供服务;研习工作包括个人的阅读、学习(如外语和外国文化)、技能训练、运动训练等。参见:[英]查尔斯·汉迪. 非理性的时代:工作与生活的未来[M]. 方海萍,等译,杭州:浙江人民出版社,2012.——译者注
② 参见卡德(Card,2001)对教育的劳动力市场收益的评论。
③ 国际扶轮社成立于1905年,是由分布在168个国家和地区中共约33 000个扶轮社组成的国际组织,也是一个全球性的由商人和职业人员组成的慈善团体。——译者注
④ 实际上,布莱斯(Blais,2000)研究发现,在加拿大,较高的投票成本通常与较低的投票率相关联,而现实中绝大多数人认为,投票的机会成本很小,或可忽略不计。

考量了收入和劳动力市场因素之后,对受教育水平与"公民和社会参与"间的关系会有何种程度的变化进行了评估。报告显示,劳动力市场对此关系变化的影响是微小的。经合组织(OECD,2009)的报告也显示,大多数欧洲国家(包括五个非欧洲国家)的家庭收入对教育与政治兴趣和人际互信两者关系的影响与之前的研究结果相同(图 3.8)。报告显示,家庭收入对这一关系的影响很小。因此,教育不太可能主要通过劳动力市场表现来影响"公民和社会参与"。换言之,实证结果显示,在考虑了收入和劳动力市场状况后,教育与"公民和社会参与"之间的关系仍然密切。

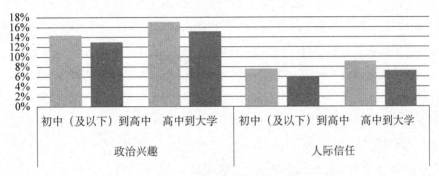

图 3.8　受劳动力市场影响调整后的教育边际效应,2006

* 基于 21 个经合组织成员国的样本。
资料来源:根据经合组织的研究(OECD,2009)。数据来源:第 2—3 轮欧洲社会调查(European Social Survey(EES),Rounds 2 - 3),成人识字与生活技能调查((Adult Literacy and Lifeskills Survey,ALL),2003),国际社会调查项目((International Social Survey Programme,ISSP),2004,2006),世界价值观调查((World Values Survey,WVS),2005),欧洲社会调查((European Social Survey,ESS),2004,2006)。

3.4　家庭和社区的作用

上一节讲到,通过培养能力、在开放课堂氛围中培养民主参与的态度和习惯、教授多学习情境性知识,学校可以对鼓励"公民和社会参与"发挥重要作用。然而,学校能单独地有效促进"公民和社会参与"吗? 家庭和社区有没有作用呢? 此前的文献对此作了阐明。

父母在培养儿童的"公民和社会参与"中扮演重要角色。如果有良好教养的父母参与公民与政治活动并在家里讨论这类话题，可能会提高其子女的"公民和社会参与"水平。父母的教养好，子女很可能因此拥有可以激发公民兴趣的家庭环境，如公民取向的书籍、报纸、杂志和电视节目等。事实上，大量的研究显示，父母的受教育水平会影响儿童的"公民和社会参与"(Helliwell and Putnam，1999；Campbell，2006，2008；Feddersen and Pesendorfer，1996；OECD，2007；Gesthuizen *et al*.，2008)。最近，博戈诺维(Borgonovi，2010)通过对欧洲社会的调查发现，父母的受教育水平与子女的多项"公民和社会参与"指标呈显著相关。那些母亲获得大专以上学历的子女相比那些背景相似但母亲学历相对较低的儿童，更可能参与志愿活动，对政治更感兴趣，更信任他人并对移民抱有更积极的态度。同样，与父母受教育水平相关的多项"公民和社会参与"指标，至少在参与社团和对政治的兴趣等方面，效应显著：在参与社团及关心政治方面，那些父亲取得大专学历的比那些父亲只有初中及以下学历的个体，可能性高5%。[①] 劳格洛和奥亚(Lauglo and Oia，2008)也发现，在挪威，诸如"家里有书"的家庭环境，与对政治和社会问题的兴趣关系呈强相关。

大量研究表明，青少年与父母和朋友谈论政治和社会事务及有关公民知识的心得收获，与其拥有的社会参与的技能及态度之间，有很强的关联性(有关美国的研究，参见 Kahne 和 Sporte，2008；有关挪威的研究，参见 Lauglo 和 Oia，2008；有关英国、芬兰、波兰、意大利和德国的研究，参见 Hoskins，Janmaat 和 Villalba，2009)。一些跟踪研究也证明，公民的态度和社会行为模式是代际相传的，通过逐项对比发现，父母和儿童的反应非常相似(US Department of Education，1999)。此外，卡恩和斯波特(Kahne and Sporte，2008)发现，周边社区的公民参与状况与年轻人有志于公民参与的效应之间有很强的相关性。这些结果表明，学习发生在基于观察和模仿家人与社区邻居的行为的社会互动中。此外，学校与社区的互动会产生相互作用：在挪威，那些与朋友谈论

---

① 如果儿童的"公民和社会参与"效应主要来自儿童在较高年段所受的教育，那么，父母的教育效应可能会比较小。鉴于我们在相关的分析中已考虑到了儿童的教育问题，其余的变量可以用父母的教育影响较小来解释。

社会和政治问题的儿童,很可能会与他们的老师和父母讨论同样的问题(Lauglo and Oia,2008)。

早期的"公民和社会参与"经验促进非认知特征的发展,这对此后的"公民和社会参与"非常重要

年轻时参与志愿活动已被视为在成年后会持续参与社区活动的一个主要路径(Youniss and Yates,1997)。有许多志愿服务项目被引以为据,包括对美国1964年自由之夏(Freedom Summer)[①]期间那些帮助黑人选民登记的年轻志愿者的研究。与那些作为对照组的、那场选举中参与登记但没有参与志愿服务活动的年轻人相比,参与了志愿服务行动的年轻人在以后的生活中更有可能成为志愿者和社区领导人(McAdam,1988)。他们持续坚守的信念之关键在于他们身为志愿者时业已形成的身份感,以及他们业已形成的有能力推动社会变革的自我效能感。他们在社区和志愿服务中学到的东西,可以延伸到学校教育,甚至会在学校教育中得到强化,并且建构起学校与社区间的良好联系(US Department of Education,1999)。卡恩和斯波特2008年的研究(Kahne and Sporte,2008)强调,学校的服务性学习项目和学生立志于公民参与之间具有很强的关联性。这项研究的证据在于,美国青少年在食品救济站做志愿者是学校课程的一部分(Watts *et al.*,2008),这与他们未来的社区参与呈强相关。

理解校内外学习的效果,并使用莱夫和温格(Lave and Wenger,1991)以及班杜拉(Bandura,1973)等人的学习理论[②]与实证证据,有助于在学校内建构成功的公民教育方式。总而言之,这一证据表明,给孩子们提供更多有关接触机会和参与价值的抽象信息,不大会提高他们未来的交往水平。相反,通过与父母及同龄人的社会交往,在这些活动中发展个体的自我感悟,将相关知识以间接的形式蕴含其中,加以情境化,学习便可得以发生(Hoskins,Janmaat and Villalba,2009)。鼓励学生表达真实想法和学校的民主氛围已被证明始终有效,并已成为情境学习和通过社会参与来学习的范例。综

---

① 黑人民权运动组织"学生非暴力协调委员会"(SNCC)招募将近一千个北方大学生志工去南方的密西西比州,协助黑人选民登记,称之为"密西西比夏日计划"。是美国历史上著名的黑人民权运动——译者注
② 即情境学习理论和社会学习理论。——译者注

合上述理论可以发现,将同伴教育融入学校课程的方法用到家庭中,即让父母积极参与学校项目的讨论和研发,可能同样有效。此外,精心安排参与政治组织和志愿者组织的时间、学生在公民课后的反应表现、学生的校外经验建构,都能反映出"公民和社会参与"的品质有所提高。

教育的累积效应与相对效应

家庭和社区环境对促进儿童的"公民和社会参与"具有重要作用,而被有教养的父母养育同样重要。一个人在其成长环境中,有教养的家长施加的影响会一直持续到成年期吗? 貌似合理的说法是,当周围都是受过高水平教育的人时,个体会感受到更强的信任感。一个社区中有教养的人占很大比例时,会提供更多的参与志愿活动及公民/政治活动的机会。文献表明,社区中有教养的人比例越高,社区的公民参与和人际互信水平越高(Helliwell and Putnam, 1999;OECD, 2007;Borgonovi, 2010)。这就是所谓的教育累积效应(cumulative effects)(Campbell, 2006;OECD, 2007)。博戈诺维(Borgonovi, 2010)表示,对大多数欧洲国家来说,在志愿工作、社团成员状况及人际互信方面,都存在明显的累积效应[①]。有趣的是,教育对"公民和社会参与"的累积效应,甚至比对提高个人受教育水平所产生的效应还要大。

3.5 社会地位的作用

通过直接提升个体特质和改善周边教育环境,教育可以起到促进"公民和社会参与"的作用。这表明,教育体系的长期拓展应该促成"公民和社会参与"水平的提高。然而,研究人员也指出,矛盾的是,在诸如美国等某些特定国家,在过去几十年间,受教育水平的迅速提升,并没有必然带来政治参与方面的相应增长(Nie *et al*., 1996)。劳格洛和奥亚(Lauglo and Oia, 2008)也指出,在挪威,高等教育的迅速发展并没有带来投票数量的同步增长。貌似合理的解释是,不断增长的政治共识(Lauglo *et al*.,

---

① 由于数据的限制,经合组织(OECD, 2007)只检验了国家层面的教育累积效应。

2008)等情境因素,可能已经掌控大势。

　　然而,研究人员还提出了与这一悖论相一致的另一番理论。诺曼·尼等人(Nie *et al.*)的观点是,教育的主要作用或许是提高个人的社会地位,但个人的社会地位又反过来开辟了获取那些本质上往往是竞争性的公民/政治资源的渠道(如有影响的政治家们)[1]。获取公民/政治资源的成本越低,越可能激发政治参与的动机。坎贝尔(Campbell,2006)指出:

　　　　"那些声望或社会地位越高的人,越可能介入到社会上具有竞争性的零和活动(zero-sum activities)[2]中,这仅仅是因为他们更有可能从比赛中'胜出'。地位高的人发声才有人听……你的正规学历水平越高(相比你所处的社会环境中的其他人),你的社会地位就越高;你的社会地位越高,你就更有可能认定你的意见不会泯然于众。你花在政治参与上的那些成本(以时间和金钱衡量),远没有你付出这些努力所可能获取的收益重要。"

　　这表明,随着教育系统的扩张,"高等教育额外收益"的减少,参与政治活动的成本会增加,而参与的收益反而会减少。这会使那些有教养的人(有更高社会地位的人)削弱从事政治活动的动机。社会地位的作用可能也适用于公民参与;那些地位高的人可能会得到参与"独享性"公民活动的优先通道。这些都是所谓教育的相对效应(relative effects)的例子(Nie *et al.*,1996;Helliwell and Putnam,1999;Campbell,2006)[3]。

　　博戈诺维(Borgonovi,2010)利用欧洲社会调查检验了教育对"公民和社会参与"、

----

① 参与可以是对抗性的和/或者包含针对稀缺资源的竞争:由于参与机会的数量有限,一个人的参与会降低另一个人的参与的可能收益。

② 博弈论中的一个概念,属非合作博弈,指参与博弈的各方,在严格竞争下,一方的收益必然意味着另一方的损失,博弈各方的收益和损失相加总和永远为"零",双方不存在合作的可能。——译者注

③ 一个重要的实证性问题可能是:"我们如何界定一个范围,来将该地区的平均教育与某个人的教育加以比较?"换句话说,什么样的人群与我所谓的"相关教育"相关(Helliwell and Putnam,1999)? 这一范围可以是从国家层面(如诺曼·尼等人的研究(Nie *et al.*,1996))到一国内的不同地区,或者是不同地区或区域内的地方学区。根据赫利韦尔和普特南的研究,研究结果会因选择地区的不同而不同。

信任和宽容的相对效应的假设。结果表明,教育相对效应与政治参与有关,这与坎贝尔的观点一致。然而,在公民参与和人际互信方面,教育相对效应的证据很少。这可能意味着,在许多欧洲国家,现有的公民活动在本质上不太可能是竞争性和敌对的,而"是否信任他人"更多地取决于一个人所处的环境,而不是他在共同体中的社会地位。这一结果与赫利韦尔和普特南(Helliwell and Putnam, 1999)对美国的研究结果一致,即在人际互信方面,没有发现相对效应的证据,但发现了累积效应的证据。

3.6　总结:已知与未知

本章所呈现的分析基于近期的定性和定量研究。目标是要搞清楚,在教育与"公民和社会参与"的关系上,目前我们知道多少,还要找出在哪些方面需要更多的信息。表 3.1 提供了对现有发现的简要总结。

表 3.1　教育与"公民和社会参与"之间的关系
(根据目前的研究发现)

	我们已知	我们尚未知
教育的因果效应	● 中等教育:在美国,促进了政治参与;但在一些欧洲国家,结果并不明晰。一般来说,已发现的教育与公民参与和信任的因果效应是有限的。 ● 高等教育:在美国,对公民参与和政治参与的结果并不明晰;对信任和宽容具有"潜在的"重要性(但并非基于因果证据)。 ● 成人教育:相关性研究显示,成人读写能力有助于提高弱势群体的公民参与水平。 ● 对不平等的影响:高等教育向弱势群体扩展可以帮助减少在公民参与、信任和宽容方面存在的不平等。	● 现有的因果证据在各个领域都有限,特别是在信任和宽容方面。 ● 现有的因果证据主要来自美国和英国。 ● 揭示早期儿童教育和高等教育效应的研究都有限。
因果路径	● 知识:相关但有限。 ● 认知能力:基本技能和高级技能都相关。 ● 非认知特征:自我效能和自我控制都很重要。 ● 收入:收入的调节作用很弱。 ● 学校环境有相关性:参与个体的特性可以通过在	● 因果路径的证据有限,尤其是对信任和宽容而言。 ● 未来的工作可能会更多地关注社会与情感技能的作用,以及如何最好地培育这些技能。

续表

	我们已知	我们尚未知
	开放的、民主的学习环境(包括规范和精神)中的情景学习得到强化。 ● 对不平等的影响:教育可以成为传递代际不平等的机制,因为父母有教养的儿童往往会养成更好的促进"公民和社会参与"的个人特性。早期的学习环境缺陷需要得到解决。学校也要关注这些早期环境缺陷。	● 教育的调节作用,构建人脉的途径,尚未被好好研究。
环境	● 家庭环境重要:父母有教养,并在家中讨论公民/政治事务,家里再有较多书籍,更容易培养子女对"公民和社会参与"的积极态度。 ● 社区环境重要:提供了一个"情境体验"环境,有助于加深对"公民和社会参与"的理解和对"公民和社会参与"的积极态度。	● 工作环境对培养"公民和社会参与"的作用尚未得到很好的研究。
社会地位	● 教育可以通过提高个人的社会地位影响政治参与、信任和宽容。 ● 对不平等的影响:教育系统的发展未必能提高政治参与的平均水平,但可能会减少政治参与中的不平等。	● 只有极少量的研究基于不同社区、学校和地区等不同团体对社会地位进行了评估。
总体情况	● 教育发展可以提高"公民和社会参与"水平,也可以减少在政治参与中的不平等。 ● 教育发挥作用的机制是什么? 通过在开放的和情境化学习的环境中培育"公民和社会参与"的习惯和规范,可能是有前景的途径。家庭和社区可以成为情境学习的理想环境。 ● 鉴于学校、家庭和社区环境在培育情境学习和强化公民规范及民主态度时的相互依赖性,整合的方式(integrated approach)大有希望。	● "公民和社会参与"的所有三个方面都需要更多的因果证据。尤其是人际互信和宽容方面。 ● 鉴于估算因果关系时在数据收集和评估策略上的困难,广泛调用定性数据可能是有用的。 ● 需要更好地理解家庭和社区在除美国和英国(以及欧洲国家)以外的国家中的作用。这表明,与"公民和社会参与"相关的规范/文化的跨国差异,是怎样影响学校教育在培养"公民和社会参与"方面的作用的。

　　总的来说,教育能显著提高"公民和社会参与"水平。诸如认知技能、社会情感技能等方面的能力,可以使个体积极地融入社会。激发学生质疑和争论社会问题的学校

规范、风气和开放的课堂氛围,也有助于形成公民参与的习惯,提升公民参与的价值和态度。情境学习给儿童提供了进行"做中学"的机会。当家庭和社区环境与教师和学校管理人员的努力保持一致时,公民能力可以进一步增强儿童的公民能力,培养其态度和价值观。在家里讨论公民/政治事务的父母,并将涉及公民事务的物品(如书籍等)放在家里,可能会激发儿童的积极公民取向。一个有充分的机会让儿童成为社会的一分子(如志愿活动、协会和体育活动)的社区,可以进一步促使儿童在学校里养成公民意识。父母、教师、学校管理人员和社区管理人员可能需要更好地理解各自的职责,加强沟通,确保儿童每天接触到的各种环境是一致的、紧密相连的。

参考文献

Alesina, A. and E. La Ferrara (2000a), "Participation in Heterogeneous Communities", *Quarterly Journal of Economics*, Vol. 115, pp. 1203 - 1228.

Alesina, A. and E. La Ferrara (2000b), "The Determinants of Trust", *NBER Working Paper* 7621, Cambridge, MA.

Alesina, A. and E. La Ferrara (2002), "Who Trusts Others?", *Journal of Public Economics*, Vol. 85, pp. 207 - 234.

Arrow, K. J. (1997), "The Benefits of Education and the Formation of Preferences", in J. R. Behrman and N. Stacy (eds.), *The Social Benefits of Education*, University of Michigan Press, Ann Arbor.

Bandura, A. (1973), "Social Learning Theory of Aggression", in J. Knutson (1973) (ed.), *The Control of Aggression: Implications from Basic Research*, Aldine, Chicago.

Bandura, A. (1993), "Perceived Self-Efficacy in Cognitive Development and Functioning", *Educational Psychologist*, Vol. 28, pp. 117 - 148.

Beaman, L. A. (2009), "Social Networks and the Dynamics of Labor Market Outcomes: Evidence from Refugees Resettled in the U. S", mimeo, Northwestern University.

Benton, T., E. Cleaver, G. Featherstone, D. Kerr, J. Lopes and K. Whitby (2008), Citizenship Education Longitudinal Study (CELS): Sixth Annual Report. Young People's Civic Participation in and beyond School: Attitudes, Intentions And Influences, DCSF Research Report 052, Department for Children Schools and Families, London.

Bîrzéa, C. *et al.* (2005), *Tool for Quality Assurance of Education for Democratic Citizenship in Schools*, Council of Europe, Strasbourg.

Bîrzéa, C., D. Kerr, R. Mikkelsen, I. Froumin, B. Losito, M. Pol and M. Sardoc (2004), *All-European Study on Education for Democratic Citizenship Policies*, Council of Europe, Strasbourg.

Blais, A. (2000), *To Vote or Not to Vote. The Merits and Limits of Rational Choice Theory*, University of Pittsburgh Press, Pittsburgh, PA.

Borgonovi, F. (2008), "Doing Well by Doing Good. The Relationship between Formal Volunteering and

Self-Reported Health and Happiness", *Social Science & Medicine*, Vol. 66, pp. 2321 – 2334.

Borgonovi, F. (2010), "The Relationship between Education and Civic and Social Engagement", mimeo, OECD, Paris.

Brand, J. (2009), "Heterogeneous Effects of Higher Education on Civic Participation: A Research Note", *UCLA California Centre for Population Research On-Line Working Paper 021*, UCLA, California.

Brehm, J., and W. Rahn (1997), "Individual-Level Evidence for the Causes and Consequences of Social Capital", *American Journal of Political Science*, Vol. 41, pp. 999 – 1023.

Buk-Berge, E. (2006), "Missed Opportunities: The IEA's Study of Civic Education and Civic Education in Postcommunist Countries", *Comparative Education*, Vol. 42, pp. 533 – 548.

Campbell, D. E. (2006), *Why We Vote*, Princeton University Press, Princeton, NJ.

Campbell, D. E. (2008), "Voice in the Classroom: How an Open Classroom Climate Fosters Political Engagement among Adolescents", *Political Behavior*, Vol. 30, pp. 437 – 454.

Canadian Council on Learning (2008), *Health Literacy in Canada: A Healthy Understanding*, Canadian Council on Learning, Ottawa.

Card, D. (2001), "Estimating the Return to Schooling: Progress on Some Persistent Econometric Problems", *Econometrica*, Vol. 69, pp. 127 – 160.

Caul, M. and M. Gray (2000). "From Platform Declarations to Policy Outcomes", in R. Dalton and M. Wattenberg (eds.), *Parties without Partisans*, Oxford University Press, Oxford, pp. 208 – 237.

Chiswick, B. and P. Miller (2009), "The International Transferability of Immigrants' Human Capital", *Economics of Education Review*, Vol. 28, Issue 2, April, pp. 162 – 169.

Costa, D. L. and M. E. Kahn (2003), "Civic Engagement and Community Heterogeneity: An Economist's Perspective", *Perspectives on Politics*, Vol. 1, pp. 103 – 111.

Cunha, F. and J. J. Heckman (2008), "Formulating, Identifying and Estimating the Technology of Cognitive and Noncognitive Skill Formation", *The Journal of Human Resources*, Vol. 4, pp. 738 – 782.

Davidov, E., B. Meuleman, J. Billiet and P. Schmidt (2008), "Values and Support for Immigration: A Cross-Country Comparison", *European Sociological Review*, Vol. 24, pp. 583 – 599.

Dee, T. S. (2004), "Are There Civic Returns to Education?", *Journal of Public Economics*, Vol. 88, pp. 1697 – 1720.

Dehejia, R., T. DeLeire and E. F. P. Luttmer (2007), "Insuring Consumption and Happiness through Religious Organizations", *Journal of Public Economics*, Vol. 91, pp. 259 – 279.

Denny, K. (2003), "The Effects of Human Capital on Social Capital: A Cross-Country Analysis", *The Institute for Fiscal Studies Working Paper WP03/06*.

Di Pietro, G. and M. Delprato (2009), "Education and Civic Outcomes in Italy", *Public Finance Review*, Vol. 37, pp. 421 – 446.

Edin, P., P. Fredriksson and O. Aslund (2003), "Ethnic Enclaves and the Economic Success of Immigrants: Evidence from a Natural Experiment", *Quarterly Journal of Economics*, Vol. 118, pp. 329 – 357.

Feddersen, T. and W. Pesendorfer (1996), "The Swing Voter's Curse", *American Economic Review*, Vol. 86, pp. 408 – 424.

Fishkin (1991), Democracy and Deliberation: New Directions for *Democratic Reform*, Yale University

Press, New Haven, CT.

Foster-Bey, J. (2008), "Do Race, Ethnicity, Citizenship and Socio-economic Status Determine Civic Engagement?", The Center for Information & Research on Civic Learning & Engagement, *CIRCLE Working Paper 62*, Boston, MA.

Freeman, R. B. (1997), "Working for Nothing: The Supply of Volunteer Labor", *Journal of Labor Economics*, Vol. 15, p. 140.

Fukuyama, F. (1995), *Trust*, Free Press, New York.

Galston, W. (2001), "Political Knowledge, Political Engagement and Civic Education", *Annual Review of Political Science*, Vol. 4, pp. 217 – 234.

Gesthuizen, M., T. van der Meer and P. Scheepers (2008), "Education and Dimensions of Social Capital: Do Educational Effects Differ Due to Educational Expansion and Social Security Expenditure?", *European Sociological Review*, Vol. 24, pp. 617 – 632.

Giuliano, P. and A. Spilimbergo (2009), "Growing Up in a Recession: Beliefs and the Macroeconomy", *NBER Working Paper No. 15321*, Cambridge, MA.

Glaeser, E. L., D. I. Laibson, J. A. Scheinkman and C. L. Soutter (2000), "Measuring Trust", *The Quarterly Journal of Economics*, Vol. 115, pp. 811 – 846.

Grossman, M. (1972), "On the concept of health capital and the demand for health", *Journal of Political Economy*, Vol. 80, pp. 223 – 255.

Halpern, D. (2005), *Social Capital*, Polity Press, Cambridge.

Hauser, S. (2000), "Education, Ability, and Civic Engagement in the Contemporary United States", *Social Science Research*, Vol. 29, pp. 556 – 582.

Helliwell, J. F. and R. D. Putnam (1999), "Education and Social Capital", *NBER Working Paper No. W7121*, Cambridge, MA.

Henderson, J. and S. Chatfield (2009), "Who Matches? Propensity Scores and Bias in the Causal Effects of Education on Participation", 24 April, *http://ssrn.com/abstract=1409483*.

Hoskins, B. and M. Mascherini (2009), "Measuring Active Citizenship through the development of a Composite Indicator", *Social Indicator Research*, Vol. 90, pp. 459 – 488, http://dx.doi.org/10.1007/s11205-008-9271-2.

Hoskins, B., B. d'Homber and J. Campbell (2008), "The Impact of Education on Active Citizenship", *European Education Research Journal*, Vol. 7, No. 3, pp. 386 – 402.

Hoskins, B. *et al.* (2008), "Measuring Civic Competence in Europe: A Composite Indicator Based on IEA Civic Education Study 1999 for 14 Year Olds in School", *CRELL Research Paper EUR 23210*, European Commission, Ispra.

Hoskins, B., J. G. Janmaat and E. Villalba (2009), "Learning Citizenship through Social Participation Outside and Inside School: A 5 Country, Multilevel Analysis of Young People's Learning of Citizenship", Conference paper delivered at the European Conference on Education Research, Vienna, 28 September, 2009.

Hoskins, B., J. G. Janmaat and E. Villalba (2010), "Learning Citizenship through Social Participation Outside and Inside School: A 5 country, Multilevel Analysis of Young People's Learning Using the IEA CIVED data", Conference paper delivered at the OECD Conference on Education, Social Capital and

Health, February 25 – 26, 2010.

Huang, J. , M. Henriette and W. Groot (2009), "A Meta-Analysis of the Effect of Education on Social Capital", *Economics of Education Review*, Vol. 28, pp. 454 – 464.

Kahne, J. and S. Sporte (2008), "Developing Citizens: The impact of Civic Learning opportunities on students' Commitment to Civic Participation", *American Educational Research Journal*, Vol. 45, pp. 738 – 766.

Kam, C. D. and C. L. Palmer (2008), "Reconsidering the Effects of Education on Political Participation", *Journal of Politics*, Vol. 70, pp. 612 – 631.

Knack, S. and P. Keefer (1997), "Does Social Capital have an Economic Payoff? A Cross-Country Investigation", *Quarterly Journal of Economics*, Vol. 112, pp. 1251 – 1288.

Krosnick, J. A. and D. F. Alwin (1989), "Aging and Susceptibility to Attitude Change", *Journal of Personality and Social Psychology*, Vol. 57, pp. 416 – 425.

La Porta, R. , F. Lopez-de-Silanes and A. Shleifer (1997), "Trust in Large Organizations", *The American Economic Review*, Vol 87, pp. 333 – 338.

Lauglo, J. and T. Oia (2008), "Education and Civic Engagement among Norwegian Youth", *Policy Futures in Education*, Vol. 6, pp. 203 – 223.

Lave, J. and E. Wenger (1991), *Situated Learning: Legitimate Peripheral Participation*, Cambridge University Press, Cambridge.

Lowndes, V. (2000), "Women and Social Capital: A Comment on Hall's 'Social Capital in Britain'", *British Journal of Political Science*, Vol. 30, pp 33 – 540.

McAdam, D. (1988), *Freedom Summer*, Oxford University Press, Oxford.

Milligan, K. , E. Moretti and P. Oreopoulos (2004), "Does Education Improve Citizenship? Evidence from the United States and the United Kingdom", *Journal of Public Economics*, Vol. 88, pp. 1667 – 1695.

Munshi, K. (2003), "Networks in the Modern Economy: Mexican Migrants in the US Labor Market", *Quarterly Journal of Economics*, Vol. 118, pp. 549 – 599.

Nie, N. , J. Junn and K. Stehlik-Barry (1996), *Education and Democratic Citizenship in America*, University of Chicago Press, Chicago, IL.

Niemi, R. G. and J. Junn (1998), *Civic Education: What Makes Students Learn?* Yale University Press, New Haven, CT.

OECD (2006), *International Migration Outlook 2006*, OECD, Paris.

OECD (2007), *Understanding the Social Outcomes of Learning*, OECD, Paris.

OECD (2009), *Education at a Glance 2009*, OECD, Paris.

OECD (2010), *Education at a Glance 2010*, OECD, Paris.

Offe, C. and S. Fuchs (2002), "A Decline of Social Capital? The German Case", in R. Putnam (ed.), *Democracies in Flux: The Evolution of Social Capital in Contemporary Society*, Oxford University Press, New York, NY, pp. 189 – 245.

Ofsted (2010), *Citizenship Established? Citizenship in Schools 2006/09*, Ofsted, London.

Pelkonen, P. (2007), "Education and Voter Turnout in a Quasi-Experimental School Reform", mimeo, University College London.

Pichler, F. and C. Wallace (2007), "Patterns of Formal and Informal Social Capital in Europe", *European*

Sociological Review, Vol. 23, pp. 425 – 435.

Popkin, S. L. and M. A. Dimock (1999), "Political Knowledge and Citizen Competence", in S. K. Elkin and K. E. Soltan (eds.), *Citizen Competence and Democratic Institutions*, Penn State University Press, University Park, PA.

Putnam, R. (1993), *Making Democracy Work*, Princeton University Press, Princeton, NJ.

Putnam, R. (2000), *Bowling Alone: The Collapse and Revival of American Community*, Simon & Schuster, New York.

Schoon, C., H. Cheng, C. Gale, D. Batty and I. Deary (2010), "Social Status, Cognitive Ability, Educational Attainment As Predictors of Liberal Social Attitudes and Political Trust", *Intelligence*, Vol. 38, pp. 144 – 150.

Schyns, P. and C. Koop (2010), "Political Distrust and Social Capital in Europe and the USA", *Social Indicators Research*, Vol. 96, pp. 145 – 167.

Siedler, T. (2007), "Schooling and Citizenship: Evidence from Compulsory Schooling Reforms", *ISER Working Paper* 2007 – 2, University of Essex.

Torney-Purta, J., R. H. Lehmann, L. H. Oswald and W. Schulz (2001), *Citizenship and Education in Twenty-Eight Countries: Civic Knowledge and Engagement At Age Fourteen*, IEA, Amsterdam.

Touya, D. M. (2006), *Can We Teach Civic Attitudes?* Estudios Sobre la Economía Española, mimeo.

US Department of Education (1999), *The Civic Development of 9th-Through 12th-Grade Students in the United States: 1996*, National Center for Education Statistics, Washington, D. C.

Uslaner, E. M. (1997), "Voluntary Organization Membership in Canada and the United States", *Paper* presented at the 1997 Biennial Meetings of the Association for Canadian Studies in the United States, Minneapolis, MN.

Verba, S. and N. H. Nie (1972). *Participation in America: Political Democracy and Social Equality*, Harper and Row, New York, NY.

Verba, S., K. L. Schlozman and H. E. Brady (1995). *Voice and Equality: Civic Voluntarism in American Politics*, Harvard University Press, Cambridge, MA.

Watts, R. et al. (2008), Findings on a theory of youth socio-political development, Paper presented at the Annual Meeting of the American Educational Research Association, New York, NY.

Whiteley, P. (2005), "Citizenship Education Longitudinal Study second literature review. Citizenship education: the political science perspective", *DCSF Research Report 631*, Department for Children Schools and Families, London.

Wilson, J. (2000), "Volunteering", *Annual Review of Sociology*, Vol. 26, pp. 215 – 240.

Wolfinger, R. E. and S. J. Rosenstone (1980), *Who Votes?*, Yale University Press, New Haven, CT.

Youniss, J. and M. Yates (1997), *Community Service and Social Responsibility in Youth: Theory and Policy*, Chicago University Press, Chicago, IL.

第四章 教育与健康

宫本浩治(Koji Miyamoto) 阿诺·希瓦利埃(Arnaud Chevalier)

尽管人们的预期寿命已延长,但经合组织国家对不良的生活习惯、慢性病发病率的急剧增长等问题仍保持着高度关注。在应对这些健康挑战时,教育能发挥作用吗? 研究表明:通过提高认知技能、社会—情感技能,培养与健康有关的习惯和态度,教育有助于改善健康。在改善儿童健康方面,教育的空间很大,但是,教育能够单独发挥作用吗? 有证据表明:必要的认知技能、社会—情感技能在儿童早期的家庭环境中可以得到最有效的发展。凭借这一强有力的起点,儿童能更好地在学校生活中获益。社区环境也有助于巩固学校和家庭所取得的成效。为了确保教育对健康所作贡献的效果、效率和可持续性,对学校而言,重要的是要聚焦于加强有效的工作,辨识无效工作,并确保家庭和社区环境与学校协调一致。通过促进社会各领域及各教育阶段的政策一致性,政策制定者可对此给以有力支持。

4.1 引言

尽管人们的预期寿命已延长,但在经合组织国家,健康仍是政策关注的焦点。糖尿病、严重的抑郁症等逐步侵蚀健康的慢性疾病,饮食、锻炼和饮酒等方面不良的生活习惯日益增多,这使健康问题在本质上发生了很大变化。而成功提高预期寿命的政策又让更多人面临养老问题。此外,由于某些特定的种族和社会经济群体面临着更为糟糕的健康环境,健康不平等也引起了广泛的关注(WHO,2008)。本章主要考察了教育在降低健康风险和减少健康不平等方面所发挥的作用。借由涵盖各种健康行为和产出的证据,本章将关注肥胖、心理健康和饮酒等三个健康领域。

在过去 30 年间,肥胖率急剧增长,以至于世界卫生组织(World Health Organization,WHO)已将其列为一种流行病。[①] 全世界约有 16 亿成年人体重超标,其中包括至少 4 亿临床肥胖者(Rosin,2008;WHO,2009a)。肥胖会引起严重的慢性疾病[②]、残疾,使人们的生活品质降低,预期寿命缩短。[③] 此外,肥胖会带来社会问题和心理问题,从工资收入和就业的角度看,还会给劳动力市场带来负面效应(Cawley,2004;Rosin,2008)。

在西欧,心理问题已成为占比超过 1/3 的疾病负担(WHO,2004)。抑郁,一种常见的心理障碍,正成为致残的主因,在 2000 年全球疾病负担排名中位居第四位,并且,预计在 2020 年的"伤残调整寿命年"(DALY)[④]* 因素中将排至第二。全球范围内,意大利、日本、西班牙和德国的心理障碍病例占总人口的 9%,比利时、墨西哥和荷兰占 12% 至 15%,法国占 18%,美国占 26%(OECD,2009a)。心理、神经和行为失常带来了巨大的痛苦,使生活品质降低,死亡率提高。[⑤]

---

① 在 15 个经合组织成员国中,超过一半的成年人超重或肥胖。

② 最主要的是糖尿病、心脑血管疾病和某些部位的癌症。

③ 在美国,肥胖可能很快会取代吸烟成为可避免的主要致死因素(Mokdad *et al.*,2004)。

④ 伤残调整寿命年(DALY),世界卫生组织将其定义为,早亡损失的潜在寿命和伤残损失的正常寿命之和。
  * 伤残调整寿命年(disability adjusted life year,DALY),指从发病到死亡所损失的全部健康寿命年,包括因早死所致的寿命损失年(years of life lost,YLL)和疾病所致伤残引起的健康寿命损失年(years of lived with disability,YLD)两部分。DALY 是一个计算因各种疾病造成的早死与残疾对健康寿命年损失的综合的定量指标,是将由于早死造成的损失(实际死亡年数与低死亡人群中该年龄的预期寿命之差)和因伤残造成的健康损失二者结合起来加以测算的(DALY=YLL+YLD)。流行病学是从宏观的高度和群体的角度来认识疾病和健康状况的分布及其机制,进而研究制定防治对策并评价其效果的。1993 年起,世界卫生组织将测量和报告全球疾病负担(globe budend disease,GBD)列为常规性工作,近年来,该组织会定期发布 GBD 评估报告。——译者注

⑤ 一个重要的问题是,绝大多数心理失常患者没有接受治疗,患者接受治疗的比例,在意大利是 8%,在美国是 26%(OECD,2009b)。

世界卫生组织估计，全球大约有 7 630 万人成为可诊断的酒精滥用的受害者（WHO，2004），这导致了约 180 万人死亡（占总死亡人数的 3.2%）、5 830 万个伤残调整寿命年的损失（占总数的 4%）。酒精消费会产生很多不良后果，不仅损害自身健康，还会因喝酒产生的事故和暴力行为对身边的人乃至路人造成伤害。尽管从 1980 年到 2005 年，经合组织国家的酒精消费水平下降了 15%，[①]但是，酒精消费水平依然居高不下，达到了每人年均近 10 升纯酒精的消费量。有些经合组织国家的酒精消费水平在这个时期内还有所提高。[②] 酒精消费开始呈两极化趋势。

未来一代也面临危机，在 9 个经合组织国家中，超过 15% 的国家存在 11—15 岁儿童超重或肥胖的情况（OECD，2009a），并且，世界卫生组织的报告显示，20% 的青少年儿童有心理障碍。青少年饮酒也是一个愈演愈烈的问题。昆特斯基、雷姆和格米尔（Kuntsche，Rehm and Gmel，2004）的报告指出：从 1995 年到 1999 年，在 18 个经合组织国家里，有大约一半的 15 岁青少年酗酒。[③]

经合组织国家面临的挑战还包括，不同人群和社会经济群体间存在着健康不平等。大量的研究表明，在经合组织成员国中，不同人群和社会经济群体的预期寿命存在很大的差距。比如，2002 年，非裔美国人的预期寿命比美国白人要短 5.4 年（Cutler，Deaton and Lleras-Muney，2006）。1980 年，处在收入分配最底层的 5% 的美国人和墨西哥人的预期寿命要比处在收入分配最高层的 5% 的人低 25%（Rogot 等人，1992；Smith 和 Goldman，2007，分别做的研究）。在美国，所从事工作的职业排名越高，死亡率越低（Cutler，Lleras-Muney and Vogl，2008）。在英格兰和威尔士，1997 年到 2001 年，男性体力劳动者的预期寿命比专业白领少 8.4 年，而且 1970 年代以来，这一差距在不断拉大（Office of National Statistics，2005）。此外，甚至在白领职业阶层也存在因职业地位不同而导致的健康不平等状况（Marmot *et al*.，1991）。

---

① 就全球整体而言，酒精消费水平呈下降趋势，但在中低收入国家，酒精消费水平却急剧上升。
② 芬兰、爱尔兰、日本、卢森堡、墨西哥、挪威和英国等国的酒精平均消费量呈上升趋势。
③ 基于欧洲学校酒精与毒品调查项目（the European School Survey Project on Alcohol and Drugs，ESSPAD）。

在不同人群和经济社会群体间,肥胖和过度的酒精消费也存在显著的不平等。比如,在低收入家庭和少数群体(Baum and Ruhm,2007)[①]及社会底层妇女中,肥胖更为常见(Sobal and Stunkard,1989)。大部分研究显示,男人比女人更可能过度消费酒精(Kuntsche,Rehm and Gmel,2009);青少年和年轻人最可能酗酒,在大多数国家,酒精消费会随年龄增长而下降。[②] 社会经济条件对青少年和成年人的暴饮倾向也有显著影响(Kuntsche,Rehm and Gmel,2009)。那些低收入、受教育更少以及生活在贫困社区的人们比一般人更有可能产生心理健康问题(Lorant *et al.*,2003)。对包括死亡率等绝大多数健康结果而言,最明显的健康不平等现象之一存在于不同的受教育群体间(Cutler and Lleras-Muney,2010)。

健康状况不佳(poor health)成为人们的一大负担,[③]对国家财政支出也有显著影响。比如,许多发达国家应对肥胖的支出大约占到了国家医疗总支出的 1%—8%(Morris,2007)。[④] 花在心理健康方面的财政经费——包括治疗和由于劳动力缺失、缺勤带来的间接成本——约占英国国内生产总值的 2%还要多,加拿大的这一比例仅略低于此(OECD,2009a)。酒精滥用的社会和经济成本也很高,从占加拿大国内生产总值的 1.1%到占意大利国内生产总值的 5%—6%不等(WHO,2004)。全球范围内,一国的医疗支出占其国内生产总值的水平,从 1961 年经合组织刚成立时的 3.9%上升到 2007 年的 8.9%,随着人口老龄化的到来,这一趋势仍在加剧(OECD,2007;OECD,

---

① 比如,在美国,1999 年至 2002 年,家庭收入超过贫困线 400%的富人中有 23%的白人女性和 14%的白人男性肥胖,相比之下,穷人却有 40%的女性和 34%的男性肥胖(Chang 和 Lauderdale,2005,引自 Baum 和 Ruhm,2007)。此外,鲍姆和鲁姆(Baum and Ruhm)的研究指出,2003 年至 2004 年,31%的 20 岁以上的非拉美裔成年白人肥胖,与此相比,有 37%的拉美裔和 45%的非拉美裔黑人肥胖(Ogden 等人,2006,引自 Baum 和 Ruhm,2007)。

② 但是,在瑞士,饮酒量的增加趋势到退休才停止。

③ 健康的挑战不只在成年之后才增多。例如,在美国和英国,儿童肥胖是严重的健康挑战之一。心理问题也会在早期出现。根据世界卫生组织的数据,有将近一半的精神疾病患者在 14 岁之前就有精神问题了。此外,经合组织的研究(OECD,2009a)报告指出,大部分青少年在 13—15 岁之前有过至少两次的饮酒经历。英国和丹麦这方面的数据尤高,分别达 33%和 31.6%。

④ 在美国,2001 年,与肥胖相关的年度医疗费用已经提高到总支出的近 10%,与 1987 年相比,提高了 27%(Finkelstein *et al.*,2009)。

2009b)。[①]

　　经合组织成员国各项健康行为与产出指标的当下状况如何呢？图 4.1 呈现了自我报告的健康状况的分布情况[②]，从中可以看出不同国家间的巨大差异。北美、新西兰和澳大利亚报告的健康水平最高。在欧洲，与南欧国家（西班牙、意大利和葡萄牙）和东欧国家（捷克、波兰、匈牙利和斯洛伐克）相比，北欧国家（挪威、丹麦和瑞典）所展示的自我报告的健康水平更高一些。

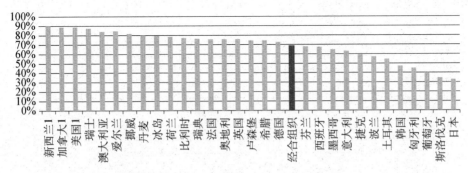

图 4.1　经合组织成员国自我报告的健康状况，2007

注：处于良好健康水平的成年人占总人口的比例。由于调查问卷的方法论差异而导致过高的偏误，标记为"1"的国家没有直接与其他国家比较。

资料来源：OECD（2009b），*Health at a Glance* 2009，OECD，Paris.

　　某一特定的健康产出，也反映出经合组织成员国间的不同排名。平均来说，根据体质指数（body mass index，BMI）[③]的测量结果，肥胖的发病率是高的，占到成年人口

---

① 在某些国家，医疗费用占整个国内生产总值的比重尤其高。比如，2007 年，美国的医疗开支占国内生产总值的 16％（OECD，2009）。健康支出占国内生产总值比例高的原因在于，过去十年，政府在医疗方面的支出快速增长，增速超过国内生产总值增幅。此外，医疗支出明显高于教育支出，教育支出仅占国内生产总值的 5.7％。2007 年，经合组织成员国政府的医疗支出特别高，平均占国内生产总值的 6.4％（OECD，2009b）。

② 自我报告的健康状况通常基于常见的问题来收集，例如："你的健康总体状况如何？"对问题的回答通常是高度主观的。尽管有研究指出，从自我报告的健康状况的相关指标可以很好地预测个人的未来医护状况和寿命（Idler and Benyamini，1997；OECD，2009c），但是，由于各国的健康标准不同，不同国家的自我报告的健康状况也会有所差异。

③ 体质指数是一种测量超重和肥胖的常用工具，用个体的体重和身高的关系（体重/身高的平方）来计算。

的15%(图4.2)。英语国家相对更高,亚洲(日本、韩国)以及北欧国家(挪威、丹麦和瑞典)相对较低。图4.3表明,所选出的经合组织成员国的终生心理健康问题发病率居高不下(占成年人口的18%—47%),同时,国家间存在较大差异。美国和新西兰两个英语国家的心理健康问题发病率较高,而日本和意大利的发病率则较低。最后,图4.4展示了大部分经合组织国家的酒精消费水平(每年的酒精消费升数)。在欧洲,卢森堡、爱尔兰、匈牙利、法国和奥地利等国的酒精消费水平相对较高;而在非欧洲国家,如加拿大、韩国、日本、墨西哥和土耳其,酒精消费水平则低得多。

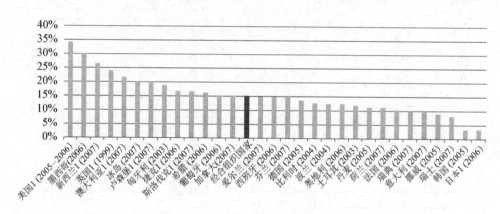

图4.2 经合组织成员国的肥胖状况,2007

注:15岁及以上的成年人中体质指数超过30的人数占总人口的比率。标记为"1"的国家的数据是基于健康检查调查(非健康访谈调查)获得的。
资料来源: OECD (2009b), *Health at a Glance* 2009, OECD, Paris.

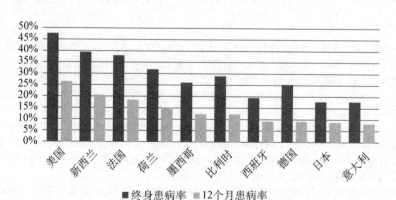

■终身患病率 ■12个月患病率

图4.3 经合组织成员国的心理健康问题,2003

注:心理健康问题的患病率占总人口的比例,2003年或最近的有数据的年份。
资料来源:OECD (2009b), *Health at a Glance* 2009, OECD, Paris.

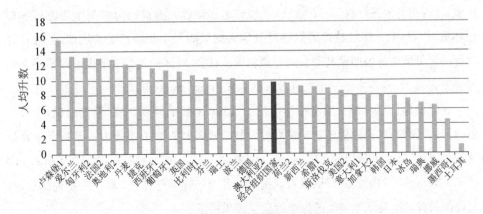

图 4.4 经合组织成员国的酒精消费情况,2003

注:2007 年,15 岁及以上人群人均酒精消费升数。标有"1"的国家使用的是 2003 的数据,标有"2"的国家使用的是 2006 年的数据。

资料来源:OECD (2009b),*Health at a Glance* 2009,OECD,Paris.

这些高发疾患和健康不平等问题的应对已提上政策议程,部分是因为这些健康问题带来了高额的公共支出。政策制定者采取了一系列措施进行应对,其中,有些方法是直接的,如健康干预、税收和各种规定;有些办法是间接的,如教育。本章所关注的是,在应对这些健康挑战问题上,教育能否有助于破解健康及其他方面的难题。本章将考察教育的总体效应以及产生这些效应的相关因果路径,从而找到改善教育行为及其产出的最有效的政策和方法。[1] 本章认为,在解决健康问题时,教育确实具有重要作用。第一,教育可以通过提高个体的知识、基本能力、社会与情感技能、适应力及自我效能,形成抵御风险的态度,帮助个体作出明智而有效的决定,使个体选择更为健康的生活方式,并能够更好地控制疾病。[2] 第二,教育可以帮助个体获得更好的工作、更高的收入、更好的伴侣、更安全的居住场所和更有用的社会网络,进而改善他们的生活

---

① 某些路径可能显示出积极影响,而其他的则可能会呈现出消极影响。积极的教育效应暗指所有这些影响的净效应为正。

② 这一路径与教育在提高生产效率和分配效率中所起到的作用一致(Grossman,1972)。生产效率(productive efficiency)指教育在使个体变得健康时效率更高。分配效率(allocative efficiency)则指教育帮助个体更好地决定如何进行健康投入以保持更好的健康状况。

环境，获得更好的医疗保障。[①] 第三，学校营造了培养儿童健康习惯与生活方式的理想环境。[②] 第四，个体的教育还能够对其他人的健康产生积极影响。比如，受过良好教育的父母能更好地照顾其子女的健康状况。社会/社区的教育水平也可以影响个体的健康行为。[③] 这带来了一个教育效应的乘数（social multiplier）[④]。

实证性的证据与教育的潜在作用是一致的。在经合组织国家，通常来说，受过更多教育的人群要比那些受过较少教育的人群的健康水平更好，甚至对一系列个体背景特征加以控制后，仍是如此（Grossman and Kaestner，1997；OECD，2007；Cutler and Lleras-Muney，2010）。父母的教育状况也与儿童的健康行为有关联。一些证据显示，父母的教育状况对儿童健康的影响效应呈因果关系。

通过对弱势群体的干预（Grossman and Kaestner，1997），通过改进可以更有效率、更有效果地应对弱势群体健康挑战的教育内容，通过营造良好的家庭和社区环境，教育能够减少健康不平等。米拉、理查兹和卡特勒（Meara，Richards and Cutler，2008）提出，"为了实现缩小健康的社会经济差异这一目标，或许需要对受教育较少的群体进行更大范围和更有针对性的有效健康干预"。

遗憾的是，可用于揭示下列异质性问题的研究还十分有限：对改善健康而言，哪一

---

① 相反，有人可能会认为，教育会使个体从事高压力、高责任的职业，且这些职业可能会涉及各种社交活动，从而导致较高的酒精消费。

② 比如，在英国，2004年，电视厨师杰米·奥利弗（Jamie Oliver）成功地倡导实施了减少学校餐饮中热量和糖分的运动。但若使儿童处于高压和营养不良的家庭环境，可能会抵消学校的积极影响。高犯罪率、容易接触到不健康食物、缺乏运动设施的社区环境，可能会抵消学校为控制青少年酗酒、吸烟，促进健康饮食和运动的努力。

③ 学生四周通常围绕着各种同伴，这可能对他们的健康环境带来不同影响。比如，大学时代，学生多少会受到同龄人的影响而有可能过多饮酒、使用不合法的物品或吸烟等。

④ 乘数效用（multiplier effect）指一个变量的变化以乘数加速度方式引起最终量的增加。在宏观经济学中，乘数效应是收入/支出的乘数效应，指支出的变化导致经济总需求的变化。这一概念源于英国经济学家约翰·梅纳德·凯恩斯（John Maynard Keynes，1883 - 1946）在其著名的《就业、利息和货币通论》（*The General Theory of Employment，Interest，and Money*，1936）中所阐述的以边际消费倾向为基础说明投资和收入之间存在倍数关系的收入乘数原理。"社会乘数"（social multiplier）概念，2003年由美国学者格莱泽（Edward L. Glaeser）等人提出。参见：Glaeser，Edward L.，Bruce I. Sacendote，and Jose A. Scheinkman（2003），"The Social Multiplier"，*Journal of the European Economic Association*，1(2 - 3)：345 - 353.——译者注

阶段的学校教育最为重要？对不同的人群而言，教育所起到的作用是否不同？此外，已有研究和文献尚不能提供和勾勒出一幅可行的因果关系的路径图。[①] 本章致力于围绕下列问题填补知识空白，并使人们对此有更深入的理解：教育是否能够改善人们的健康？教育在多大程度上能够改善健康？对哪些群体而言教育能够改善健康？教育如何提升健康产出？

　　本章聚焦于三个健康问题，即肥胖、心理健康和酒精消费，但又不局限于此。体质指数是最常被用于测度体重和身高关系的测量工具。根据世界卫生组织的分类，如果一个成年人的体质指数达到 25 至 30，就会被认为超重；如果一个成年人的体质指数超过了 30，就会被认定为肥胖。人们大多运用各种不同的心理健康标准来对心理健康问题进行实证研究，如心理健康问题的发病率、接受治疗的比例、严重的抑郁症以及对生活的满意度等。通过对各种文献的相关证据进行综合分析，本研究最初对心理健康问题所做的实证分析，即是通过运用精神沮丧、生活满意度和幸福感等指数来进行的。[②] 为了研究酒精消费水平，本研究应用了反映饮酒数量、频次及酗酒程度的指标体系。[③] 由于并不清楚适度饮酒是否会带来健康问题，所以，本章所集中关注的是酗酒问题，而不是适度饮酒，有证据表明，诸如酗酒等酒精消费问题对健康的危害是明确的。

　　本章其余各部分的内容按如下结构组织：第一，对教育与健康关系进行评估，尤其关注由受教育水平、所处人口群体和国家以及因果效应等所导致的关系差异。第二，

[①] 由于现有的大量证据聚焦于教育的总体效应，因而无法辨明哪些是可行的路径。

[②] 这在博戈诺维的著作中（Borgonovi，2010）有所呈现。罗斯和范·维利根（Ross and van Willigen，1997）区分了痛苦指标（indicators of distress）与不满意指标（indicators of dissatisfaction）。精神痛苦的特点是一种抑郁和不安的状态，由类似于剥夺了期望而造成的失望所引发（Mirowsky and Ross，1989）；"净满意度体现了一种介于个体拥有什么和需要什么的感知差异，这也与其他人曾经拥有的、人们过去拥有的最好的、三年前的期望、五年后的期望、应得的与所需求的等有关。"（Michalos，2008）精神痛苦指数（mental distress index）表述了个体对许多引起情感和身体痛苦状态的问题所作出的回应。感到悲伤、沮丧、焦虑、不安和不开心是情绪困扰的佐证，同时，觉得一切都是费力的，感觉疲惫、精力不济、失眠或注意力分散等，都是身体痛苦的重要方面。生活满意度反映了个体在多大程度上满足于他们所拥有的。

[③] CAGE 调查问卷（减少、恼怒、愧疚、醒酒）是一种广泛被用于调查生活中饮酒问题的工具（Maggs *et al.*，2008；Caldwell *et al.*，2008；Huerta and Borgonovi，2010）。CAGE 调查问卷是基于以下问题而编制的："你是否曾认为你应该减少饮酒？""你是否因饮酒而被厌恶？""你是否因饮酒而感到不安？""你是否早晨起来喝酒以提神或醒酒"。

对多种不同的因果路径进行评估,以便找出可行的路径。第三,关注家庭和社区的作用。本章最后以小结及已知与未知的知识点作结。

4.2 教育与健康的关系

本节将评估教育是否与健康行为及其结果相关。我们将关注不同人口和社会经济群体之间的教育与健康关系是如何变化的。我们的分析基于已有的文献和经合组织进行的原初性实证分析。[①]

教育与健康相关吗?

在教育与健康之间的关系这一问题上,最为引人注目的是,是否受过更多教育的人活得更长(图 4.5)。在美国,25 岁受过高等教育的人群的预期寿命比那些没有受过高等教育的人群大约多 7 年。从比较的结果来看,在丹麦、芬兰和捷克的 30 岁人群中,这一数字分别是 2.5 年、5.3 年和 5.7 年。此外,在所有这些国家中,由于是否受高等教育的差异所造成的预期寿命差距在不断拉大(Schkolnikov *et al.*,2006;Bronnum-Hansen and Baadsgaard,2008;Meara,Richards and Cutler,2008)。尤其是在美国,由受教育水平差异所带来的预期寿命差距在 1990 年至 2000 年间提高了 30%。

同样,大量实证分析显示,完成正式学校教育的年数是带来良好健康结果的最重要因素(Grossman and Kaestner,1997;OECD,2007;Cutler and Lleras-Muney,2010)。[②]在不同的人口群体、不同时期和大多数经合组织国家,这一结论都成立(Kitagawa and Hauser,1973;Grignon,2008;Meara,Richards and Cutler,2008;OECD,2010)。

[①] 它们包括萨西等人(Sassi *et al.*,2009)、博戈诺维(Borgonovi,2010)以及许尔塔和博戈诺维(Huerta and Borgonovi,2010)的研究。

[②] 比如,卡特勒和列拉斯-穆尼(Cutler and Lleras-Muney,2010)的研究指出,在美国,平均预测死亡率是 11%,他们的研究结果还显示,每接受一年的学校教育可以降低 0.3% 的死亡风险,或者通过减少高危行为(饮酒、吸烟和超重),可以减少 24% 的死亡风险。

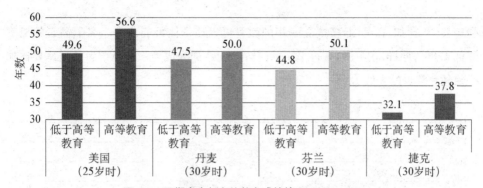

图4.5　预期寿命与高等教育成就情况，1998—2000

＊本图呈现了被统计人群在25岁（2000年美国的数据）、30岁（2000年丹麦的数据，1998年芬兰的数据，1999年捷克的数据）时的预期寿命。丹麦、芬兰和捷克的数据是作者通过运用资料来源中所呈现的数据进行计算得出的。

资料来源：Meara, E. R., S. Richards and D. M. Cutler (2008), "The Gap Gets Bigger: Changes in Mortality and Life Expectancy, by Education, 1981 - 2000", *Health Affairs*; Schkolnikov, V. M. *et al.* (2006), "The Changing Relation between Education and Life Expectancy in Central and Eastern Europe in the 1990s", *Journal of Epidemiology and Community Health*, and Bronnum-Hansen, H. and M. Baadsgaard (2008), "Increase in Social Inequality in Health Expectancy in Denmark", *Scandinavian Journal of Public Health*.

促使教育与健康结果之间产生紧密而持续联系的重要原因可能是，所受教育不同的群体在是否有健康的生活方式方面存在差异（Cutler and Lleras-Muney，2010）。[1] 根据世界卫生组织的相关研究显示，导致死亡的十大高危因素包括吸烟、缺乏运动、水果和蔬菜摄入量低以及酗酒等行为。[2] 这些高危因素还包括与行为相关的因素，如超重和肥胖。在大多数国家，这些高危行为因素都有着明显的教育梯度（OECD，2007；Cutler and Lleras-Muney，2010）。[3] 图4.6揭示了教育与成为一名吸烟者、肥胖者和酗酒者之间的

---

[1] 卡特勒和列拉斯-穆尼（Cutler and Lleras-Muney，2010）指出，通过测量健康行为并不能解释教育带来的所有健康结果的差异和不同。

[2] 在高收入国家中，十大最容易导致死亡的危险因素是：吸烟、高血压、超重和肥胖、缺乏身体活动、高血糖、高胆固醇、水果和蔬菜摄入量低、城市室外空气污染、使用酒精和职业风险（WHO，2009b）。

[3] 比如，卡特勒和列拉斯-穆尼（Cutler and Lleras-Muney，2010）的报告显示，多接受四年学校教育的人比其他人吸烟率要低11%，每年的饮酒天数比其他人要少5—7天甚至更多，肥胖率要低5%，接受乳房X光检查的概率要高10%。关于教育与酒精消费的相关文献显示，教育可以提高适量饮酒，减少过度饮酒。昆特斯基等人（Kuntsche *et al.*，2009）指出，根据荷兰和芬兰的例子，许多研究已经显示，受教育年限与"极端饮酒"呈负相关。

强相关。① 比如,在美国,多接受一年的教育可以使个体可能成为一名酗酒者的概率降低1.8%;同样,在英国,获得A-level教育证书②的人成为一名吸烟者的概率要比那些受教育较少的人低12%。

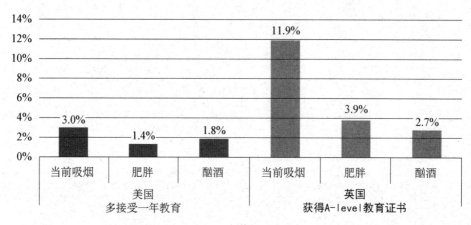

图4.6　教育和健康措施之间的相关性(美国和英国),1999—2000

　　*纵轴呈现了关联程度。全国健康访谈调查(National Health Interview Survey)包括了25岁及以上人群,但是全国儿童发展调查(National Child Development Study)包括了年龄在41—42岁的人群。
　　资料来源:Cutler, D. and A. Lleras-Muney(2010),"Understanding Differences in Health Behaviours by Education", *Journal of Health Economics*. 数据来源:2000年美国全国健康访谈调查[National Health Interview Survey 2000(美国)];1999—2000年第六次全国儿童发展调查[National Child Development Study 1999‐2000(Wave 6)]。

---

① 这些结果考虑了个体性别、年龄和民族的差异。那些喝酒时平均喝5杯及以上的人被认为是重度饮酒者。美国通过控制非洲裔美国人和西班牙裔美国人将种族因素考虑进去。具体参见卡特勒和列拉斯-穆尼(Cutler and Lleras-Muney, 2010)的相关研究。

② A-Level课程,全称为"Advanced Level of General Certificate of Education",英国普通中等教育证书考试高级水平课程,属英国的全民课程体系,也是英国学生的大学入学考试课程。英国学生在中学的第六年和第七年修读该类课程,包括英语、文学、数学、物理、生物、化学、历史、地理、经济学、艺术与设计、现代外语、摄影、戏剧、媒体研究、商学和计算机等学科,学生在第一年学习四至五门A-Level课程,第二年从中选择三门科目作为A-Level课程继续学习,最后以这三门的课程成绩作为A-Level课程的考试成绩。A-Level课程证书被几乎所有英语授课的大学作为招收新生的入学标准,在英国,A-Level课程成绩直接决定能否上最好的名牌大学。——译者注

教育与健康的关系会因人群不同而变化吗？

教育与健康之间的关系可能会因人口和社会经济特征的不同而变化。例如，这可能是因为，投资教育所带来的健康回报不同：预期寿命较短的个体（如男性、贫困者）投资自身健康的动机也比较低。生病时，高收入人群可能会在预防和治疗方面投入更多。这也可能是因为，不同群体所接受的学校教育的质量不同。

教育与健康之间的关系也会因性别不同而变化：在死亡率、自我健康报告、心理健康以及体质指数方面，通常女性的教育效应更大。[①] 对于重度酒精消费者而言，情况则正好相反。[②] 在美国，教育与健康之间的关系通常在晚年开始减弱。[③] 卡特勒和列拉斯-穆尼（Cutler and Lleras-Muney，2006）的研究表明，50 岁之后，教育在心理健康方面带来的收益开始减弱。[④] 社会经济背景也会影响教育的梯度和水平。在美国，教育与健康的相关性，非贫困人群要高于贫困人群（Cutler and Lleras-Muney，2006）。同样，教育与减少遭受心理健康问题的可能性之间的相关性，在较高社会阶层更高（Borgonovi，2010）。[⑤] 这些结果表明，教育与健康收益之间存在互补性，教育会扩大健

[①] 参见扎加科娃和赫默（Zajacova and Hummer，2009）、亚当斯（Adams，2002）、希瓦利埃和范斯坦（Chevalier and Feinstein，2007）、博戈诺维（Borgonovi，2010）、卡特勒和列拉斯-穆尼（Cutler and Lleras-Muney，2010）、萨西等人（Sassi *et al.*，2009）、格拉布纳（Grabner，2008）等人的研究中有关教育对欧洲死亡率的影响，教育对美国老年人的自感健康的影响，教育对英国人心理健康，对欧洲人的痛苦，对美国人的抑郁，或者对加拿大人、澳大利亚人、英国人和韩国人的肥胖的影响的事例。但是，韦伯宾克、马丁和维舍（Webbink，Martin and Visscher，2010）通过研究澳大利亚的双胞胎，得出教育对降低男性肥胖率有很大影响，对女性则不然。

[②] 比如，哈基宁等人（Häkkinen *et al.*，2006）使用芬兰北部 1966 年出生的儿童的跟踪数据研究得出，教育对于男性的自我报告酒精消费有些许影响。对男性而言，多接受一年教育，每天可降低 0.8 克的酒精消费，而对女性而言，这一数字是 0.4 克。

[③] 教育与五年的死亡率、自感健康、吸烟和安全带使用的关系随年龄增大而持续下降，然而，教育与功能限制、抑郁和结肠直肠癌筛查等的关系，却随年龄增长而增强，直到中年才开始下降。在所有情况下，教育的效果在 50—60 岁之间开始下降（Cutler and Lleras-Muney，2006）。

[④] 卡特勒和列拉斯-穆尼（Cutler and Lleras-Muney）指出，50 岁以后，导致教育梯度下降的原因：受教育水平低的人的选择性生存、群体效应（即教育可能对年轻人群变得更加重要），或退休后人们拥有稳定的收入和广泛覆盖的社会保障。

[⑤] 博戈诺维（Borgonovi，2010）评估了社会阶级是否会影响与幸福和生活满意度有关的教育梯度。他们发现，与心理问题相关的发现相反，那些来自更低社会阶层的人们（父亲的学历低于高中），当他们接受了更多的教育时，他们更容易对自己的生活感到幸福和满足。

康收益的社会经济差距。因此,针对弱势群体的教育干预或许可以减少不公平现象。实际上,库尼亚和赫克曼(Cunha and Heckman, 2008)的研究业已表明,在美国,针对弱势群体的早期教育干预提高了健康水平,比如,教育使吸烟率、犯罪率、滥交怀孕率等有所下降。卡特勒和列拉斯-穆尼(Cutler and Lleras-Muney, 2006)以及博戈诺维(Borgonovi, 2010)在研究考察了大量包括心理健康问题在内的不同种族的健康行为与结果之后,并没有发现美国和欧洲之间有什么区别。[①] 但是,萨西等人(Sassi *et al.*, 2009)的报告指出,英国白人的肥胖率更高。就体质指数(BMI)而言,在美国和澳大利亚,移民的健康梯度似乎比原住民更高(Seo and Senauer, 2009;Sassi *et al.*, 2009)。

教育与健康的关系会因受教育水平不同而变化吗?

尽管相关证据表明,教育与更好的健康相关联,但这是否意味着,每完成一年的教育(或所接受教育的每一水平)与健康有着同样的相关性? 如果不是这样的话,对政策制定者而言,确定哪一层级的教育水平可以带来最高收益,就十分重要了。[②] 图 4.7用图示的方式来说明教育与健康之间的相关性是如何随教育水平变化而变化的。首先,线性效应(linear effects)意味着每一年或每一水平的教育与健康的边际效应相同。[③] 第二,当个体通过教育逐步获得能够进一步促进健康回报的各种能力时,收益递增;当额外的知识所产生的健康收益越来越少时,收益递减。当某一特定教育水平的学习对特定的健康行为产生重要影响,而持续的教育却不再产生这样的影响时,会产生尖峰效应(spike effect)。也有可能是,在特定的教育水平上,健康水平得以提高,并且,在此点之后,一直保持在这样的高度和水平;或者,某些基础水平的能力相当重要,但是,超越这一水平后,它只能有限地提升健康水平。

基塔加瓦和豪泽(Kitagawa and Hauser, 1973)以及此后的帕帕斯等人(Pappas *et al.*, 1993)发现,在美国成年人当中,受教育年限与死亡率之间存在线性关系。卡特

---

① 这些结果同样适用于幸福和生活满意度。

② 比如,如果阈值效应在中等教育或超过这一水平的教育,所带来的健康收益较少,那么,这可能说明了基本认知技能的重要性,如儿童在这一教育水平所获得的读写能力和计算能力。

③ 大部分实证证据都假设线性效应,如在整个人口中估计的平均效应。

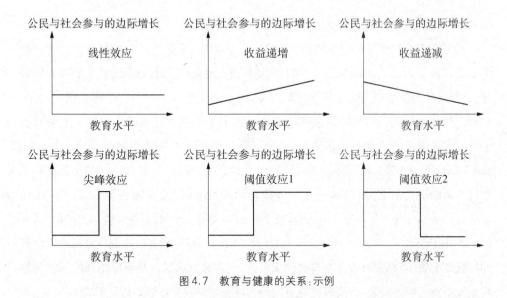

图 4.7　教育与健康的关系：示例

勒和列拉斯-穆尼（Cutler and Lleras-Muney，2006，2010）也指出，教育与死亡率之间存在线性关系。

对于其他方面的健康结果而言，教育效应可能就不是线性关系了。[①] 比如，关于自我健康报告，经合组织（OECD，2010）的研究表明，教育与自我健康报告之间的关系，受过高中教育的人群要比那些接受过高等教育的人更强。[②] 在荷兰，对那些受过初中或高中教育的人群而言，这一效应的表现也特别明显（Hartog and Oosterbeek，1998）。[③] 卡特勒和列拉斯-穆尼（Cutler and Lleras-Muney，2006，2010）的研究发现，与达到其他教育水平的人群相比，那些接受过高中教育的人群自我报告健康状况不佳的概率明显较低。因此，各项研究表明，教育与自我健康报告之间的边际效应在高中

———————

[①] 如果受过更多教育的人运用不同标准对他们的健康进行自我报告，那么，教育的作用就会被低估。巴戈·德尤瓦等人（Bago d'Uva et al.，2008）运用辅测定锚法对欧洲老年人进行研究，检验了这一假设。受访者典型的健康状况的排序是用来辨识他们用以评估自我健康的隐性阈值，并且用教育水平校正这些阈值的差异。校正后，他们发现教育梯度更大。

[②] 当控制了年龄、性别和家庭收入等因素后，结果更显著。

[③] 该研究控制了社会经济背景和 IQ 测量结果。哈托格和奥斯特贝克（Hartog and Oosterbeek，1998）提到，这种"非单调性可能与职业危害有关，也可能与学校教育水平和类型相关"。

教育水平阶段表现为阈值效应。

受教育水平的差异对肥胖也会产生影响。在美国，接受过高中教育的人群这种表现显著（Cutler and Lleras-Muney，2006，2010），而在澳大利亚（仅仅指男性）、加拿大和韩国，这种现象则发生在接受过高等教育的人群中（Sassi et al.，2009）。[①] 这表明，教育与肥胖之间的边际效应，最有可能在高等教育阶段达到最高。仅有的几项有关受教育水平与心理健康之间的关系的研究显示，这一边际效应在高中教育阶段最高（Chevalier and Feinstein，2007；Cutler and Lleras-Muney，2010；Borgonovi，2010）。同样，教育对减少过度酒精消费的有益作用，是在中等教育阶段最大（有关美国的研究，见 Cutler 和 Lleras-Muney，2010；有关荷兰的研究，见 Droomers 等人，2004；有关北爱尔兰的研究，见 Health Promotion Agency of Northern Ireland，2002），在高等教育阶段的效应最小。已有的研究证据表明，高中教育是与自我健康报告、心理健康状况以及降低酗酒的可能性等相关性最为密切的阶段，而高等教育阶段则与减少肥胖发生率联系最为紧密。[②]

教育对健康有因果效应吗？

教育与健康之间的相关性可能只是简单地反映了反向因果关系（reverse causality），或者说反映了那些未被发现的个体、家庭或社区的某些特征对教育与健康所产生的并不清晰的影响。[③] 因此，为了确证教育政策是否有助于健康水平的提高，

[①] 注意：萨西等人（Sassi et al.，2009）的研究报告说，在韩国，教育对肥胖的边际效应出乎意料地小，几乎不存在。

[②] 在解释这些结果时必须谨慎，因为大部分结果和证据呈现的是边际关联（marginal associations）而不是边际效应（marginal effects）。因此，特定形状的曲线可能是由反向因果关系和隐藏的第三个变量造成的。但是，一些研究指出，即使包括了其他一些混杂的变量，该曲线的形状也相当稳固（OECD，2009b；OECD，2010）。

[③] 具体参见第二章关于为什么相关性不能反映因果关系的正式论述。通常而言，未测量到的影响教育和健康的个性特征，可能会产生测量到的相关性。此外，因果关系可能逆转，比如，健康状况较差的儿童可能会减少他们对于教育的投入（Case et al.，2005）。这可能导致早期健康问题演变成成年健康问题。世界卫生组织宣称，世界上 20%的儿童和青少年有精神健康问题，因此，反向因果关系可能会相当大。比如，柯里和斯塔比尔（Currie and Stabile，2007）运用兄弟姊妹的数据研究表明，患有注意力失调多动症（Attention Deficit Hyperactivity Disorder，ADHD）的儿童，考试分数和受教育水平较低。格雷格和梅钦（Gregg and Machin，1998）在英国全国儿童发展研究中也得出类似的结论。

测量教育对健康的因果效应就显得十分重要了。

毫无疑问,建立因果关系的黄金标准(gold standard)是使用基于实验数据的随机控制试验(randomised control trials,RCTs)。鉴于很难获得与教育和健康相关的(大规模)实验数据,已有的研究和文献通常用替代性方法和小规模数据来测量和评估教育与健康之间的因果关系。首选的也是最常用的方法是"自然实验"(natural experiment),即选择一组人口群体,通过某些特定的教育政策变化(比如提高最低教育年限)来提高他们的受教育水平。这一方法面临的挑战是,如何找到一种可信度高的可以提高已选定人口群体的受教育水平但又不会直接影响该群体的健康行为或健康结果的政策变化。① 第二种方法是使用个体历时性的跟踪数据,少数国家(如美国和英国)有这样的跟踪数据,但这样的研究仍然十分缺乏。这样的数据能够帮助研究者控制个体那些不可观察但可假定为在不同历史时期是恒定的特征。此外,这些数据也能帮助研究者控制那些同时能够影响个体成年阶段的教育与健康的重要因素(比如入学前的健康状况)。第三种方法是使用小样本数据,如同卵双生子研究,以消除遗传和早期环境对教育与健康结果所可能产生的影响。但是,正如跟踪数据一样,这类小样本数据也很少,而且,当样本量很小时,也就没有必要搜集健康收益的各种变量了。

卡特勒和列拉斯-穆尼(Cutler and Lleras-Muney,2006)以及格罗斯曼(Grossman,2006)对教育与健康间因果关系的相关文献进行了综述,其结论是,学校教育能够促进健康。本章涵盖了许多新近的研究和文献,结论有细微差别。一方面,可以明确的是,教育对身体健康、心理健康、减少酒精过度消费有积极的因果效应;另一方面,教育对死亡率和自我报告的健康状况的影响结果则是复杂的。运用来自美国的相关数据进行研究,可以发现教育与死亡率以及自我报告的健康状况之间存在因果效应,而运用来自欧洲的数据所做的研究得出的结论却往往不确定。这可能与欧洲的公共健康服务有关,关于这一点,我们会在下文再作解释。最后,关于教育对肥胖的因果效应,相

---

① 这就是经济学家们通常所说的"排除性需求"(exclusion requirement)。更准确地说,排除性需求就是假设与教育相关的操作可以排除在健康等式之外。换言之,即操作变量[the instrumental variables(工具变量)]不能直接决定健康,也不会直接与未测量到的决定因素相关联。这一假设不能被检验。另一个潜在的问题是操作性变量较弱,使得教育与操作性变量之间的相关性偏低。

关研究证据则较为有限。总之,研究表明,教育对健康有着因果效应,而且,这种影响趋于增大。[①]

死亡率

列拉斯-穆尼(Lleras-Muney,2005)以及吉理德和列拉斯-穆尼(Glied and Lleras-Muney,2008)的研究指出,通过学校教育法律变革,多接受一年的学校教育,可以降低死亡率。德斯奇尼(Deschenes,2007)在队列规模研究中将外部变化作为变量工具,证实了上述结果。[②]但是,马宗达(Mazumder,2006)的研究指出,当计算具体到(美国的)每个州的时间趋势时,列拉斯-穆尼(Lleras-Muney)的结论在统计学上就显得站不住脚了。在欧洲,人们也已经将义务教育法律的变革作为工具。在意大利,人们发现教育对死亡率具有积极因果效应(Cipollone and Guelfi,2006),但是,在英国和法国却没有发现这一现象(分别见:Clark和Royer,2008;Albouy和Lequien,2009)。

自我报告的健康状况

在死亡率问题上,运用来自美国的微观数据的研究发现了教育的因果效应,但是,来自欧洲的证据却是模糊的。亚当斯(Adams,2002)和马宗达(Mazumder,2006)依据义务教育学校法律的变化研究发现,在美国,教育对自我报告的健康状况有重大影响。伦德伯格(Lundborg,2008)通过对一对双生子样本的相关研究证实了上述结论。欧瑞普洛斯(Oreopoulos,2006)和西勒斯(Silles,2009)对英国的研究,格罗特和范·登·布林克(Groot and van den Brink,2007)对荷兰的研究,也得出了相似的结论。但是,英国(Doyle,Harmon and Walker,2007;Clark and Royer,2008)和丹麦的(Arendt,2005)许多其他运用相同验证方法的研究,并没有发现教育对自我报告的健康状况有因果效应。最后,勒文、奥斯特贝克和沃尔夫(Leuven,Oosterbeek and Wolf,2008)运用抽样的方法对医学院学生进行的研究表明,医学教育与自我评估的健康水

---

① 但是,要注意,在评估规模效应时须谨慎,因为,大部分研究所使用的操作变量(IVs)都基于政策改革。正如第二章所描述的,使用政策变革的操作变量估算并不产生教育的平均因果效应,而产生地方平均处理效应(local average treatment effects,LATE),这种通过操作变量来影响人口的地方平均处理效应,可能比平均效应的影响更大或更小。

② 但是,队列大小可能无法满足排除性需求,因为,队列大小会将不同的种族放入健康服务当中,这会直接影响相关健康的结果。

平之间并不存在因果效应。

美国与欧洲的研究证据不同,可能是因为,欧洲向人们提供了公共医疗服务,这保证了所有人都能接受卫生保健。尽管许多运用欧洲数据的研究表明,教育与健康之间并不存在因果效应,但是,这些研究的确说明了,教育对健康影响很大。在欧洲,多接受一年学校教育可以使男性自我报告的健康状况的良好率提高 3.2—4.5 个百分点(Oreopoulos,2006;Groot and van den Brink,2007)。正如马宗达(Mazumder,2006)所估算的那样,在美国,这一作用和影响甚至更大,多接受一年学校教育可以使不公平或者不健康现象发生的概率降低 8.2%。

身体健康状况

阿克斯(Arkes,2003)的研究表明,在美国,多接受一年的学校教育,在州内部就会产生失业率的差异,可以降低老年人受工作条件限制的概率。亚当斯(Adams,2002)和欧瑞普洛斯(Oreopoulos,2006)针对老年人的研究显示,在美国,义务教育能改善"制约个人保健或流动的身体或心理健康失调问题",同时还能改善残疾对流动的限制。同样,对那些仅接受过较低水平教育及认知能力较低的人群而言,多接受一年学校教育(通过检测其父母的教育水平、父亲的职业和当地的失业率)对于降低因健康而造成的工作限制有很大的作用和影响(Auld and Sidhu,2005)。

在欧洲,多接受一年学校教育(由于义务教育法律的变革),可以减少自我报告的不良健康状况(有关瑞典的情况参见:Spasojevic,2003;有关英国的情况参见:Oreopoulos,2006,以及 Silles,2009)。欧瑞普洛斯(Oreopoulos,2006)的研究指出,多接受一年义务教育,人们报告"身体或精神失调限制了个人医疗保健"的概率降低了 1.7%。报告称"残疾限制了日常活动"的概率也降低了 2.5%。亚当斯(Adams)指出,多接受一年教育,可以提高 51—61 岁人群爬楼梯、弯腰、跪蹲或走一个街区等活动能力的 2—4 个百分点。

肥胖

评估教育对肥胖影响的研究在不断增加。这些研究主要覆盖以下三个区域:北美(美国)、欧洲(丹麦、芬兰、德国、荷兰、瑞典和英国)以及亚太地区(澳大利亚和韩国)。大多数研究使用准实验方法(比如,改变接受义务教育的年龄、改变高中毕业的条件、提高学校效能),也有一些研究使用的是跟踪数据和双生子样本。

斯帕索杰维克(Spasojevic, 2003)、阿伦特(Arendt, 2005)和格拉布纳(Grabner, 2008)用改变学校毕业最低年龄的数据研究发现,在瑞典、丹麦和美国,教育可以降低体质指数,在欧洲,教育可以减少女性超重的可能性(Brunello et al., 2009)。韦伯宾克·马丁和维含(Webbink Martin and Visscher, 2009)运用双生子数据研究发现,在澳大利亚,多接受一年教育可降低男性超重的可能性。但是,其他一些研究显示,教育与肥胖之间的因果效应并没有明显的统计学意义上的证据:如阿伦特(Arendt, 2005)关于丹麦妇女的研究;莱因霍尔德和于尔格斯(Reinhold and Jurges, 2009)在德国的研究;勒文等人(Leuven et al., 2008)在荷兰的研究;克拉克和罗耶(Clark and Roye, 2008)以及萨西等人(Sassi et al., 2009)在英国的研究;伦德伯格(Lundborg, 2008)与肯克尔、利拉德和马蒂奥斯(Kenkel, Lillard and Mathios, 2006)等人在美国的研究等。

总体而言,目前并不清楚教育在减少肥胖中能起什么作用。[①] 即使这一效应是积极的,其影响程度也不大。比如,布鲁内洛等人(Brunello et al., 2009)的报告说,多接受一年学校教育可以降低欧洲妇女2%的体质指数(BMI)。

心理健康

为数不多的研究表明,在英国,教育有助于提高心理健康水平,欧瑞普洛斯(Oreopoulos, 2006)与希瓦里埃和范斯坦(Chevalier and Feinstein, 2007)等人的研究显示,多接受一年学校教育(通过改变义务教育阶段的教育法律和学生的时间偏好率(rate of time preference)[②]),可以创造改善心理健康水平的条件,比如:提高生活满意度和国民幸福度,降低出现心理健康状况不佳的风险。教育对于从事中低下层职位的

[①] 教育有可能改变人们诸如饮食和锻炼等生活方式。在韩国,多接受一年学校教育可以使人们定期参加锻炼的概率提高7%—11%(Park and Kang, 2008)。在芬兰,多接受一年学校教育可以使男性参加深度锻炼的时间增加9.3分钟,使不健康的饮食习惯降低8.8%;对女性而言,相应的数据为2.9分钟和降低4.7%。

[②] 时间偏好率(rate of time preference),也叫时间折现率,英国福利经济学家庇古(Arthur Cecil Pigou, 1877 - 1959)提出的经济学术语,指当期消费可避免的效用贬值损失的比率:在消费品数量和质量一定的前提下,时间偏好就是当前物品比未来物品给消费者带来更高的主观价值。在效用函数 $\mu[c(t)] \cdot e^{nt} \cdot e^{-\rho t}$ 中,$e^{-\rho t}$ 表示越是近期的效用越重要,对较晚得到的效用评价较低,$e^{-\rho t}$ 也反映了人们一般首先考虑自己当前的福利,其次才考虑将来或后代的福利,对以后的子孙利益考虑较少。——译者注

女性降低抑郁症风险帮助最大。学校教育的作用是相当大的。欧瑞普洛斯(Oreopoulos)的研究表明,由于义务教育法增加一年的学校教育,总体上生活满意度可以提高 5.2 个百分点,使非常满意的比例提高 2.4%。希瓦里埃和范斯坦(Chevalier and Feinstein,2007)的研究显示,接受中等教育可以使成人(42 岁)患抑郁症的可能性降低 5—7 个百分点。

酒精消费

为数不多的研究调查了教育与酒精过度消费之间的因果关系。[1] 那些运用了跟踪数据的研究表明,教育可以减少过度酒精消费。比如,哈基宁等人(Häkkinen et al.,2006)的研究发现,在芬兰,多接受一年学校教育可以使每天的饮酒量平均降低 0.77 克。德鲁姆尔斯等人(Droomers et al.,2004)通过持续六年时间的研究判断得出,受教育水平较低的人群酗酒的可能性是那些受过最高教育人群的三倍。勒文等人(Leuven et al.,2008)运用随机抽样的方式选择对那些进入芬兰医科大学的人群进行研究,结果表明,接受医学教育可以使过度酒精消费(即每周超过 14 杯)的可能性降低 1.2%。然而在韩国,帕克和康(Park and Kang,2008)的研究并没有发现教育与饮酒行为之间存在因果效应。此外,德鲁姆尔斯等人(Droomers et al.,2004)的研究指出,教育对于饮酒行为的影响和作用相当小。

教育与健康之间的因果效应为什么缺乏可靠的证据来证明?

前面几节已阐明,教育对肥胖、饮酒行为、死亡率和自我健康报告的效应要么模糊不清,要么十分微小。这是否说明,教育在这些健康领域的作用十分有限呢?下述观点表明,事实并非如此。

首先,用来辨识教育与健康之间因果效应的研究方式和途径(如改变学生毕业年龄)通常只能影响那些接受高中及以下教育的个体,如果其他层次的教育(如高等教育)对于改善某一特定领域的健康问题有重要的作用的话,那么,这些研究方式就不大

---

[1] 然而,大量研究却关注酒精消费与教育水平的反向关系。例如柯克和瑞巴(Koch and Ribar,2001)的研究以兄弟姊妹的固定效应为例证。至于另一些危险性行为,格瑞玛德和帕伦特(Grimard and Parent,2007)用越南草案作为一种教育工具,为美国教育对吸烟具有因果效应提供了证据。

适用于评估教育与健康之间的因果效应。

第二，教育与健康之间的因果效应缺失，意味着教育对健康的总体影响在统计上是微不足道的。某些强大而积极的因果效应可能会与其他强大但消极的因果效应相抵消。比如，教育通过促进认知和提高社会情感技能，能够很好地遏制暴饮暴食，但它也可以提高个体的职业地位，这可能又为暴饮暴食提供了条件和可能。

第三，只有在特定的条件下，教育才会给健康带来积极作用和影响。比如，只有在家庭与社区环境都鼓励更好的健康结果的条件下，教育才会给健康带来积极作用。到目前为止，已有的研究发现表明，教育对健康产生的作用和影响存在着巨大差异，这很有可能是与正规教育有着交互作用的家庭和社区环境造成的。这也可以用来解释为什么在不同国家教育对健康效应存在很大差异。

上述第二点和第三点激发了我们评估因果路径及各种环境的作用的动机。

4.3　因果路径

评估多接受一年学校教育对健康的因果效应十分重要，因为这些工作能够预测学校教育对健康的净影响。[①] 尽管面临一些挑战和困难，但是，这些评估和因果效应还是能够有效地帮助政策制定者更好地理解学习经历是如何转化为更好的健康行为与结果的。如图 4.8 所示的箭头描述了影响个体关涉健康特征的学习发生路径：学习活动、同伴互动与学习环境。这一框架显示了个体特征在其生命周期中发展的四重环境：学校、家庭、工作场所和社区，展现了个体关键特征所包括的信息：认知，社会与情感技能，职业，收入与社交网络。

比如，对儿童来说，与其健康最相关的环境是学校和家庭。图 4.8 显示，这些环境最重要的作用是提高认知、社会与情感技能等信息水平，使他们能够健康地活动并获得更好的健康。同时学校和家庭也能使个体通过同伴互动学习，获得有利于健康的习惯、价值和态度。一方面，通过自身健康行为的榜样作用以及鼓励儿童继承和发扬家

---

① 这意味着各种不同路径的总体/平均效应。

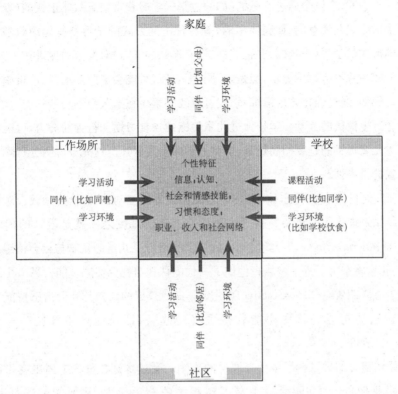

图 4.8　因果路径:型塑个体特征的环境与学习

庭的健康生活习惯,父母有巨大的潜能塑造儿童与健康有关的价值观;另一方面,同伴可能会对儿童健康产生不利影响,例如,吸烟和未成年饮酒。最后,学校和家庭还能创造重要的学习环境,儿童身在其中,直接学习和养成健康的饮食习惯和生活方式。比如,学校和家庭每天供应的食物的质量可能会影响和塑造儿童对健康饮食的品味。

　　对成人而言,主要的环境是家庭、工作场所和社区。如果企业和公司能够提供与健康相关的培训项目和定期的健康检查,那么,在工作场所劳动者就可以掌握与健康相关的信息。工作场所还能提供稳定的工作和收入,使个体能够购买医疗保健用品,保持健康的生活方式。生活在一个大部分人都受过良好教育的社区,可以阻止人们过度饮酒和吸烟等可能有碍健康的行为和活动。

图 4.8 表明,个体会通过有意的(如通过正式学习获得信息)、非正式的(如通过锻炼改变生活方式)、无意的(如同伴影响)等各种不同方式的学习获得健康收益。这突显了不同形式的学习(正式的、非正式的、没有形式的学习)对健康的促进作用。

虽然图中并没有明确显示,但是,不同学习环境可能会彼此互动,从而带来学习上的互补。例如,通过强化体育锻炼,学校可以改善学生在家久坐不动的状况。然而,也有可能会产生消极的互动。学校促进儿童健康的饮食习惯和行为的努力,可能会被家庭环境为儿童提供的过度的高热量、低营养的饮食所破坏。这充分说明各种学习环境保持一致的重要性。

这张简化的图表呈现出不同学习环境之间的动态互动,而这恰恰是教育对健康行为及其结果发挥作用的重要特征。这种动态互动的维度之一就是教育的代际效应(intergenerational effect)。当学校和家庭成功地培育了儿童的认知与社会情感技能之后,这些儿童将来可以进一步培育他们下一代的认知与社会情感技能。另一个维度是教育的生命周期效应(lifecycle effect):儿童早期所养成的认知与社会情感技能意味着将来从对这些技能的投资中能获得更多的收益,即技能产生技能(Cunha and Heckman,2008)。

这张图蕴含的另一特征是社会地位的作用。受过良好教育的个体更有可能拥有更高的职业地位,这可能会减少与工作相关的心理压力,从而能够降低死亡率(Marmot *et al.*,1991)。在社区,那些受过更多教育的人比其他人更容易获得促进健康的稀缺资源。社会地位不仅是影响成人健康的因素,而且在学校层面,也决定了合群性,这对儿童的心理与身体健康也有重要影响。

有一点很重要,某些路径可能会对健康有负面影响。尽管教育可以提高收入,但是,如果高收入导致个体对有害健康的物品(如烟草和酒精)的过度消费,那么,收入对健康的效应就是负面的。如前所述,当同伴效应呈负面影响时,上学就不能确保儿童养成有利于健康的习惯和态度。提高社区的平均受教育水平可能也意味着一些人社会地位的降低,这将带来更多的压力,制约其获得有利于健康的资源。或许,因果关系的多样性可以用不同国家和不同领域的负面路径的效应差异来解释。

下一节将解释学习活动、同伴和学习环境是如何通过塑造个体的下列特征来影响健康的,这些特征包括:知识、认知和社会情感技能,同伴影响与学校环境,就业、收入和社会网络等。

知识、认知技能和社会情感技能重要吗?

可以说,学习经历的重要作用之一就是养成各种能够使个体更加见多识广、更富于理解力和以更健康的方式生活的技能。

知识

学校是教授必要的健康知识的理想场所。这些信息可以帮助学生降低健康风险,促进健康。另外,那些受过更多教育的人更有可能获得可以使他们更加健康的相关知识。

相关证据是如何证明知识在促进健康中的作用的呢? 首先,对那些直接提供健康知识的校本干预进行评估发现,知识对健康行为的影响有限。比如,迪·森索等人(Di Censo *et al*.,2002)研究了 26 项减少早孕的政策,并且得出结论:这些政策并没有对减少与早孕相关的行为产生任何作用,比如,初次性交、避孕措施的使用和少女怀孕等。一篇有关学校对饮酒、吸食烟草和大麻的干预措施的有效性的研究发现,随着时间的推移,学校干预的影响越来越趋向于微乎其微(White and Pitts,1998)。最近一篇有关肥胖干预的研究也表明,目前没有足够的证据显示这些干预的有效性(Katz *et al*.,2005)。其次,大量研究表明,知识在解释教育与健康的关系中所起的作用也十分有限(Cutler and Lleras-Muney,2010)。因此,校本干预及其路径的相关证据说明,仅教授知识似乎并不能有效地改进健康行为。[①]

知识作用的有限性意味着只有理解知识并将知识转化为行动才能够改善健康。如果是这样的话,学校可以通过提高认知和社会情感技能来发挥重要作用。美国的两个案例与这一假说一致。第一,当美国联邦卫生局局长警告公众吸烟的危害性之后,受教育水平较高的群体的吸烟现象有显著下降(De Walque,2004)。第二,当纽约引

---

① 但是,我们在解释这些结果时仍需谨慎。比如,卡特勒和列拉斯-穆尼(Cutler and Lleras-Muney,2010)提醒人们,认知失调可能是这些结果背后的原因:吸烟者和酗酒者很可能会说他们不知道吸烟或饮酒的害处(尽管他们事实上是知道的)。

入了热量控制之后,与受教育水平较低人群所在社区旁的星巴克门店相比,受过较多教育人群所在社区相邻的门店的高热量消费降幅更大(Bollinger *et al.*,2010)。[1] 最后,安德伯格(Anderberg *et al.*,2008)发现,在大多数受过良好教育的人群所在的社区,很少会有因健康安全恐慌(如麻疹、腮腺炎和风疹疫苗等)而导致的疫苗接种率的高变化。所有这些案例说明,教育能使个体更好地吸纳促进健康行为的相关知识。同时,这些案例也表明,教育会促使更多健康不平等的产生。

认知技能

学校能在提高诸如阅读和科学素养等认知技能方面发挥着重要作用,[2]它能够帮助人们更好地消化各种信息并成功地遵循其中的各种建议。卫生局长的警告与星巴克的信息发布表明,只有在人们深入理解了这些知识并予以回应的情况下,才能在型塑健康行为中发挥重要作用。此外,诸如学习能力等认知技能[3]也可以帮助个体应对健康挑战。例如,列拉斯-穆尼和利希滕伯格(Lleras-Muney and Lichtenberg,2005)的研究发现,那些受过更多教育的人,由于某些特定的条件需要重复购买药物时(这意味着他们有学习机会),更倾向于使用美国食品和药物管理局认证通过的药物。凯斯等人(Case et al.,2005)发现,由于学习的存在,慢性病的健康梯度要比急性病更陡。

文献表明,认知技能具有重要作用。低素养一般与各种各样的负性健康结果相关联,如死亡率、长期疾病、自我感受的健康状况(self-perceived health)以及呼吸道疾病和冠心病(Hemmingsson *et al.*,2006;Batty *et al.*,2006)等。有证据表明,阅读技能

---

[1] 由于在其他国家也发现了这些影响(那些国家并没有发布有关热量的报告),这也表明,发布消息会带来行为变化。

[2] 科学知识或许可以帮助人们相信与健康相关的知识(这些知识通常在本质上是科学的)以及新的医学技术。卡特勒和列拉斯-穆尼(Cutler and Lleras-Muney,2006)指出,受过更多教育的人更有可能相信科学,因为他们更有可能理解科学探究的本质。根据(美国)国家科学基金会(NSF)1999 年的一项调查,71%的拥有学院学位(指本科学士学位——译者注)或更高学位的人认为新技术带来的好处远大于害处,然而,只有25% 的拥有高中及以下学位的人会这样认为。列拉斯-穆尼和利希滕伯格(Lleras-Muney and Lichtenberg,2005)指出,受过更多教育的人更有可能使用新药品。吉理德和列拉斯-穆尼(Glied andLleras-Muney,2008)认为,美国受过更多教育的人比那些所受教育更少的人更具有充分利用医学上技术进步的能力。

[3] 研究者还参考了"学会学习(learning to learn)"这一术语。

能帮助个体应对健康治疗,[1]而且,数学、阅读和综合素养能够降低儿童和成年人陷入高风险健康行为的可能性(Heckman, Stixrud and Urzua, 2006;Carneiro, Crawford and Goodman, 2007)。加拿大的相关证据也显示,健康素养和诸如糖尿病、饮酒、高血压、受伤、压力和哮喘等一系列健康风险有着密切的相关性(Canadian Council on Learning, 2008)。[2]

　　相关文献也评估了认知技能的中介作用,[3]比如,阅读素养、科学素养和高阶处理能力(higher-order processing)在解释教育与健康之间的关系中的作用。[4] 在美国和英国,肯克尔、利拉德和马蒂奥斯(Kenkel, Lillard and Mathios, 2006)以及卡特勒和列拉斯-穆尼(Cutler and Lleras-Muney, 2010)最近的研究,揭示了如何用基本认知技能来解释教育与各种健康指标之间的关系。[5] 图 4.9 呈现了吸烟、肥胖和酗酒的相关结

---

[1] 那些阅读技能较差的人不大可能理解出了急诊室后的出院医嘱(Spandorfer et al. , 1995),更不太可能知道他们的哮喘状况或如何正确使用空气净化器(Williams et al. , 1998)。罗森维格和舒尔茨(Rozenzweig and Schultz, 1989)的研究显示,对于所有女性而言,使用药物等简单方法避孕,也能有相同的成功率;但是,对受过更多教育的女性而言,安全期避孕法更加有效。戈德曼和史密斯(Goldman and Smith, 2002)指出,受过更多教育的人更有可能遵从艾滋病和糖尿病的治疗,而这两项治疗都是很严格的。戈德曼和拉卡达瓦拉(Goldman and Lakdwalla, 2005)与列拉斯-穆尼(Lleras-Muney, 2005)指出,受过更多教育的人更能够管理控制好慢性疾病。

[2] 通过运用加拿大成人读写能力和生活技能调查数据(Adult Literacy and Life Skills, 2003)研究发现,健康素养是散文学习、文档读写和计算能力的功能之一,并且很大程度上与当前的阅读习惯相关。健康素养最低的人,报告其健康状况一般或较差的可能性,是那些健康素养最高的人的 2.5 倍。

[3] 除了上述证据描述了认知技能对健康的作用外,人们也可以说这一因果路径的相关性是通过检验是否教育提高了认知技能得到的。有事实证据显示,学校教育对认知技能有因果效应。比如,尼尔和约翰逊(Neal and Johnson, 1996)、温希普和柯伦曼(Winship and Korenman, 1997)、汉森等人(Hansen et al. , 2004)以及贝尔曼等人(Behrman et al. , 2008)的研究都发现,多接受一年学校教育可以提高认知技能。

[4] 可以通过评估抽象推理来评估高阶处理(higher-order processing)(比如,给每个被调查者七对单词,要求他们描述其在哪些方面有哪些相似性,考察他们的地图阅读、遵循指令或电脑应用方面的能力)(Cutler and Lleras-Muney, 2010)。

[5] 在美国的数据方面,卡特勒和列拉斯-穆尼(Cutler and Lleras-Muney, 2010)使用了 1979 年全美青少年跟踪调查(National Longitudinal Survey for Youth, NSLY)中的军事职业性向测验(Armed Forces Vocational Aptitude Battery, ASVAB)数据进行了研究。该测试包含十个科目:科学、算术、数学推理、词汇知识、段落理解、编码速度、数值运算速度、汽车和商店信息、机械能力与电子信息。在英国的数据方面,他们使用了全国儿童发展调查(National Child Development Survey, NCDS)数据,该调查包含对一系列认识运算能力的测验,比如,数学和绘画的测试成绩(7 岁),阅读、数学、语言、非语言和绘画成绩(11 岁),以及数学和阅读理解成绩(16 岁)。

果。在美国,与降低教育梯度相关的措施使吸烟率上升了15%、肥胖率上升了9%、酗酒率上升了10%。在英国,降低教育梯度使吸烟率上升了45%、肥胖率上升了18%、酗酒率上升了15%。此外,卡特勒和列拉斯-穆尼(Cutler and Lleras-Muney)在英美两国分别发现了数学分数(英国)和高阶处理(美国)的重要中介作用,但并没有发现记忆的中介作用。[①] 作者通过运用基于跟踪数据的互补分析发现,由于认知技能的影响,教育与健康之间更有可能存在因果效应。[②] 总之,解释教育对健康的效应,认知技能有可能发挥重要作用。

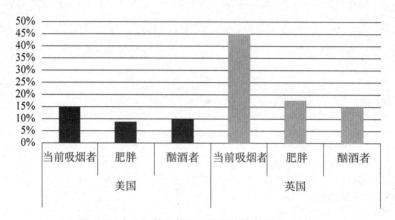

图4.9 由认知技能解释的教育与健康之间的关系

　　* 数据呈现的是,将认知技能的影响考虑进来后,教育对健康指标的边际效应下降的回归系数(百分比)。美国青少年跟踪调查(NSLY,1979)包含 10 个科目的测试分数:科学、算术、数学推理、词汇知识、段落理解、编码速度、数值运算速度、汽车和商店信息、机械能力与电子信息。(英国)全国儿童发展调查(NCDS)包含数学和绘画(7 岁),阅读、数学、语言、非语言和绘画(11 岁)以及数学和阅读理解(16 岁)的成绩。
　　资料来源:卡特勒和列拉斯-穆尼(Cutler and Lleras-Muney,2010)。
　　数据来源:美国青少年跟踪调查(National Longitudinal Survey of Youth(NSLY),1979(United States))。英国第六次全国儿童发展研究(National Child Development Study(NCDS),1999 - 2000(Wave 6))。

---

① 记忆能力是通过回忆单词表的能力(美国数据)和 16 岁时的词汇量与拼写测验得分(英国数据)来衡量的。
② 布鲁内洛等人(Brunello *et al.*,2009)指出,对欧洲女性而言,认知能力对体质指数具有因果效应。

社会与情感技能

教育还可能会影响个体诸如社会情感技能等心理—社会特征,这些社会情感技能或许可以帮助个体将思想转化为行动(如遵循健康的生活方式)。那些拥有较高的社会与情感技能的人通常表现出友善、同情和自尊,不太可能表现出敌意、焦虑和不合理的行为。这些个性特征将帮助个体降低患有精神和行为疾病的可能性。社会与情感技能也可以帮助人们与家庭、朋友和社区建立积极的人际关系,从而帮助人们减少酗酒等不健康生活方式的可能性。一旦个体面临健康问题,坚持、自我效能感和自我调节可以帮助他们寻医并遵医嘱,[①]且能帮助他们应对疾病或虚弱带来的心理问题和不适。先前的研究重点在于,非认知技能是如何与健康行为和结果相关联的(见专栏4.1)。

专栏4.1　非认知技能与健康

适应力(resilience):适应力是决定个体如何处理逆境和压力条件的相关特征,具有较强适应力的个体更有可能以不损害他们身心健康的方式来应对逆境。赖利和舒特(Riley and Schutte, 2003)发现,吸毒与心理适应能力差相关,但饮酒与此无关。巴恩法瑟和罗尼斯(Barnfather and Ronis, 2000)指出,较高水平的心理发展能带来积极的健康状况。佩罗特、麦克莫里和克鲁格(Peyrot, McMurry and Kruger, 1999)的研究发现,糖尿病患者以"自我控制"而不是"情绪反应"来调节自身的条件。尽管有关适应力对健康的影响的相关证据有限,有时候还很不确定,但是,适应力被认为是个体获得更好健康结果和管理健康能力的重要组成部分(Feinstein et al., 2006)。

控制点(locus of control):控制点是指个体相信自己可以控制各种事件的程

---

① 卡特勒和列拉斯-穆尼(Cutler and Lleras-Muney, 2010)还指出,诸如自尊、自控、抑郁和害羞等个性特征可能会影响个体作出改变行为的心理能力。他们参考了相关的心理学理论,这些理论认为,个体需要做好行为改变的准备:感觉有能力做到,而且阻碍改变的因素少。因此,关注个体将意图化为行动的能力十分重要。

度。肯克尔、利拉德和马蒂奥斯(Kenkel, Lillard and Mathios, 2006)通过运用"罗特控制点指标"(Rotter index of the locus of control)研究指标①，控制点低的男性更有可能吸烟或曾经吸过烟。控制点与女性是否吸烟的相关性不高，与成为超重或肥胖者的可能性没有关联。根据布鲁内洛等人(Brunello *et al.*, 2008)的研究，增加体重与自我控制力较低相关，但与缺乏信息没有相关性。控制点可能与个体行事冲动的倾向性相关，比如，昆特斯基、雷姆和格米尔(Kuntsche, Rehm and Gmel, 2009)研究表明，冲动是导致喝酒的一个重要的危险因素，并且，如果儿童在七年级时的自控力较差，其在十二年级时可能产生的酗酒行为将与之相关。最后，赫克曼、斯蒂克斯鲁德和乌尔苏亚(Heckman, Stixrud and Urzua, 2006)研究表明，通过运用罗特尔指标显示，控制点解释了诸如吸烟和酗酒等诸多危险行为。

自尊(self-esteem)：社会学习理论对自尊的定义是，一种对个人自我价值的稳定性感觉(Rosenberg, 1965)。各种证据表明，高自尊与更好的健康紧密相连。在纵览了自尊与饮食失调之间关系的相关文献和证据之后，伊姆乐(Emler, 2001)指出，低自尊会引发饮食失调。此外，大量研究发现，在各种年龄和文化群体中，低自尊与自杀倾向有着紧密联系。此外，自尊还与自我感受、抑郁、消极影响、绝望、宿命论以及控制点等其他社会心理特征有着紧密联系(Feinstein *et al.*, 2006)。

社会技能(social skills)：社会技能是促进个体与他人互动和沟通的个性特征。卡内罗、克劳福德和古德曼(Carneiro, Crawford and Goodman, 2007)的研究发现，这些特征是预测青少年的社会结果(比如，16岁时较低的吸烟率以及早

---

① 控制点，由美国社会学习理论家朱利安·罗特(Julian Bernard Rotter, 1916—2014)提出，个体在周围环境(包括心理环境)作用的过程中，认识到控制自己生活的力量，也就是每个人对自己的行为方式和行为结果的责任的认识和定向。分内控和外控两种，前者指把责任归于个体的一些内在原因(如能力、努力程度等)，后者则是指把责任或原因归于个体自身以外的因素(如环境因素、运气等)。——译者注

孕率)和成年人的社会结果(如健康状况欠佳或亚健康、心理健康问题)的较强因子。[①] 比如,他们的研究显示,社会技能提高一个标准差可使个体 42 岁时患心理疾病的概率下降 2.8%。阿尔姆奎斯特(Almquist, 2009)利用瑞典的跟踪数据研究指出,儿童在学校同伴中的地位(这与儿童的社会技能有关)会影响他以后的健康结果。受社会技能影响最深的主要是行为失调(如酗酒和药物依赖)、外部原因(如自杀)以及与生活方式相关的疾病(如缺血性心脏病和糖尿病)。

耐性(patience):为了使健康保持长久,有耐性的个体更有可能遵循健康的生活规律(或减少不健康活动)。法雷尔和富克斯(Farrell and Fuchs, 1982)发现,用时间偏好率可以解释 24 岁时吸烟的可能性差异。桑德(Sander, 1998)对美国的研究显示,时间偏好率对戒烟可能有积极作用。但是,卡特勒和格莱泽(Cutler and Glaeser, 2005)的研究发现,在老年人群体中并不存在这种相关性,可能是因为对老年人来说长寿问题变得更加突出。伯根汉斯和格勒斯特因(Borghans and Golsteyn, 2006)通过运用荷兰成年人的代表性样本和更精确的折现率等措施进行研究,并没有发现折现率与体质指数相关的证据,也并没有发现折现率变化是用以解释体质指数长时间升高的主要因素的证据。因此,证明耐性在相关健康行为中的作用的证据是混杂的。

专栏 4.1 揭示了对于型塑与健康相关的行为和结果而言,社会与情感技能十分重要,虽然当前的证据有限,有时候还很混杂。

卡特勒和列拉斯-穆尼(Cutler and Lleras-Muney, 2010)评估了非认知技能在解释肥胖、饮酒、心理健康以及吸烟中的中介作用。[②] 在美国,很难用未来价值解释教育与

---

① 他们运用布里斯托社会调节指南(Bristol Social Adjustment Guide, BSAG)来测量 7—11 岁儿童的社会失调情况(social maladjustmen)。在 12 项社会失调指标中,他们发现,"对成年人的敌意"是决定青少年 11 岁时行为的重要因素之一。

② 本研究的优势在于,采用相同的实证方法处理美国和英国的一系列可用数据(每个国家有多个数据源)。

吸烟及肥胖间的关系(图 4.10)。[1] 此外,在美国,诸如自尊(基于罗森博格的自尊量表(Rosenberg Self-esteem Score))[2]、自控(基于皮尔林量表(Pearlin Score))、生命控制感(基于罗特测量(Rotter Scale))、抑郁和害羞(在 6 岁的时候)等个性特征,对教育与吸烟、酗酒和肥胖之间的关系的效应微乎其微。但是,卡特勒和列拉斯-穆尼(Cutler and Lleras-Muney)指出,社会技能(通过社会关系、社会贡献、与配偶和朋友的积极/消极关系等指标来衡量)是解释教育与健康结果之间关系的重要因素。比如,用社会技能可以解释 9%的教育与吸烟关系,可以解释 24%的教育与超重之间的关系。[3]

卡特勒和列拉斯-穆尼(Cutler and Lleras-Muney)还发现,在英国,未来价值以及诸如自我效能感等个性特征[4]不大可能解释教育与吸烟之间的关系(图 4.10)。当研究者将关注点转移到社会技能的作用时,[5]得到的结果与运用美国的数据得到的结果相似。社会与家庭关系的测量,在解释教育与吸烟、超重、肥胖和酗酒的关系时占了很大比重,其中吸烟占 14%,超重占 16%,肥胖占 21%,酗酒占 41%。

卡特勒和列拉斯-穆尼(Cutler and Lleras-Muney)的研究显示,在所有非认知技能中,用社会技能可以解释教育与健康之间的大部分关系,但是,其他非认知技能的测量(即耐性、自我效能感等)则似乎不大能够解释。这一结果与卡内罗、克劳福德和古德曼(Carneiro,Crawford and Goodman,2007)的研究结果一致,后者通过运用英国的相

---

[1] 卡特勒和列拉斯-穆尼(Cutler and Lleras-Muney,2010)还展示了与健康行为不一致的风险厌恶情绪。

[2] 罗森博格 1965 年编制的自尊量表,最初设计用以评定青少年关于自我价值和自我接纳的总体感受。该量表由 10 个条目组成,用于测量单一维度的整体自尊水平,其中五个正向表述,五个负向表述。该量表采用李科特四点记分,1 代表很不符合,2 代表不符合,3 代表符合,4 代表非常符合,3,5,8,9,10 反向记分,得分越高表明自尊水平越高。最初的样本来自美国纽约州随机选出的 10 所中学中的 5 024 名高中、初中学生。总分范围是 10—40 分,分值越高,自尊程度越高。参见:Rosenberg, M. (1965). *Society and the Adolescent Self-image*. Princeton, NJ: Princeton University Press. ——译者注

[3] 这还解释了 3%的教育与肥胖的关系。

[4] 自我效能感(self efficacy)是通过评估受访者是否得到他们想要的生活、已在多大程度上掌控生活、是否能够以他们想要的方式经营生活以及不适指数(malaise index)高低(用以测量心理健康与压力)等来衡量的。

[5] 卡特勒和列拉斯-穆尼(Cutler and Lleras-Muney,2010)采用的术语是"社会融合(social integration)"而非"社会技能(social skills)"。在美国,社会融合是通过社会关系、社会贡献、与配偶和朋友的积极/消极关系等方面来衡量的。在英国,社会关系的尺度是通过父母是否还健在、被调查者是否能见到父母、他们是否经常与家人一起吃饭、拜访亲人、一家人出去、全家人一起度假、单独或与朋友出去、参加宗教服务等方面来衡量的。社会技能可能会影响这些社会融合方面的测量。

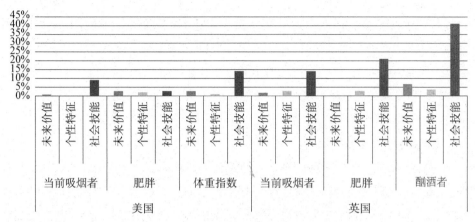

图 4.10　用非认知技能来解释的教育与健康关系

＊数据显示,在考虑了认知技能的效应之后,教育对健康指标边际效应的回归系数呈边际下降(百分比)。全美中年人生活发展调查(National Survey of Midlife Development, NSMD)(1995—1996)包括了耐性、个体与社会融合方面(社会关系、社会贡献、与配偶及朋友的积极/消极关系)的测量。英国全国儿童发展调查研究(National Child Development Study (NCDS))包括了耐性、个性与社会融合(父母亲是否还健在、被调查者是否能见到父母、他们是否经常与家人一起吃饭、拜访亲人、一家人出去、全家人一起去度假、单独或与朋友出去、参加宗教服务)的测量。

资料来源:卡特勒和列拉斯-穆尼(Cutler and Lleras-Muney, 2010)。

数据来源:全美中年人生活发展调查(National Survey of Midlife Development (NSMD), 1995—1996 (United States))。英国第六次全国儿童发展调查研究(National Child Development Study (NCDS), 1999—2000 (Wave 6))。

关数据得出如下结论:用 7—11 岁时的社会技能测量结果可以很准确地预测青少年的危险行为(即吸烟和早孕),以及成年人的健康结果(即自我报告的健康状况、抑郁和心理健康问题)。

虽然社会技能对改善健康行为似乎十分重要,但是,很少有证据表明这些技能是通过学校经历获得的。[1] 社会技能很有可能是在儿童进入学校之前,通过家庭的突出作用而培养的,[2]并且这些技能会一直保持不变。但是,新近从经济学角度的研究证据显示,

---

[1] 赫克曼、斯蒂克斯鲁德和乌尔苏亚(Heckman, Stixrud and Urzua, 2006)的研究显示,学校教育能够同时影响认知技能与非认知技能。欧瑞普洛斯和萨尔瓦内斯(Oreopoulos and Salvanes, 2009)在其最近有关回归教育的研究中表明,教育对诸如批判能力、耐性和社会技能等非认知技能具有实质性影响。

[2] 卡内罗、克劳福德和古德曼(Carneiro, Crawford and Goodman, 2007)的研究表明,父母的社会阶层、对子女教育的兴趣以及在家中的阅读行为,都对儿童 7 岁时的社会技能有很强的预测力。

在日后的生活中,非认知技能具有可塑性,这一结果与前额叶皮层神经科学的相关证据一致,前额叶皮层神经调节情绪和自我控制,并且从儿童早期一直到 20 岁出头,都具有可塑性(Knudsen *et al.*, 2006)。鉴于学校在学生社会性互动中的重要地位,得出如下结论合情合理:学校环境有助于促进社会技能的发展,并且,这些技能会影响健康结果。

习惯和态度重要吗?

儿童在学校可以学习有关健康生活方式的习惯和规范。一般而言,除了家庭,他们在学校度过的时间比在任何其他环境中度过的时间都要长。同伴(同学们)特征有可能对儿童的心理健康状况和参与诸如吸烟、喝酒和药物使用等危险活动产生重要影响。健康的学校餐饮和适当的体育活动可能会促进均衡的饮食和生活方式。然而,贩卖高热量小吃和饮料的自动售货机因使用方便,有可能损害健康。

同辈影响

诸多文献显示,一个人如果拥有吸烟、喝酒、吸毒或自杀倾向的朋友,他会比其他人更有可能参与同样的活动(Culter and Lleras-Muney, 2006)。一般而言,确认一个学生对另一个学生的影响[即同伴效应(peer effects)[①]]是相当困难的,这是因为,正如个体可能会选择与自身特征和偏好类似的同伴一样,同伴效应通常混合了多种选择形式。[②] 然而,试图破解这种选择性问题的研究显示,同伴可以改变诸如吸烟和喝酒等与健康有关的行为,且规模效应可观。其中一些研究显示,男性之间的同伴效应往往更为常见。

弗莱彻(Fletcher, 2009)与克拉克和洛埃阿克(Clark and Lohéac, 2007)运用美国青少年与成人健康跟踪调查(the Add Health survey)[③]数据研究表明,学校中的同

---

① 同伴效应(peer effects)被定义为"任何一个学生对其他任何学生有影响,而不管这种影响是通过何种渠道起作用的"(Hoxby, 2008)。

② 应对选择的方式之一是随机分配数据。萨塞尔多特(Sacerdote, 2001)采用随机分配室友的方式对(美国)达特茅斯学院的研究表明,室友和室友的朋友影响着是否参与联谊会的决定。克雷默和利维(Kremer and Levy, 2008)采用随机分配室友的方式,得出了室友喝酒的学生获得的平均绩点较低的结论。

③ 全称为"The National Longitudinal Study of Adolescent to Adult Health"。参见:http://www.cpc.unc.edu/projects/addhealth/。——译者注

伴[①]对青少年食用烟草、酒精和大麻有显著影响。同伴效应对男孩的影响尤为显著。对女孩而言,他们仅确认朋友间有同伴效应。同伴中吸烟人数增加 25% 对个体吸烟的影响大约增加 2.2 个百分点。佩托尔德(Pertold,2009)在捷克的中学生中发现了类似的结果。[②] 伦德伯格(Lundborg,2008)用瑞典的数据对同班同学和学校年级的稳定效应进行研究后发现,同伴效应对 12 岁至 18 岁的儿童在决定是否酗酒、吸烟和使用非法药物等方面影响巨大。[③] 德西蒙(De Simone,2007)也发现,加入联谊会使美国大学生酗酒的可能性增加了 9 个百分点。特罗格登等人(Trogdon et al.,2008)使用美国青少年与成人健康跟踪调查数据,对等组的内生性予以控制,提供了社会互动对体质指数的影响的证据,尤其是以体质指数高的女性和青少年为对象的证据。雷纳等人(Renna et al.,2008)同样使用美国青少年与成人健康跟踪调查数据研究后发现,有体质指数高的朋友的女生,其体质指数也会提高。最后,福勒和克里斯塔吉斯(Fowler and Christakis,2008)的研究表明,如果青少年和成人有一个能在特定时间内变胖的朋友,那么,他或她发胖的几率会增加。[④]

总而言之,通过同伴效应可以影响与习惯相关的健康,这可能是一条解释教育对健康的作用的重要路径。

学校餐饮

学校餐饮可以改善营养摄入水平,促进儿童健康,养成均衡的饮食习惯。无论是从短期来看还是从长期来看,这些收益将会导致更好的认知、社会和情感发展,进一步

[①] 克拉克和洛埃阿克(Clark and Lohéac,2007)用三种方式来确认同伴:与受访者同校同届、与受访者同校多年、受访者的朋友。

[②] 佩托尔德(Pertold,2009)利用中学前的行为以及吸烟在老同学中的流行程度等信息来考察选择问题。

[③] 由于学生不能决定上哪所学校或进哪个班级,所以瑞典的学校系统允许人们择校。作者注意到,家长通过对学校质量和声誉的判断来选择居所,以此来择校。

[④] 福勒(Fowler)和克里斯塔吉斯(Christakis)运用弗雷明汉姆心脏研究社会网络和美国青少年与成人健康跟踪调查数据研究发现,肥胖者结成网络集群,这种集群会扩展到三层:某人的朋友的朋友的朋友。社会规范可能也会影响成人的健康选择。伊特(Etile,2007)与奥斯瓦尔德和鲍德塔夫(Oswald and Powdthavee,2007)研究指出,人们会在比较自己体重与同组人的体重之后,修正其对自身体重的看法。用依据社会规范调适自身行为也可以解释布鲁内洛等人(Brunello et al.,2008)所报告的美国青年人的认知失调:在美国,有 45% 的肥胖男性说他们的体重"刚刚好或太轻"。

提高健康结果。对弱势群体而言，由于他们不太可能从其他地方获得均衡且营养的食物，所以，在学校用餐的好处更大。已有研究表明，促进学校早餐和午餐质量计划的政策能够改善学校绩效、营养状况和健康结果（Brown *et al.*，2008；Jaime *et al.*，2009；Story *et al.*，2009；Belot and James，2009）。尽管许多研究聚焦在改变学校现有伙食（例如，增加水果和蔬菜）等特定政策干预的影响上，但是，证明学校餐饮整体影响的研究还很薄弱。

在美国，有关大规模学校午餐计划的影响的研究，涉及全美学校午餐计划（National School Lunch Program，NSLP）的不多。[1] 研究表明，与非参与者相比，通过午餐计划，项目参与者普遍提高了维生素和矿物质的摄入量。[2] 然而，施安岑巴赫（Schanzenbach，2009）也发现，实际上，与非参与者相比，参与学校午餐计划的学生更容易肥胖。[3] 美国另一个著名的学校餐饮计划是学校早餐计划（School Breakfast Program，SBP）。[4] 巴塔查里亚等人（Bhattacharya *et al.*，2006）使用倍差策略[5]来研究参与计划的学校与未参与计划的学校之间的未观测到的差异，发现学校早餐计划带

---

[1] 全美学校午餐计划（NSLP）是一个官办的午餐计划，几乎所有公立学校都参与了该计划，囊括了近三千万儿童，这大约占学生总数的 60%（Schanzenbach，2009）。对来自低收入家庭参与此计划的大部分学生（约占 59%），学校免费提供午餐或打折优惠（Story *et al.*，2009）。

[2] 参见施安岑巴赫（Schanzenbach，2009）的著作。

[3] 当儿童进入幼儿园，可以控制他们的肥胖率之后，儿童在学校吃午餐每天平均额外消耗 40 卡路里。这可能导致儿童肥胖率呈现可测量的差别，建议学校有必要减少午餐热量。

[4] 2002/03 学年度提供午餐的学校中大约有 80% 加入了学校早餐计划。就像全美学校午餐计划（NSLP）一样，学校早餐计划（SBP）为那些来自低收入家庭且参与此计划的大部分学生（81%）免费供应早餐或打折优惠（Story *et al.*，2009）。

[5] 倍差法（difference-in-difference，DID），在政策绩效评估过程中，用政策试点（实验）后两地区的差异与试点前两地区的差异之差来衡量政策效果。

	试点地区	非试点地区	横向比较
试点后	A	B	A−B
试点前	C	D	C−D
纵向比较	A−C	B−D	(A−B)−(C−D)

倍差法是一种准实验方法，也是常用的政策评估方法。——译者注

来更好的饮食习惯,但并没有增加总热量的摄入,也没有改变吃早餐的频次。学校早餐计划提高了健康饮食指数的得分,降低了来自脂肪的摄入热量比重,降低了摄入低纤维、铁、钾的可能性。另外,学校早餐计划改善了普遍缺乏维生素和矿物质的情况。米利米特等人(Millimet *et al.*,2008)对所选的参与学校午餐计划和学校早餐计划的学校进行统计分析之后得出结论,"学校早餐计划是当前对抗儿童肥胖战役中的一个有价值的工具,而学校午餐计划却加剧了当前的肥胖状况"。

有限的证据表明,体育锻炼有助于降低肥胖的发病率。例如,在美国,体重正常的青少年若每周参与体育运动,成年时身体超重的可能性将减少 5%(Menschik *et al.*,2008)。文献普遍显示,参加学校中课内活动与课外活动,有助于儿童全面参与中度或剧烈强度的体育活动(Wechsler *et al.*,2000;Verstraete *et al.*,2006;Haerens *et al.*,2009b)。然而,一般来说,由于体育课的时间较为有限或不足(Mckenzie *et al.*,2000;Haerens *et al.*,2009b),因此,人们更为关注课外活动。韦克斯勒等人(Wechsler *et al.*,2000)对学校环境中影响体育活动的课外活动因素的作用等文献进行了研究,从中发现了这些因素具有增进健康的价值的证据。此外,他们还指出,诸如学校规范等社会心理环境[1],也能增强体育活动(Wechsler *et al.*,2000)。虽然健身和健康饮食等方面的规范可以部分通过体育活动和营养计划来培养,但是,它们也可以通过学生从学校领导和工作人员那里接受有关促进健康行为的重要性等信息来实现(Wechsler *et al.*,2000)。[2]

很多人会认为增加体育运动时间会使用于学习的时间有所减少,并且造成过度劳累,这很可能会给学业成就带来消极后果。然而,以前的研究显示表明,这种情况不太可能出现。此前的一项研究显示,从其他科目抽出累计一小时的时间,用于学校体育活动课程,不会影响学生的学业成就(Trudeau and Shephard,2008)。此外,将用于体

---

[1] 这包括休息时间、校内体育活动、体育活动项目、体育活动设施和体育活动的社会心理支持。韦克斯勒等人(Wechsler *et al.*,2000)也考察了学校午餐计划之外学校提供的食物和饮料的作用,以及为体育活动和健康饮食提供的社会心理支持。

[2] 这些信息通过学校政策、持续的行政支持、学校教职工的榜样作用、基于学校情景的奖励措施来传递给学生。

育运动的时间进行学术性科目学习，并不能提高学生这些科目的学业成绩，也无法增强他们的体能（Marsh，1992）。

自动售货机

以往的研究显示，校内自动售货机贩卖的低营养、高热量食物，与总热量、软饮料和饱和脂肪的高摄入，以及水果、蔬菜、牛奶和关键营养素的低摄入，都密切相关（Kubik *et al.*，2003；Story *et al.*，2009）。相反，如果学校餐饮政策限制学生食用营养少热量高的食物，学生在校期间对这类食物的消费就比较少（Hartstein *et al.*，2008）。安德森和布彻（Anderson and Butcher，2006）发现，接近自动售货机的几率增加 10 个百分点，父母肥胖的学生的体质指数就会增加 2.2 个百分点，二者密切相关。安德森和布彻还发现，引进自动售货机可能对高中生的肥胖率产生某些影响。某些学校频繁地采购不健康的食物，这可以成为学校筹资计划的一部分，学校也会把这些食物分发给学生作为课堂奖励。根据库比克、莱特尔和斯托里（Kubik，Lytle and Story，2005）的研究，这些做法与体质指数密切相关。每一所学校允许增加食物的做法都会使学生体质指数增加 0.1 个单位。虽然这仅仅是基于美国的证据，但这些研究表明，在学校接触这类"竞争性食物"，可能增加学生肥胖的风险。

总之，在培养学生健康饮食与生活方式的习惯和态度的过程中，同伴、食物质量和运动机会起着至关重要的作用。这可能是教育与健康关系中的一个重要因素。

收入与社会网络重要吗？

学校的作用不仅限于提高技能、养成习惯和态度，以帮助个体更好地管理健康的生活方式，教育也间接地提高收入，扩大社交网络，而这也有助于获得更好的医疗保健，并降低不健康生活方式带来的风险。

收入

尽管教育对收入的因果效应由来已久（Card，1999），但是，收入对健康有影响吗？有关健康的社会经济梯度的大量文献显示，收入与死亡率、自我评估的健康状况[①]、吸

[①] 约翰逊等人（Johnston，2009）通过比较受访者的自我报告和客观测量数据来调查高血压。

烟、酗酒和肥胖（Cutler，Lleras-Muney and Vogl，2008；Cutler and Lleras-Muney，2010；OECD，2010）甚至是精神沮丧（Fletcher and Frisvold，2009）等一系列健康指标有着较强的相关性。然而，有关因果关系的证据却并不清晰。评估因果关系的难度在于，个体不可观测的特征会影响健康和收入。此外，因果关系有可能被倒置过来，即健康影响收入。

令人惊讶的是，只有极少量研究发现，在美国，收入对健康有着积极的因果效应。这些研究包括：米尔、米勒和罗森（Meer，Miller and Rosen，2003）对继承带来的收入变化的研究，哈利迪（Halliday，2009）利用跟踪数据对个人异质性的研究。亚当斯等人（Adams *et al.*，2003）以及史密斯（Smith，2007）利用跟踪数据研究评估了健康与财富之间的因果关系。此外，斯奈德和埃文斯（Snyder and Evans，2006）与埃文斯和穆尔（Evans and Moore，2009）的研究发现，死亡率随着收入的增加而增加。[1] 同样，鲁姆（Ruhm，2000，2006）发现，经济衰退可以改善成年人的健康，因为，在衰退期，人们会以更健康的方式生活：他们的体育运动增加了，饮酒和吸烟减少了。

在其他国家，相关的结果却模糊不清。东德的报告称，在经历统一带来积极的收入冲击之后，人们对健康的满意度仅有小幅度的提升（Frijters，*et al.*，2005）。[2] 在瑞典，研究报告称，彩票中奖者更健康，也更长寿（Lindahl，2005）；在英国，报告说彩票中奖可以改善心理健康（GHQ 评分[3]）（Gardner and Oswald，2007）。然而，阿达等人（Adda *et al.*，2009）的报告称，在英国，收入的持续增加与香烟和酒精消费的增加密切相关。[4]

总之，尽管两个变量之间有着强正相关，但是，证据显示，从短期来看，因果效应起

---

[1] 斯奈德和埃文斯（Snyder and Evans，2006）比较了美国不同群体的人的死亡率所受不同税收政策的影响：那些受益于税收政策改革的人，其死亡率上升了。埃文斯和穆尔（Evans and Moore，2009）发现，发薪日的死亡率增长与工资收入密切相关，某些短期效应是因为死亡率的上升：收入加快了将死之人的死亡。

[2] 显然，环境的其他特征也已有所改变，因此，该实验并非完全基于收入对健康的影响的信息。此外，收入变化非常之大，超出了一般的社会转移支付规模。

[3] 全称为"The General Health Questionnair"，普通健康问卷调查。——译者注

[4] 阿达等人（Adda *et al.*，2009）利用工资结构随时间推移而产生的变化来评估永久性收入冲击对健康的影响。总体而言，永久性收入冲击与死亡率的小幅但显著的上升密切相关，对健康、心血管健康或呼吸系统疾病没有影响。

着潜在的消极作用；从长期而言，因果效应是模棱两可的。

融入社会网络

社会支持与健康结果之间的相关性业已完全被证明。社会网络有限的人更有可能酗酒(Droomers *et al.*，2004)。缺少社会支持可能引起自身的压力，导致孤单或缺乏认同感，而酗酒可能只是一个反应或应对机制(Thoits，1995)。事实上，博戈诺维(Borgonovi，2010)的研究表明，社会支持(如朋友或者情感支持)是调节教育与精神沮丧两者关系的重要因素。另外，那些有社会支持可依的人通常较少为压力所困(Kessler 和 Cleary，1980；Johnson 和 Pandina，1993；Murrell 和 Norris，1991，引自，Droomers 等人，2004；Hemmingsson 等人，2006)。然而，社会支持与健康之间是否有因果关系，仍尚不明晰。

4.4 家庭与社区的作用

迄今为止，研究的焦点在于，学校如何使人能够预防和调节潜在的健康挑战。在隔离负面影响的问题上，是只有学校起着重要作用，还是家庭和社区也起着关键作用？在生命的早期阶段，儿童大脑的可塑性最强，他们通常花费大量的时间在家里发展关于健康的技能、习惯与态度。在青春期和成年期，家庭依然发挥着作用，尽管与青春期前相比，其程度已小很多。较大的社区也可能对健康产生影响。一个生活在高学历社区的人可能会感到社会压力，这种压力可能会帮助他抵御酗酒和药物滥用对他的诱惑。生活在能轻而易举获得高热量和不健康的食物且参加运动的机会很有限的社区里，几乎没有什么激励因素能让儿童以健康的方式生活。

家庭对于培养关键技能的作用

在改善健康的行为和结果上，认知、社会与情感技能发挥着显著的作用。这些技能从何时开始发展呢？新近有关技能形成的生命周期模型的研究表明，父母对儿童的认知技能与非认知技能的早期投资十分重要(Cunha and Heckman，2008)。赫克曼等人(Heckman *et al.*，2006)的研究表明，在美国，幼儿期较低的认知技能和非认知技能与18周岁青年的吸烟和怀孕等危险行为显著相关。卡内罗、克劳福德和古德曼 (Carneiro，Crawford and Goodman，2007)研究发现，在英国，11岁时认知技能与非认知技能较低会影响少女怀孕、抑郁症和42岁时对自我健康认识的低评。

家庭在培养儿童的认知、社会与情感技能上起着显著作用。赫克曼、斯蒂克斯鲁德和乌尔苏亚(Heckman，Stixrud and Urzua，2006)、卡内罗、克劳福德和古德曼 (Carneiro，Crawford and Goodman，2007)、库尼亚和赫克曼(Cunha and Heckman，2008)的研究表明，父母的投资与儿童早期的技能发展显著相关，且这些技能发展水平越高，他们的后续发展就越充分。[①] 因此，技能会催生技能。特别是，库尼亚和赫克曼 (Cunha and Heckman，2008)的研究表明，早期干预计划具有较高的回报，该回报主要源于父母传授给儿童的社交技能，以及对儿童社交的鼓励。

社会与情感技能可以促进认知技能对健康的积极作用，从这个意义上说，它们特别有用(Carneiro，Crawford and Goodman，2007；Cunha and Heckman，2008)。例如，卡内罗(Carneiro)、克劳福德(Crawford)和古德曼(Goodman)的研究表明，假如16岁的儿童拥有较高的认知技能，而非认知技能较为低下，其吸烟的可能性会增加，但是，当非认知技能与认知技能均处于较高水平时，则吸烟的可能性会有所下降。非认知技能可以推动个体从认知技能中获得更多的受益。这些技能的互补性可以进一步提高各种技能的经济效益和社会效益。

家庭与社区特征的重要性
有教养的父母

在大多数经合组织国家，母亲的受教育水平与婴儿和儿童的健康密切相关。例如，柯里和莫雷蒂(Currie and Moretti，2004)研究发现，在美国，家住在有大学的地区的美国女性上大学的可能性更大，也更有可能养育更为健康的婴儿。希瓦利埃和奥沙利文(Chevalier and O'Sullivan，2007)以及周信义等人(Chou et al.，2007)分别在英国

---

① 库尼亚(Cunha)和赫克曼(Heckman)的研究表明，与后期(10/11岁到12/13岁)相比，早期阶段(6/7岁到8/9岁)的家庭环境对认知技能的影响更为重要。

和中国台湾也得到了类似的结果。[1]

父母的受教育水平对儿童健康的影响可能会持续到成年。克拉森和霍卡叶姆(Classen and Hokayem,2005)估计,与母亲高中辍学的儿童相比,母亲受过大学教育的儿童,其成年后超重或肥胖的可能性低7%。凯斯、费尔蒂格和帕克森(Case, Fertig and Paxon,2005)发现,在英国,教育梯度与年龄分布相关。鲁斯等人(Roos et al.,2001)以及维西肯、库克烈尔和梅斯(Vereecken, Keukelier and Maes,2004)等人分别运用来自芬兰和比利时的数据进行研究,结果表明,母亲受教育水平会与儿童在未成年期消费的食品质量密切相关。然而,也有证据显示,父母的受教育水平对此无显著作用。多伊尔、哈蒙和沃克(Doyle, Harmon and Walker,2007)的研究显示,在英国,影响母亲受教育水平的义务教育法对儿童自我报告的健康状况和长期的慢性疾病并无影响。肯克尔、利拉德和马蒂奥斯(Kenkel, Lillard and Mathios,2006)发现,在美国,尽管父母的受教育年限与儿童的体质指数[2]之间具有相关性,但并非因果关系。[3]博戈诺维(Borgonovi,2010)也表示,与那些文化水平处于高中及以下的父亲相比,接受过高等教育的父亲,其子女的焦虑水平往往比较高。[4] 因此,尽管有证据显示,父母的受教育水平对婴幼儿的健康有重要的影响,但这种影响并不一定会持续到成年期。

为什么父母的受教育水平对儿童健康如此重要呢? 可能的原因是受过教育的母亲在怀孕期间更有可能以健康的方式生活,这会对产后婴儿的健康状况造成影响。[5]有教养的母亲,由于她们更有可能在儿童将要出生时才选择结婚,或生育更少的孩子,

---

[1] 这两项研究通过离校年龄的改革(如工具变量)确认母亲的教育效应。但是,值得注意的是,林德博姆等人(Lindeboom et al.,2009)围绕最低离校年龄改革,运用回归间断设计发现,母亲的教育效应微不足道。

[2] 母亲的受教育水平与女儿的体质指数之间的关系尤其如此。

[3] 他们认为,这种联系可能源于儿童早期深受父母影响而形成的习惯和体重,这些习惯和体重是"个人后期的教育干预无法改变的"。博戈诺维(Borgonovi)也发现,那些父母拥有高学历的人并不比那些父母受教育水平低的人更容易快乐和满足于自己的生活。

[4] 这也许是因为受过教育的父亲的高期望导致了儿童的精神痛苦。

[5] 详见柯里和莫雷蒂(Currie and Moretti,2004)的研究。受过教育的母亲在怀孕后可能会遵循更健康的饮食习惯。例如,维西肯、库克烈尔和梅斯(Vereecken, Keukelier and Maes,2004)运用比利时8所幼儿园的麻风病患儿的数据研究表明,完全可以用母亲对水果、蔬菜和其他食品的消费行为来解释母亲的受教育水平与儿童餐饮质量之间的关系。

却有较高的经济收入(Card，1999)，因此就可能会有更多的资源投入到每个儿童身上(Currie and Moretti，2004)。这就促使她们能够为自己的孩子购买更多更好的与健康相关的产品和服务。有证据显示，在美国和加拿大，家庭经济收入与各种儿童健康指标显著相关，但在英国，两者的关联程度相对较低(Case et al.，2002；Currie and Stabile，2003；Currie et al.，2007)。[1] 此外，也有关于家庭经济收入影响儿童健康结果的因果关系方面的证据，米利根和斯塔比尔(Milligan and Stabile，2008)发现，家庭经济收入增加1 000美元(由于儿童福利改变)儿童将相应减少反社会行为及人身攻击行为，同时这也会影响他们的身高。[2]

如果有教养的父母善于发展儿童的认知、社会与情感技能，那么，父母的受教育水平就相当重要了。确实，越来越多的研究显示，能力更强和社会参与程度更高的父母，更有助于培养儿童的认知技能与非认知技能(Carneiro and Heckman，2003；Cunha et al.，2005；Heckman and Masterov，2007)。在英国，卡内罗、克劳福德和古德曼(Carneiro，Crawford and Goodman，2007)的研究显示，父母的受教育水平强烈影响着儿童的认知和社交技能的发展，这些技能是对吸烟、少女怀孕和精神健康等问题起决定作用的关键要素。[3] 在美国，库尼亚和赫克曼(Cunha and Heckman，2008)的研究表明，母亲的受教育水平和认知技能是决定儿童的认知技能和非认知技能发展的重要因素。[4]

有教养的配偶

研究显示，与谁共同生活非常关键(Ross，Mirowsky and Goldsteen，1990；Macintyre，1992；Joung et al.，1996)。最近，研究者调查了配偶的受教育水平的差异

---

[1] 在北美，相关性随着年龄增长而增强。对英国而言，伯吉斯等人(Burgess et al.，2004)仅发现家庭收入与儿童的主观的健康状况之间存在弱相关，而与客观的卫生措施无关。这一结果的差异可能是由于英国提供全民健康保健服务。

[2] 然而，这对体重、多动症或情绪失调没有影响。

[3] 除了父母的受教育水平之外，父母的职业、父母对子女教育的兴趣以及父母是否阅读新闻和书籍也是儿童获得认知技能和社交技能的决定因素。

[4] 除了母亲的受教育水平与认知技能外，书籍(数量)、乐器和报纸的可得性以及儿童是否接受特殊的课程或是否去博物馆和剧院，也是儿童发展认知技能与非认知技能的决定因素。注意，这对非认知技能的影响更大。

对健康的影响,的确,研究显示,伴侣对一个人健康的诸多方面都有着持续性的影响。博斯马等人(Bosma *et al*.,1994)发现,配偶受教育水平低的男性,即使控制了自身的受教育水平,由各种原因引起的死亡风险也会增加。[①] 孟登等人(Monden *et al*.,2003)运用有关荷兰夫妇的大数据库研究发现,对男性和女性来说,他们伴侣的受教育水平(考虑了他们自身受教育状况之后)与吸烟和自我评估的健康状况显著相关。这些研究者认为,伴侣的受教育水平影响了物质环境和心理社会因素(社会网络、压力、社会支持与应对),这又会反过来影响健康。最后,博戈诺维(Borgonovi,2010)用欧洲社会调查的数据研究指出,与有教养的伴侣共同生活的人,往往更加幸福快乐,遭受高压之苦的可能性更小。[②]

家庭环境

鉴于儿童大部分时间在家,家庭环境有可能影响儿童的心理和身体健康。

库尼亚和赫克曼(Cunha and Heckman,2008)的研究表明,"家中备有书籍、报纸和乐器"与"儿童接受课程和去博物馆、剧院"提高了儿童认知和非认知技能的发展水平。卡内罗、克劳福德和古德曼(Carneiro,Crawford and Goodman,2007)的研究显示,父母的阅读习惯与兴趣对儿童的教育与社会技能发展非常重要。[③] 根据他们的测算,母亲对儿童教育从兴趣不大到有些兴趣的改变,能够使7岁儿童的社会技能增加近0.5个标准差。

儿童的发展也与看电视有关系。在美国马萨诸塞州,人们以校本综合健康干预(school-based integrated health intervention)来应对五年级至八年级儿童的肥胖问题,戈特梅克等人(Gortmaker *et al*.,1999)对该项目进行了评估[④]。这种干预增加了身体活动,减少了看电视的时间,同时增加了水果和蔬菜的消耗量,使总能量摄入的增量减

[①] 相对风险很高:考纳斯(Kaunas,立陶宛第二大城市和旧都——译者注)为1.57,鹿特丹(Rotterdam)为2.15。

[②] 然而,由于是非随机选择配偶,这些结果有可能存在偏差,因此,须谨慎阐释。随着受过更多教育的人更倾向于与受过更多教育的人结婚,教育增强了家庭间的健康不平等。

[③] 运用英国全国儿童发展调查(National Child Development Survey)的数据,卡内罗、克劳福德和古德曼(Carneiro,Crawford and Goodman,2007)研究表明,"母亲/父亲对儿童教育的兴趣不大"和"母亲/父亲在大多数日子阅读新闻和书籍"对儿童的社会技能(7岁)与认知技能(11岁)影响显著。

[④] 这种干预的目的是通过改变身体活动、减少观看电视、消除饮食风险等因素来减少肥胖。

少(对女生而言)。此外,看电视的时间减少,也阻止了女生的肥胖趋势。尽管这项研究只涵盖了一组有限的对家庭学习环境具有潜在影响的因素,但它表明,物理环境(家中拥有图书、减少看电视时间)和父母参与(对儿童的教育感兴趣、积极参与阅读)是儿童健康的重要环境。

社区的平均受教育水平

邻居的受教育水平可能对社区的社会规范有着强大的影响力。社区也可能提供"正面的榜样"(positive role models)和"社会联结"(social connections)来帮助社区成员预防和处理与健康有关的问题。然而,生活于一群受过高等教育的人构成的社区中,也可能会有消极影响,例如导致同行竞争或歧视,进而对个体的精神健康产生影响。

恰当地对社区或国家层面的教育水平对健康结果的影响进行评估的研究证据十分有限。[①] 在这些有限的证据中,有一项在美国被称为"抓住机遇"(Moving to Opportunity)的社会实验,该实验在美国巴尔的摩、波士顿、芝加哥、洛杉矶和纽约等5个城市进行。实验过程中,研究人员将教育券(vouchers)随机分配给贫困家庭,允许他们搬迁到另一个邻里不同的社区。[②] 克林等人(Kling et al., 2007)不仅在身体健康层面(降低肥胖风险),还在心理健康层面(保持心理的平静与安宁,减少心理困扰),都发现了大范围的积极效应。青年人的焦虑水平和生理压力有所改善,女生的酒精消耗量有所下降。较好的社区对心理健康的影响甚大,"可与目前发现的一些最有效的药理和临床心理健康干预相媲美"。

博戈诺维(Borgonovi, 2010)使用欧洲社会调查的数据研究发现了国家的平均受教育水平与心理健康两者之间的关系。[③] 该研究显示,受过高等教育的人占国家总人

---

① 评估社区特征对个人健康的影响极具挑战性:因为人们通常会选择他们居住的社区,这一选择会与一些尚未测量到的个体与社区特征相关,从而可能导致虚假关系。有一种克服这些难题的方法是采用将人随机分配到不同居住区的实验得到的数据。
② 他们只能搬到贫困人口低于10%的城市地区,通常,那会是一个受教育水平更高的社区。
③ 尽管在国家层面计算人口总量削弱了评估教育对地方社区的影响的政策利益,但是,这种方法最大限度地避免了选择问题。当然,选择问题依然存在,在某种程度上,人们可以选择生活在另一个国家。

口的比例越高,人们往往越容易感到幸福,对自身的生活越满意。[1]

其他社区环境因素

其他社区环境因素也可能直接导致健康行为。典型的例子是便于使用诸如健身俱乐部和医院中的各种有益于健康的设施。一篇针对与成人参与体育运动相关的环境因素的研究评论指出:体育运动与便于使用各种有益于健康的设施相关(Humpel *et al.*,2002)。但这一结论并不适用于青少年。哈伦斯等人(Haerens *et al.*,2009a)的报告指出,参与体育运动与所意识到的各种设施的便于使用无关,但久坐不动(例如,听广播或看电视)和家里备有健身器材则与之相关。

如前所述,并非所有的社区特征都有利于促进健康。例如,快餐店时常会因其增加体质指数而饱受责备。快餐店的增加很可能使儿童在上学和放学路上进行消费,这可能会破坏校本计划或家庭规则。最近的两项研究揭示了快餐店与体重之间的因果效应,并指出它们的确提高了肥胖和体重增加的发病率。布伦南和卡彭特(Brennan and Carpenter,2009)发现,如果学生就读的学校方圆半英里内有一家快餐店,那么,他们超重或肥胖的可能性比那些所在学校附近无快餐店的学生更大。[2] 他们还发现,这些学生摄入的水果和蔬菜较少,但消费的饮料较多。柯里等人(Currie *et al.*,2010)也发现,学校 0.1 英里范围内存在一家快餐店,导致肥胖的概率会提高 5.2 个百分点。[3]但是,值得注意的是,有诸多证据表明,快餐店与肥胖之间的联系并不强。

其他环境特征,如污染等,也可能对儿童的健康产生负面影响。柯里和沃克(Currie and Walker,2009)发现,车流量减少(由于收过路费)可使婴儿出生体重过低的可能性降低 12%。[4]

---

[1] 拥有高等教育文凭的人口比例每增加 10%,将使人们对自己的生活表示满意的可能性增加 12%,使人们自我报告幸福感的可能性增加 16%,然而,并没有测量到接受高等教育的人口比例与精神痛苦之间的关系。

[2] 运用了 2002—2005 年加利福尼亚州健康儿童调查(California Healthy Kids Survey)的数据,该调查覆盖了 500 000 名初中生和高中生。

[3] 基于对加利福尼亚州九年级儿童的调查发现:非快餐的餐馆、未来的快餐店开业与体重结果并不关联。

[4] 柯里(Currie)和沃克(Walker)研究发现,新泽西的空气污染(接触二氧化碳)对妊娠晚期的胎儿健康有显著影响。该论断源于双胞胎妊娠期间的污染水平随时间的变化情况。例如,每增加一个单位的二氧化碳,新生儿体重过轻的概率就增加 8%。

4.5　社会地位的作用

教育另一个重要的间接影响可能来自它所带来的社会地位。社会地位的性质取决于个人所选择的社会互动领域。显然，那些就业层次较高的人，其职业地位也比较高，与此同时，那些受教育水平比邻居高的人，可能会有较高的社会地位。社会地位也存在于学校，它影响着谁可能受大众欢迎，而谁有可能备受欺凌。社会地位的影响背后折射出了一种思想，即处于较低的社会地位会使个体产生压力，这种压力会使他们的健康结果更为糟糕。[①]

职业地位

白厅[②]有关英国公务员的文件记录表明，基层公务员的死亡率较高，其中的原因多种多样，肥胖、吸烟、运动量小、水果和蔬菜摄入量少等诸多行为，都蕴含着死亡前兆（Marmot *et al.*，1991）。而个人对自身健康和工作的控制感较低、工作满意度较低、获得的社会支持有限、感到生活压力较大，也都与其社会地位较低有关。来自美国（Operario *et al.*，2004）和中国台北（Collings，Goldman and Rodriguez，2008）的研究表明，同样的情况十分普遍。

这些有限的研究揭示了社会地位对健康结果的因果效应。拉伯伦和奥斯瓦尔德（Rablen and Oswald，2007）比较了诺贝尔奖获得者与被提名者的死亡率。虽然没有明确地表示出职业地位的上升，但是，诺贝尔奖获得者所在的机构在学术或政治团体中的排名与地位都有所提高。在这种高度选择性的团体中，可以把获奖看成是一个随机事件，

---

① 有关相对位置的观点，可以看作是对关于社会地位压力的生物学效应文献的拓展（参见，Sapolsky，2004，有关狒狒等级的论述），或者是关于相对收入之于生活满意度的影响的经济学文献（Clark and Oswald，1996）的拓展。

② 白厅（Whitehall），英国首都伦敦西敏内的一条道路（路南端的近三分之一路段正式名称是国会街（Parliament Street），不过，如今白厅和国会街的区分已不是很清晰了。整条路全长约 1 公里（0.6 英里）。），位于英国国会大厦和特拉法加广场之间，是英国政府中枢的所在地（国防部、外交部、内政部、海军部等一些英国政府机关设在这里），因此，白厅也是英国政府的代名词。——译者注

与仅仅获得提名的人相比,获奖者可增加两年的寿命。因此,类似的个人排名对健康结果也至关重要。

教育排名

对个体而言,社区的教育水平至关重要,因为它决定了个人受教育水平与他人相比所处的相对位置。这是所谓的教育的"相对效应(relative effects)"(OECD,2007)。[1] 鉴于教育是造就社会地位/等级的一个重要因素,这种相对位置可能会影响人们的健康行为和健康结果。OECD的两项研究证明了这一点。

萨西等人(Sassi *et al.*,2009)认为,在澳大利亚、加拿大和英国,教育对肥胖的相对效应正在呈现。这种效应似乎比个人的受教育影响还要大。博戈诺维(Borgonovi,2010)着眼于教育对一系列心理健康措施的影响(包括痛苦和不满等指标),运用欧洲社会调查的数据研究发现,没有证据表明教育对任何一项措施具有相对效应。[2]

在学校的声望

阿尔姆奎斯特(Almquist,2009)阐明了儿童的地位在学校中的作用。基于斯德哥尔摩队列研究(the Stockholm Cohort Studies)的证据,童年期的同辈地位(即声望)越低,成年期发生心理紊乱、酗酒和糖尿病的几率越高。[3] 阿尔姆奎斯特(Almquist)还发现,同辈地位的影响在健康行为和健康结果方面变化显著。在心理与行为失调(如酗酒和药物依赖)、外部原因(如自杀)以及与生活方式相关的各种疾病(如缺血性心脏病和糖尿病)中,发现了一些最直接的诱因。

---

[1] 有关收入对健康结果的"相对效应"(relative effects)很少有令人信服的论据。罗吉利和林德利(Lorgelly and Lindley,2008)通过对英国人口的跟踪调查发现,无论是收入不平等假设还是相对收入假设,均缺乏证据支持,假设不成立,这与卡普兰等人(Kaplan et al.,1996)的研究结果相反。卡普兰等人在美国州层面上验证了这些假设。迪顿和帕克森(Deaton and Paxson,2004)的研究也表明,在美国或英国,死亡率与收入不平等的趋势之间没有相关性。

[2] 然而,这有可能是已选择的聚集水平驱动的结果,也有可能是选择效应导致的,受过更多教育的人会选择从教育水平低的国家移民到教育水平高的国家。

[3] 即使是考虑了童年期的社会阶层差异,该结果仍旧一样。

4.6　同时应对多种路径和背景的干预措施

前面几节通过描述可能的因果路径和潜在的教育背景,研究了学习如何改善健康行为和健康结果以及学习对健康的重要性。如果将这些背景因素统合成综合性政策,将会产生显著性影响,这是人们所喜闻乐见的。在美国,低收入家庭幼儿教育计划(Head Start)[1]* 使我们有机会评估一个连贯性政策的效果,该政策对儿童进行了教育、营养、医疗等方面的综合干预,并向其父母提供相应的支持。[2] 该计划是联邦政府在人力资本上投资最大的项目之一,于 1965 年启动,其目标群体是低收入的父母及其子女,目前已惠及近 900 000 个学龄前儿童(主要是 3—5 岁)和他们的家人。[3] 目前,该计划已在多个领域实施干预,包括教育、健康、营养和社会服务(全日制或半日制)[4]、健

---

[1] 低收入家庭幼儿教育计划(Head Start)是一个国家级提升学校教育准备水平的项目,旨在通过为上学的儿童和家庭提供教育、健康、营养、社会以及其他方面的服务,以促进儿童的社会与认知发展(US Department of Health and Human Services, 2010)。

* 美国有许多全国性学前儿童保育与教育项目,低收入家庭幼儿教育计划(Head Start)是一项历时最久、影响最大的项目,由美国健康与公共服务署负责实施,旨在为低收入家庭及其 3—5 岁的子女提供教育、卫生、营养等全方位的社会服务。该计划始于 1965 年。1981 年,联邦政府出台了推动与规范该项目的《幼儿教育法》(Head Start Act),此后多次对其进行修订。低收入家庭托儿教育计划(Early Head Start)是低收入家庭幼儿教育计划的一部分,该计划始于 1995 年,旨在为低收入家庭的孕妇和 0—3 岁婴幼儿提供教育和服务。尽管该计划主要针对孕妇的产前照顾以及 0—3 岁婴幼儿的早期教育,但在具体落实过程中,也会惠及 3 岁以上幼儿。——译者注

[2] 与之相似的是英国的确保开端计划(Sure Start)*。尽管确保开端计划有评估作用,但由于该项目的历史较短,其评估价值有限。

* 确保开端计划(Sure Start)是英国布莱尔政府于 1998 年推行的大力发展学前教育的改革举措,该计划以消除“社会排斥”、促进教育公平为宗旨,以实现儿童全面发展为目标,以跨部门合作为途径,以弱势儿童群体为政策倾斜对象,主要包括四大目标:促进儿童社会性与情感的发展;培养和促进儿童的学习能力;促进儿童身体的健康发展;加强家庭与社区的联系与合作。——译者注

[3] 低收入家庭幼儿教育计划(Head Start)包括了一系列目标指向年轻一代、彼此关联的项目,如低收入家庭托儿教育计划(Early Head Start)、家庭和社区合作(Family and Community Partnerships)、移民和季节性启蒙(Migrant and Seasonal Head Start)和美洲印第安人—阿拉斯加原住民启蒙(American Indian-Alaska Native Head Start)。

[4] 基于那些强调与年龄相适应的识字、算术、推理、问题解决和决策技巧的课程(Office of Head Start, 2006;引自,Frisvold, 2007)。需要注意的是,在创新课程和儿童的个人发展战略方面,项目鼓励父母参与协助(Frisvold, 2007)。

康检查①、营养餐②和家庭支持③。

　　然而，对低收入家庭幼儿教育计划的评估得出的结果令人有些迷惑，从短期来看，收效大小不一，从长期来看，收效甚小甚至几乎没有。然而，最近的研究结果似乎较为乐观。例如，弗里斯福尔特（Frisvold，2007）发现，参与该计划可使参与计划的非裔美国人在其以后的生活中导致肥胖的可能性有所降低。④ 弗里斯福尔特和鲁蒙（Frisvold and Lumeng，2009）研究发现，以全日制形式参与低收入家庭幼儿教育计划可使肥胖的可能性降低 17.6 个百分点。同样，卡内罗和金贾（Carneiro and Ginja，2008）发现，参与该计划可使青少年肥胖和抑郁症的发病率有所降低。通过一组随机对照实验对低收入家庭幼儿教育计划进行评估发现，参与该计划有助于在短期内提高认知技能、非认知技能、健康水平和子女养育技能，但是，从长期来看，参与该计划并没有产生积极影响（US Department of Health and Human Services，2010）。⑤ 幼儿园结业时所做的评估表明，词汇量、与父母的亲密关系、自我评估的健康状况和医疗保险的覆盖面，与幼儿园的严格教养、体罚、缺课等显著相关。

　　由于对照组中的大部分儿童参与其他的早期儿童教育与护理项目（Early Childhood Education and Care，ECEC），随机对照组实验的结果并不一定能显示参与

---

① 这包括以身高、体重和血红蛋白/红细胞比容测试为基础的营养测试。这些信息，辅以儿童/家庭饮食习惯方面的信息，将决定儿童的营养需求，进而影响学校餐饮（Frisvold，2007）。

② 在每天开始的时候，尚未吃早饭的儿童可优先到低收入家庭幼儿教育计划中心领取一份营养早餐。上全日制课程的儿童领到的餐点和小吃，能够供给他们 1/2 到 2/3 的日常营养所需（Frisvold，2007）。

③ 父母也可通过有关食物准备与营养的课程和非正式讨论接受培训（Frisvold，2007）。家庭倡导者*也会与家长合作，协助他们获得社区资源。

　　*美国家庭倡导者（American Family Advocates，AFA）是一个帮助家庭处理诸如儿童的监护权、探视权、离婚、父亲的权利、祖父母的权利和法定监护权等法律事务的机构，其目标是为人们提供经济实惠的家庭法律事务支援。——译者注

④ 弗里斯福尔特（Frisvold，2007）采用收入动态追踪研究（the Panel Study of Income Dynamics，PSID）及其儿童发展补充调查（Child Development Supplement）来评估参与"低收入家庭幼儿教育计划"（Head Start）带来的影响。这一评估的优势在于，它是以直接测量的身高和体重（而不是自我报告）为基础的，而且利用了已获得的幼儿期家庭背景特征。

⑤ 低收入家庭幼儿教育计划（Head Start）的好处（与非参与者相比）包括：短期内获得更高的认知技能与非认知技能、更好的健康结果（健康状况和牙齿保健）；从长期来看，获得更高的非认知技能（社会情感技能：与父母之间更亲密、更积极的关系）、更好的健康结果（健康状况和健康保险覆盖面）。

早期儿童教育的作用与影响。[1] 此外,与对照组相比,虽然低收入家庭幼儿教育计划对实验组的长期影响甚小,但实践证明,对教育质量的影响却很大。这可能说明,只有当低收入家庭幼儿教育计划的其他内容得以恰当实施时,教育内容才显得至关重要。例如,一些早期儿童教育与护理计划可能已经提供了更为优质的学校餐饮与家庭援助项目。

已有证据表明,综合干预对年纪较大的青少年有影响。戈特梅克等人(Gortmaker *et al.*, 1999)对美国马萨诸塞州的初中生(六年级至八年级)采用了一个小规模的随机对照组实验来评估校本综合健康干预对肥胖的影响。[2] 他们发现,虽然男生之间没有差异,但是,与对照组相比,实验组的女生的肥胖率有所降低(比值为 0.47)。

总之,对有关同时应对多种路径与背景的干预措施的文献评估显示,政策的连贯性(或综合性)是一条既有效率又有效果的改善相关健康行为的重要途径。

4.7 既有研究成果总结:已知与未知

本章对论述有关教育与健康之间关系的文献进行了广泛的评述,其核心是证明教育效应的因果关系,并讨论最突出的实现路径。表 4.1 总结了主要的研究发现,确认了在知识基础层面的差距。这表明,一般来说,这一知识基础涵盖的范围很广,包括不同的领域、国家、教育水平、因果路径和背景等。然而,表 4.1 同时也指出,这一知识基础所涵盖的各个层面的认识深度的有限性会妨碍对形成有利于政策的推论。

---

[1] 对照组中的大部分被试最终加入了低收入家庭幼儿教育计划。被选入对照组之后,仍有 13.8％到 49.6％的对照组(根据分组)被试参与了低收入家庭幼儿教育计划项目,因为阻止家庭为他们的儿童寻找其他护理计划是不可行与不道德的(US Department of Health and Human Services, 2010)。当评估低收入家庭幼儿教育计划与其他 ECEC 项目(也可能是综合性项目)的影响时,尽管这样的评估仍然有效,但没有解决关联性问题,目前尚不能提供一种综合性的校本干预方法。
[2] 这种干预涉及四大主干学科和体育课教师的课堂教学,也包括改善家居环境(减少观看电视的频率),改善在家与在校的饮食习惯与生活方式(即减少高脂肪食物的进食,增加水果和蔬菜的摄入,增加中度的与剧烈的体力活动)。

表 4.1　教育与健康之间的关系
(已有研究发现)

	我们已知	我们尚未知
教育的因果效应	• 儿童的早期教育:美国针对弱势群体的项目减少了肥胖和危险的健康行为,在短期内改善了心理健康。 • 中等教育:改善了英国的心理健康情况。在包括美国和欧洲在内的诸多国家,教育之于肥胖的效应仍不明晰。 • 高等教育:在德国(女性)和荷兰,研究发现教育对肥胖没有影响。然而,相关的研究显示,高等教育对肥胖有着潜在的重要影响。 • 成人教育:相关的研究显示,成人的素养能够帮助提高弱势群体的健康水平。 • 平均效应:澳大利亚减少了肥胖现象,美国和芬兰公民参加运动的比例有所增加。荷兰和芬兰酒精过度消费现象减少。	• 证明社会性结果的所有三个领域——尤其是心理健康和饮酒领域——的因果效应的依据有限。 • 美国和英国的证据表明存在显著的因果关系。需要另外的来自其他国家的证据进一步验证结果,并评估国别差异是否因公共卫生和社会福利的不同而引起。 • 证明儿童的早期教育、高等教育和成人教育之间的因果关系的依据依然有限。如果知道儿童的早期教育对健康有着积极的、正面的影响(如日托 VS. 家庭育儿),这将是一件有趣的事。 • 缺乏区分学校教育类型(职业教育 VS. 学术性教育;人文教育 VS. 科学教育)的因果效应的依据;然而,研究以自我选择的方式接受不同类型的教育的效应,极具挑战性。
因果路径	• 信息:效应适中。 • 认知技能:对识字、算术和高阶运算影响巨大。对记忆能力影响较弱。早期投资非常重要。 • 社会与情感技能:对社会技能影响巨大。较早开发社会与情感技能非常重要。尽管早期投资非常重要,但是社会与情感技能在儿童期后期仍具有可塑性。 • 收入:收入效应十分微弱。 • 学校环境:学校中的致胖环境(学校的午餐、自动售货机)至少在短期内会影响儿童的饮食和生活方式。 • 对不平等的影响:由于儿童拥有受过教育的父母往往会养成更健康的生活方式和良好的习惯,教育可成为传播代际不平等的机制。提高弱势群体的认知、社会与情感技能的早期干预可能最为有效。提高成年人的素养也可能会减少成年人的健康不平等。另一方面,由于受过更多教育的人可能从中受益最多,提供更多的信息可能会加剧不平等。	• 有关因果路径的证据有限,尤其缺乏有关学龄儿童和成人的证据。 • 现有证据并没有清楚地揭示出不同路径的相对影响。 • 大部分证据来源于美国和英国。 • 致胖环境对健康行为和健康结果(如体质指数)的长期影响,证据有限。

续表

	我们已知	我们尚未知
环境	● 家庭环境:父母受教育水平和家庭环境可能影响儿童的认知与社会技能的发展,以及健康的生活方式和习惯的养成。 ● 社区环境:诸如同伴等社区特征会影响健康行为和健康结果。 ● 同时应对多种情景的干预措施可能会使每一个相互作用都更为有效。早期的儿童干预措施提供了充满希望的例证。	● 除那些聚焦于早期儿童干预措施的研究以外,证明多情景干预如何相互作用的依据仍然有限。
社会地位	● 社会地位:有证据表明职业地位对死亡率有影响,教育水平对肥胖有影响。 ● 对不平等的影响:假如教育通过可以提高社会地位进而影响健康,那么,扩大受教育面可能会减少健康不平等。	● 只有少量研究关注了社会地位的作用。鉴于教育系统的扩充(一种可行的政策工具)可能对社会地位产生直接影响,对这类问题的研究范围应有所扩大。这样做对个体更好地理解社会地位边界十分必要(社区中的地位? 国家中的地位?)。 ● 对教育地位影响健康结果(如肥胖)的原因认识有限。
总结	● 教育发展能提高个人的健康水平,也有助于减少健康不平等。 ● 在教育的多种作用中,提高认知、社会与情感技能方面的作用最被看好。 ● 对不平等的影响:针对弱势群体的教育发展可能会减少不平等。对运行中的各种干预措施予以关注能使之更有效果/效率。 ● 家庭与社区环境至关重要,可以弥补学校的努力。 ● 同步激发个体态度、改善学校和家庭环境的综合性方法可能是有效的。 ● 既提高认知、社会与情感技能,又同时改善环境因素的儿童早期教育项目或其他项目,可能是行之有效的方法。	● 对所有三个健康领域,尤其是在幼儿教育和高等教育阶段,均需要更多的证明因果效应的依据。 ● 需要更好地认识在哪种环境下开展的教育(或具体的教育干预)更好。 ● 需要更多的有关综合性方法以及综合性方法是否适用于儿童早期教育以外的范围等方面的信息。

　　总的结论是,教育一定能有助于改善健康行为和健康结果。这可以通过提升认知、社会与情感技能并及早培养这些技能而部分达成——提升这些技能不仅是改善个

人健康的有效路径,而且,对弱势群体而言,是一种减少健康不平等的有效路径。然而,教育能发挥多少力量取决于家庭和社区环境在多大程度上与教师和学校行政人员所做的努力相一致。政策制定者可通过制定促进各社会领域相互支持、各教育阶段彼此接续的政策予以支持。

参考文献

Adams, P. *et al.* (2003), "Healthy, Wealthy, and Wise? Tests for Direct Causal Paths between Health and Socioeconomic Status", *Journal of Econometrics*, Vol. 112, pp. 3 – 56.

Adams, S. (2002), "Educational Attainment and Health: Evidence from a Sample of Older Adults", *Education Economics*, Vol. 10, pp. 97 – 109.

Adda, J., J. Banks and H. M. von Gaudecker (2009), "The Impact of Income Shocks on Health: Evidence from Cohort Data", *Journal of the EuropeanEconomic Association*, Vol. 7, pp. 1361 – 1399.

Albouy, V. and L. Lequien (2009), "Does Compulsory Education Lower Mortality?", *Journal of Health Economics*, Vol. 28, pp. 155 – 168.

Almquist, Y. (2009). "Peer Status in School and Adult Disease Risk: A 30-Year Follow-up Study of Disease-Specific Morbidity in a Stockholm Cohort", *Journal of Epidemiology and Community Health*, Vol. 63, pp. 1028 – 1034.

Anderberg, D., A. Chevalier and J. Wadsworth (2008), "Anatomy of a Health Scare: Education, Income and the MMR Controversy in the UK", *IZA Discussion Paper 3590*.

Anderson, P. and K. Butcher (2006), "Reading, Writing and Refreshments: Are School Finances Contributing to Children's Obesity?", *Journal of Human Resources*, Vol. 41, pp. 467 – 494.

Arkes, J. (2003), "Does schooling improve adult health", *RAND Working Paper 3051*, Rand Corporation, Santa Monica, CA.

Arendt, J. N. (2005), "Does Education Cause Better Health? A Panel Data Analysis using School Reforms for Identification", *Economics of Education Review*, Vol. 24, pp. 149 – 160.

Auld, M. C. and N. Sidhu (2005), "Schooling, cognitive ability and health", *Health Economics*, Vol. 14, pp. 1019 – 1034.

Bago d'Uva, T., O. O'Donnell and E. van Doorslaer (2008), "Differential Health Reporting by Education and Its Impact on the Measurement of Health Inequalities among Older Europeans", *International Journal of Epidemiology*, Vol. 37, pp. 1375 – 1383.

Barnfather, J. and D. Ronis (2000), "Test of a Model of Psychosocial Resources, Stress, and Health among Undereducated Adults", *Research in Nursing and Health*, Vol. 23, pp. 55 – 66.

Battacharya, J., J. Currie and S. Haider (2006), "Breakfast of Champions? The School Breakfast Program and the Nutrition of Children and Families", *Journal of Human Resources*, Vol. 41, pp. 445 – 466.

Batty, G. D. *et al.* (2006), "Does IQ Explain Socioeconomic Inequalities in health? Evidence from a Population Based Cohort Study in the West of Scotland", *British Medical Journal*, Vol. 332, pp. 580 – 584.

Baum, C. and C. Ruhm (2007), "Age, Socioeconomic Status and Obesity Growth", *NBER Working Paper*

13289, Cambridge, MA.

Becker, G. S. (1965), "A Theory on the Allocation of Time", *Economic Journal*, Vol. 75, pp. 493 – 517.

Behrman, J. B. , D. R. Ross and R. Sabot (2008), "Improving Quality versus Increasing the Quantity of Schooling: Estimate of Rate of Return from Rural Pakistan", *Journal of Development Economics*, Vol. 85, pp. 94 – 104.

Belot, M. and J. James (2009), "Healthy School Meals and Educational Outcomes", University of Oxford, mimeo.

Bjorklund, A. , M. Lindahl and E. Plug (2006), "The Origins of Intergenerational Associations: Lessons from Swedish Adoption Data", *Quarterly Journal of Economics*, Vol. 121, pp. 999 – 1028.

Black, S. , P. Devereux and K. Salvanes (2005), "Why the Apple Doesn't Fall Far: Understanding Intergenerational Transmission of Human Capital", *American Economic Review*, Vol. 95, pp. 437 – 449.

Bollinger, B. , P. Leslie and A. Sorensen (2010), "Calorie posting in chain restaurants", *NBER Working Paper 15648*, Cambridge, MA.

Borghans, L. and B. Golsteyn (2006), "Time Discounting and the Body Mass Index: Evidence from the Netherlands", *Economics and Human Biology*, Vol. 4, pp. 39 – 61.

Borgonovi, F (2010), "The Relationship between Education and Mental Health", mimeo, OECD, Paris.

Bosma, H. *et al.* (1994), "Differences in Mortality and Coronary Heart Disease between Lithuania and the Netherlands: Results from the Kaunas-Rotterdam Intervention Study (KRIS)", *International Journal of Epidemiology*, Vol. 23, No. 1, Oxford University Press.

Brennan, D. and C. Carpenter (2009), "Proximity of Fast Food Restaurants to Schools and Adolescent Obesity", *American Journal of Public Health*, Vol. 99, pp. 1 – 6.

Brofenbrenner, U. (1979), "Contents of Child Rearing", *American Psychologist*, Vol. 34, pp. 844 – 850.

Bronfenbrenner, U. (1986), "Ecology of the Family as a Context for Human Development: Research Perspectives", *Developmental Psychology*, Vol. 22, pp. 723 – 742.

Bronnum-Hansen, H. and M. Baadsgaard (2008), "Increase in Social Inequality in Health Expectancy in Denmark", *Scandinavian Journal of Public Health*, Vol. 36, pp. 44 – 51.

Brown, J. L. , W. H. Beardslee, and D. Prothrow-Stith (2008), "Impact of school breakfast on children's health and learning — An analysis of the scientific research", A report Commissioned by the Sodexo Foundation.

Brunello G. , D. Fabbri and M. Fort (2009), "Years of Schooling, Human Capital and the Body Mass Index of European Females", *IZA Working Paper 4667*.

Brunello, G. Michaud, P-C. andSanz-de-Galdeano, A. (2008), "The Rise in Obesity across the Atlantic: An Economic Perspective", *IZA Discussion Paper 3529*.

Burgess, S. , C. Propper and J. Rigg (2004), "The Impact of Low-Income on Child Health: Evidence from a Birth Cohort Study", *Centre for Analysis of Social Exclusion (CASE) paper 85*.

Caldwell T. M. *et al.* (2008), "Lifecourse socioeconomic predictors of midlife drinking patterns, problems and abstention: findings from the 1958 British Birth Cohort Study", *Drugs and Alcohol Dependence*, Vol. 95, pp. 269 – 278.

Canadian Council on Learning (2008), *Health Literacy in Canada: A Healthy Understanding*, Canadian Council on Learning, Ottawa.

Card, D. (1999), "The Causal Effect of Education on Earnings", in O. Ashenfelter and D. Card (eds.), *Handbook of Labor Economics*, Vol. 3A, North Holland, Amsterdam.

Card, D. (2001), "Estimating the Returns to Schooling: Progress on Some Persistent Econometric Problems", *Econometrica*, Vol. 69, pp. 1127 – 1160.

Carneiro, P. and J. Heckman (2003), "Human Capital Policy", in J. Heckman and A. Krueger (eds.), *Inequality in America: What Role for Human Capital Policies*, MIT Press, Cambridge, MA.

Carneiro P., C. Crawford and A. Goodman (2007), "Impact of Early Cognitive and non-Cognitive Skills on later Outcomes", *Centre for the Economics of Education Working Paper 92*.

Carneiro, P., C. Meghir and A. Parey (2007), "Maternal Education, Home Environments and the Development of Children and Adolescents", *Institute of Fiscal Studies Working Paper 1507*.

Carneiro, P. and R. Ginja (2008), "Preventing Behaviour Problems in Childhood and Adolescence: Evidence from Head Start", University College London, mimeo.

Case, A., A. Fertig and C. Paxson (2005), "The Lasting Impact of Childhood Health and Circumstance", *Journal of Health Economics*, Vol. 24, pp. 365 – 389.

Case, A., D. Lubotsky and C. Paxson (2002), "Economic Status and Health in Childhood: The Origin of the Gradient, *American Economic Review*, Vol. 92, pp. 1308 – 1334.

Cawley, J. (2004), "The Impact of Obesity on Wages", *Journal of Human Resources*, Vol. 39, pp. 451 – 474.

Chang, V. and D. Lauderdale (2005), "Income Disparities in Body Mass Index and Obesity in the United State, 1971 – 2002", *Archives of Internal Medicine*, Vol. 165, pp. 2122 – 2128.

Chevalier, A. and L. Feinstein (2007), "Sheepskin or Prozac: The Causal Effect of Education on Mental Health", *IZA Discussion Paper 2231*.

Chevalier, A. and V. O'Sullivan (2007), "Mother's Education and Birth Weight", *IZA Discussion Paper 2640*.

Chou, S. Y., J. T. Liu, M. Grossman and T. Joyce (2007), "Parental Education and Child Health: Evidence from a Natural Experiment in Taiwan", *NBER Working Paper 13466*.

Cipollone, P. and A. Guelfi (2006), "The Value of Flexible Contracts: Evidence from an Italian Panel of Industrial Firms", *Temi di discussione 583*, Banca d'Italia, Rome.

Clark, A. and A. Oswald (1996), "Satisfaction and Comparison Income", *Journal of Public Economics*, Vol. 61, pp. 359 – 381.

Clark, A. and Y. Lohéac (2007), "'It wasn't Me, It Was Them!' Social Influence in Risky Behavior by Adolescents", *Journal of Health Economics*, Vol. 26, pp. 763 – 784.

Clark, D. and H. Royer (2008), "The Effect of Education on Adult Mortality and Health: Evidence from the United Kingdom", University of Florida, Gainesville, FL, mimeo.

Classen, T. and C. Hokayem (2005), "Childhood Influences on Youth Obesity", *Economics and Human Biology*, Vol. 3, pp. 165 – 187.

Collings A., N. Goldman and G. Rodriguez (2008), "Is Positive Well-Being Protective of Mobility Limitations among Older Adults?" *Journal of Gerontology*, Vol. 63B, pp. 321 – 327.

Cunha, F. and J. J. Heckman (2008), "Formulating, Identifying and Estimating the Technology of Cognitive and Noncognitive Skill Formation", *The Journal of Human Resources*, Vol. XLIII, pp. 738 –

782.

Cunha, F. , J. Heckman, L. Lochner and D. Masterov (2005), "Interpreting the Evidence of Life Cycle Skill Formation", *IZA Working Paper 1675*.

Currie, J. and E. Moretti (2004), "Mother's Education and the Intergenerational Transmission of Human Capital: Evidence from College Openings and Longitudinal Data", *Quarterly Journal of Economics*, Vol. 118, pp. 1495-1532.

Currie, J. , M. A. Shields and P. S. Wheatley (2007), "The child health/family income gradient: evidence from England", *Journal of health Economics*, Vol. 26, pp. 213-232.

Currie, J. and M. Stabile (2003), "Socioeconomic Status and Child Health: Why is the Relationship Stronger for Older Children?",*American Economic Review*, Vol. 93, pp. 1813-1823.

Currie, J. and M. Stabile (2007), "Mental Health in Childhood and Human Capital", *NBER Working Paper 13217*.

Currie, J. and R. Walker (2009), "Traffic Congestion and Infant Health: Evidence from E Zpass", *NBER Working Paper 15413*.

Currie, J. *et al.* (2010), "The Effects of Fast Food Restaurants on Obesity" ,*American Economic Review*, forthcoming.

Cutler, D. and E. Glaeser (2005), "What Explains Differences in Smoking, Drinking and Other Health Related Behaviours?",*American Economic Review*, Vol. 95, pp. 238-242.

Cutler, D. , A. Deaton and A. Lleras-Muney (2006), "The Determinants of Mortality", *Journal of Economic Perspectives*, Vol. 20, pp. 97-120.

Cutler, D. and A. Lleras-Muney (2006), "Education and Health: Evaluating Theories and Evidence", mimeo, National Poverty Center, University of Michigan.

Cutler, D. and A. Lleras-Muney (2008), "Education and Health, Evaluating Theories and Evidence", in R. Schoeni, J. House, G. Kaplan and H. Pollack (eds.), *Making Americans Healthier: Social and Economic Policy as Health Policy*, Russell Sage Foundation, New York.

Cutler, D. and A. Lleras-Muney (2010), "Understanding Differences in Health Behaviours by Education", *Journal of Health Economics*, Vol. 29, pp. 1-28.

Cutler, D. , A. Lleras-Muney and T. Vogl (2008), "Socioeconomic Status and Health: Dimensions and Mechanisms", *NBER Working Paper 14333*.

De Walque, D. (2004), "Education, Information and Smoking Decisions: Evidence from Smoking Histories, 1940-2000", *World Bank, Policy Research Working Paper Series 3362*.

Deaton, A. and C. Paxson (2004), "Mortality, Income and Income Inequality over Time in Britain and the United State", in D. Wise (ed.), *Perspectives on the Economics of Aging*. National Bureau of Economic Research, Boston, MA.

Deschenes, O. (2007), "The Effect of Education on Mortality: Evidence from the Baby-Boom Generation", University of California at Santa Barbara, mimeo.

DeSimone, J. (2007), "Fraternity Membership and Binge Drinking", *Journal of Health Economics*, Vol. 26, pp. 950-967.

DiCenso, A. , G. Guyatt, A. Willan and L. Griffith (2002), "Interventions to Reduce Unintended Pregnancies among Adolescents: Systematic Review of Randomised Controlled Trials", *British Medical*

Journal, Vol. 324, pp. 1 – 9.

Doyle, O. , C. Harmon and I. Walker (2007), "The Impact of Parental Income and Education on Child Health: Further Evidence for England", University College Dublin, *Geary Institute Working Paper 06/07*.

Droomers, M. , C. Schrijvers and J. Mackenbach (2004), "Educational Differences in Starting Excessive Alcohol Consumption: Explanations from the Longitudinal GLOBE Study", *Social Science and Medicine*, Vol. 58, pp. 2023 – 2033.

Emler, N. (2001), *Self Esteem: The Costs and Causes of Low Self Worth*, York Publishing Services, York.

Etile, F. (2007), "Social Norms, Ideal Body Weight and Food Attitudes", *Health Economics*, Vol. 16, pp. 945 – 966.

Evans, N. , and T. Moore (2009), "The Short-Term Mortality Consequences of Income Receipt", *NBER Working Paper 15311*.

Farrell, P. and V. Fuchs (1982), "Schooling and Health: The Cigarette Connection", *Journal of Health Economics*, Vol. 1, pp. 217 – 230.

Feinstein, L. et al. (2006), "What Are the Effects of Education on Health?" in Measuring the Effects of Education on Health and Civic Engagement: Proceedings of the Copenhagen Symposium, OECD, Paris.

Finkelstein, E. A. *et al.* (2009), "Annual Medical Spending Attributable to Obesity: Payer And Service Specific Estimate", *Health Affairs*, Vol. 28, pp. 822 – 831.

Fletcher, J. (2009), "All in the Family: Mental Health Spillover Effects between Working Spouses", *BE Journal of Economic Analysis and Policy*, Vol. 9, pp. 1 – 19.

Fletcher, J. and D. Frisvold (2009), "Higher Education and Health Investments: Does More Schooling Affect Preventive Health Care Use?", *Journal of Human Capital*, Vol. 3, pp. 144 – 176.

Fowler, J. and N. Christakis (2008), "Estimating Peer Effects on Health in Social Networks", *Journal of Health Economics*, Vol. 27, pp. 1386 – 1391.

Frijters, P. , J. Haisken-DeNew and M. Shields (2005), "The Causal Effect of Income on Health: Evidence from German Reunification", *Journal of Health Economics*, Vol. 24, pp. 997 – 1017.

Frisvold, D. (2007), "Head Start Participation and Childhood Obesity: Does Investing in Early Childhood Education Reduce Obesity?", University of Michigan, mimeo.

Frisvold, D. and J. Lumeng (2009), "Expanding Exposure: Can Increasing the Daily Duration of Head Start Reduce Childhood Obesity?", *Emory University Working Paper 09 – 06*.

Gardner, J. and A. Oswald (2007), "Money and Mental Wellbeing: A Longitudinal Study of Medium-Sized Lottery Wins", *Journal of Health Economics*, Vol. 26, pp. 49 – 60.

Glied, S. and A. Lleras-Muney (2008), "Health Inequality, Education and Medical Innovation", *Demography*, Vol. 45, pp. 741 – 761.

Goldman, D. and D. Lakdawalla (2005), "A Theory of Health Disparities and Medical Technology", *Contributions to Economic Analysis and Policy*, Vol. 4, *Paper* 8.

Goldman, D. and J. Smith (2002), "Can Patient Self-Management Help Explain the SES Health Gradient?", *Proceedings of the National Academy of Sciences*, Vol. 99, pp. 10929 – 10934.

Gortmaker, S. L. *et al.* (1999), "Reducing Obesity via a School-BasedInterdisciplinary Intervention Among

Youth — Planet Health", *Archive of Pediatric Adolescent Medicine*, Vol. 153, pp. 409 – 418.

Grabner, M. (2008), "The Causal Effect of Education on Obesity: Evidence from Compulsory Schooling Laws", University of California, Davis, mimeo.

Gregg, P. and S. Machin (1998), "Child Development and Success or Failure in the Labour Market", Centre for Economic Performance, London School of Economics, *Working Paper 0397*.

Grignon, M. (2008), "Les cadres d'analyses de la performance des systèmes de santé : forces et limites", in *Bilan des réformes des systèmes de santé*, Santé, Société et Solidarité (OFQSS), No. 2, pp. 163 – 169.

Grimard, F. and D. Parent (2007), "Education and Smoking: Were Vietnam War Draft Avoiders Also More Likely to Avoid Smoking?", *Journal of Health Economics*, Vol. 26, pp. 896 – 926.

Groot, W. and H. Maasen van den Brink (2007), "The Health Effects of Education", *Economics of Education Review*, Vol. 26, pp. 186 – 200.

Grossman, M. (1972), "On the Concept of Health Capital and the Demand for Health", *Journal of Political Economy*, Vol. 80, pp. 223 – 255.

Grossman, M. (2006), "Education and Non-Market Outcomes", in E. Hanushek and F. Welch (eds.), *Handbook of the Economics of Education*, North-Holland, Amsterdam.

Grossman, M. and R. Kaestner (1997), "Effects of Education on Health", in J. R. Behrman and N. Stacey (eds.), *The Social Benefits of Education*, University of Michigan Press, Ann Arbor, MI, pp. 69 – 123.

Haerens, L. *et al.* (2009a), "The Contribution of Home, Neighbourhood and School Environmental Factors in Explaining Physical Activity among Adolescents", *Journal of Environmental and Public Health*, Vol. 2009, pp. 1 – 9.

Haerens, L. *et al.* (2009b), "Effectiveness of a computer tailored physical activity intervention in adolescents compared to a generic advice", *Patient Education and Counseling*, Vol. 77(1), pp. 38 – 41.

Häkkinen, U. *et al.* (2006), "Health, Schooling and Lifestyle among Young Adults in Finland", *Health Economics*, Vol. 15, pp. 1201 – 1216.

Halliday, T. (2009), "Income Volatility and Health", *IZA Discussion Paper 3234*.

Hansen, K., J. Heckman and K. Mullen (2004), "The Effect of Schooling and Ability on Achievement Test Scores", *Journal of Econometrics*, Vol. 121, pp. 39 – 98.

Hartog, J. and H. Oosterbeek (1998), "Health, Wealth and Happiness: Why Pursue a Higher Education?", *Economics of Education Review*, Vol. 17, pp. 245 – 256.

Hartstein, J., K. Cullen, K. Reynolds, J. Harrell, K. Resnicow and P. Kennel (2008), "Impact of Portion-Size Control for School a la Carte Items: Changes in Kilocalories and Macronutrients Purchased by Middle School Students", *Journal of the American Dietetic Association*, Vol. 108, Issue 1, pp. 140 – 144.

Health Promotion Agency of Northern Ireland (2002), *Adult drinking patterns in Northern Ireland*, Health Promotion Agency for Northern Ireland, Belfast.

Heckman, J. and D. Masterov (2007), "The Productivity Argument for Investing in Young Children", *NBER Working Paper 13016*.

Heckman, J., J. Stixrud and S. Urzua (2006), "The Effects of Cognitive and Noncognitive Abilities on Labor Market Outcomes and Social Behavior", *Journal of Labor Economics*, Vol. 24, pp. 411 – 482.

Hemmingsson, T. *et al.* (2006), "The Association between Cognitive Ability Measured at Ages 18 – 20 and Mortality during 30 Years of Follow-Up: A Prospective Observational Study among Swedish Males Born

1949 – 1951", *International Journal of Epidemiology*, Vol. 35, pp. 665 – 670.

Hoxby, C. M. (2008). "School Spending, Income, and Inequality: The Efficient Redistribution Hypothesis", Stanford University, manuscript.

Huerta, M. C. and F. Borgonovi (2010), "Education, alcohol use and abuse among young adults in Britain", *Social Science and Medicine*, Vol. 71, pp. 143 – 151.

Humpel, N., N. Owen and E. Leslie (2002), "Environmental Factors Associated with Adults' Participation in Physical Activity: A Review", *American Journal of Preventive Medicine*, Vol. 22, pp. 188 – 199.

Idler, E. and Y. Benyamini (1997), "Self Rated Health and Mortality: A Review of 27 Community Studies", *Journal of Health and Social Behaviour*, Vol. 38, pp. 21 – 37.

Jaime, P. C., and K. Lock (2009), "Do school based food and nutrition policies improve diet and reduce obesity?", *Preventive Medicine*, Vol. 48, pp. 45 – 53.

Johnson, V., and R. Pandina (1993), "A Longitudinal Examination of theRelationships Among Stress, Coping Strategies, and Problems Associated with Alcohol Use", *Alcoholism: Clinical and Experimental Research*, Vol. 17, pp. 696 – 702.

Johnston, D., C. Propper and M. Shields (2009), "Comparing Subjective and Objective Measures of Health: Evidence from Hypertension for the Income/Health Gradient", *Journal of Health Economics*, Vol. 28, pp. 540 – 552.

Joung, I. M. A. *et al.* (1996), "The Contribution of Specific Causes of Death to Mortality Differences by Marital Status in the Netherlands", *European Journal of Public Health*, Vol. 6, pp. 142 – 149.

Kahn, M. E. (1998), "Education's role in explaining diabetic health investment differentials", *Economics of Education Review*, Vol. 17, pp. 257 – 266.

Kaplan, G. A. *et al.* (1996), "Inequality in income and mortality in the United State: analysis of mortality and potential pathways", *BMJ Journal*, Vol. 312, pp. 999 – 1003.

Katz, D. *et al.* (2005), "Public Health Strategies for Preventing and Controlling Overweight and Obesity in School and Worksite Settings", *Morbidity and Mortality Weekly Report*, Vol. 54, pp. 1 – 8.

Kenkel, D. (1991), "Health Knowledge and Schooling", *Journal of Political Economy*, Vol. 99, pp. 287 – 305.

Kenkel, D. D. Lillard and A. Mathios (2006), "The Roles of High School Completion and GED Receipt in Smoking and Obesity", *Journal of Labour Economics*, Vol. 24, pp. 635 – 660.

Kessler, R. and P. Cleary (1980), "Social Class and Psychological Distress", *American Sociological Review*, Vol. 45, pp. 463 – 478.

Kitagawa, E. and P. Hauser (1973), *Differential Mortality in the United State: A Study in Socioeconomic Epidemiology*, Harvard University Press, Cambridge, MA.

Kling, J., J. Liebman and L. Katz (2007), "Experimental Analysis of Neighbourhood Effects", *Econometrica*, Vol. 75, pp. 83 – 119.

Knudsen, E. I. *et al.* (2006), "Economic, neurobiological, and behavioral perspectives on building America's future workforce", *Proceedings of the National Academy of Sciences*, Vol. 103, pp. 10155 – 10162.

Koch, S. and D. Ribar (2001), "A Siblings Analysis of the Effects of Alcohol Consumption Onset on Educational Attainment", *Contemporary Economic Policy*, Vol. 19, pp. 162 – 174.

Kremer, M. and D. Levy (2008), "Peer Effects and Alcohol Use among College Students", *Journal of*

Economic Perspectives, Vol. 22, pp. 189 – 206.

Kubik *et al.* (2003), "The association of the school food environment with dietary behaviors of young adolescents", *American Journal of Public Health*, Vol. 93, pp. 1168 – 1173.

Kubik, M. L. Lytle and M. Story (2005), "Schoolwide Food Practices are Associated with body Mass Index in Middle School Students", *Archive of Pediatrics and Adolescent Medicine*, Vol. 159, pp. 1111 – 1114.

Kuntsche, Rehm and Gmel (2004), "Characteristics of binge drinkers in Europe", *Social Science and Medicine*, Vol. 59, pp. 113 – 127.

Leuven, E., H. Oosterbeek and I. Wolf (2008), "The Effects of Health Education on Health Outcomes: Evidence from a Natural Randomized Experiment", University of Amsterdam, mimeo.

Lindeboom, M., A. Llena-Nozal and B. van der Klaauw (2009), "Parental Education and Child Health: Evidence from a Schooling Reform", *Journal of Health Economics*, Vol. 28, pp. 109 – 131.

Lindhal, M. (2005), "Estimating the Effect of Income on Health and Mortality Using Lottery Prizes as an Exogenous Source of Variation in Income", *Journal of Human Resources*, Vol. 40, pp. 144 – 168.

Lleras-Muney, A. (2005), "The Relationship between Education and Adult Mortality in the United State", *Review of Economic Studies*, Vol. 72, pp. 189 – 221.

Lleras-Muney, A. and F. Lichtenberg (2005), "The Effect of Education on Medical Technology Adoption: Are the More Educated More Likely to Use New Drugs?", *Annalesd'Economie et Statistique*, Vol. 79/80 NuméroSpécial.

Lorant, V. *et al.* (2003), "Socioeconomic Inequalities in Depression: A Meta Analysis", *American Journal of Epidemiology*, Vol. 157, pp. 98 – 112.

Lorgelly, P and J. Lindley (2008), "What is the Relationship between Income Inequality and Health? Evidence from the BHPS", *Health Economics*, Vol. 17, pp. 249 – 265.

Lundborg, P. (2008), "The Health Returns to Education: What Can We Learn from Twins?", *IZA Discussion Paper 3399*.

Macintyre, S. (1992), "The Effect of Family Position and Status on Health", *Social Science and Medicine*, Vol. 35, pp. 453 – 464.

Maggs, J. L. *et al.* (2008), "Childhood and adolescent predictors of alcohol use and problems in adolescence and adulthood in the National Child Development Study", *Addiction*, Vol. 103, pp. 1 – 6.

Marmot, M. *et al.* (1991), "Health Inequalities among British Civil Servants: The Whitehall II Study", *The Lancet*, Vol. 337, pp. 1387 – 1393.

Marsh, H. W. (1992), "Extracurricular Activities: Beneficial Extension of the Traditional Curriculum or Subversion of Academic Goals?", *Journal of Educational Psychology*, Vol. 84, pp. 553 – 562.

Mazumder, B. (2006), "How Did Schooling Laws Improve Long-Term Health and Lower Mortality?", Federal Reserve Bank of Chicago, mimeo.

McKenzie, T. *et al.* (2000), "Leisure Time Physical Activity in School Environments: An Observational Study Using SOPLAY", *Preventive Medicine*, Vol. 30, pp. 70 – 77.

Meara, E. (2001), "Why is health related to socioeconomic status? Thecaseofpregnancy and low birth weight", *NBER Working Paper 8231*.

Meara, E. R., S. Richards and D. M. Cutler (2008), "The Gap Gets Bigger: Changes in Mortality and Life Expectancy, by Education, 1981 – 2000", *Health Affairs*, Vol. 27, pp. 350 – 360.

Meer, J. , D. Miller and H. Rosen (2003), "Exploring the Health-Wealth Nexus", *Journal of Health Economics*, Vol. 22, pp. 723 – 730.

Menschik, D. , S. Ahmed and M. Alexander (2008), "Adolescent Physical Activities as Predictors of Young Adult Weight", *Archives of Pediatrics and Adolescent Medicine*, Vol. 162, pp. 29 – 33.

Michalos, A. C. (2008), "Education, Happiness and wellbeing", *Social Indicators Research*, Vol. 87, pp. 347 – 366.

Milligan, K. and M. Stabile (2008), "Do Child Tax Benefits Affect the Wellbeing of Children? Evidence from Canadian Child Benefit Expansions", *NBER Working Paper 14624*.

Millimet, D. , R. Tchernis and M. Husain (2008), "School Nutrition Programs and the Incidence of Childhood Obesity", *NBER Working Paper 14297*.

Mirowsky, J. and C. Ross (1989), "Explaining the Social Patterns of Depression: Control and Problem Solving — or Support and Talking?", *Journal of Health and Social Behavior*, Vol. 30, pp. 206 – 219.

Mokdad, A. H. *et al.* (2000), "Actual Causes of Death in the United State", *The Journal of the American Medical Association*, Vol. 291, pp. 1238 – 1245.

Monden, C. *et al.* (2003), "Partner's and Own Education: Does Who You Live With Matter for Self-Assessed Health, Smoking and Excessive Alcohol Consumption?" *Social Science and Medicine*, Vol. 57, pp. 1901 – 1912.

Morris, S. (2007), "The Impact of Obesity on Employment", *Labour Economics*, Vol. 14, pp. 413 – 433.

Murrell, S. and F. Norris (1991), "Differential Social Support and Life Change as Contributors to the Social Class Distress Relationship in Older Adults", *Psychology and Aging*, Vol. 62, pp. 223 – 231.

Neal, D. and W. Johnson (1996), "The Role of Premarket Factors in Black-White Wage Differences", *The Journal of Political Economy*, Vol. 104, pp. 869 – 895.

OECD (2006), *Society at a Glance*, OECD, Paris.

OECD (2009a), *Society at a Glance 2009*, OECD, Paris.

OECD (2009b), *Health at a Glance 2009*, OECD, Paris.

OECD (2009c), *Health Data 2009*, OECD, Paris.

OECD (2010), *Education at a Glance 2010*, OECD, Paris.

Office of National Statistics (ONS), United Kingdom (2005), "Trends in life-expectancy by social class 1972 – 2001", *ONS Longitudinal Study*, *England and Wales*, London, ONS.

Ogden, C. *et al.* (2006), "Prevalence of Overweight and Obesity in the United State, 1999 – 2004", *Journal of the American Medical Association*, Vol. 295, pp. 1549 – 1555.

Operario, D. , N. Adler, and D. Williams (2004), "Subjective Social Status: Reliability and Predictive Utility for Global Health", *Psychology and Health*, Vol. 19, pp. 237 – 246.

Oreopoulos, P. (2006), "Estimating Average and Local Average Treatment Effects of Education When Compulsory Schooling Laws Really Matter", *American Economic Review*, Vol. 96, pp. 152 – 175.

Oreopoulos, P. and K. Salvanes (2009), "How Large are Returns to Schooling? Hint: Money Isn't Everything", *NBER Working Paper 15339*.

Oswald, A. and N. Powdthavee (2007), "Obesity, Unhappiness and the Challenge of Affluence: Theory and Evidence", *Economic Journal*, Vol. 117, pp. 441 – 454.

Pappas, G. *et al.* (1993), "The Increasing Disparity in Mortality between Socioeconomic Groups in the

United State, 1960 – 1986", *The New England Journal of Medicine*, Vol. 329, pp. 103 – 109.

Park, C. and C. Kang (2008), "Does Educationinduce Healthy Life Style?", *Journal of Health economics*, Vol. 72, pp. 1516 – 1531.

Pertold F. (2009), "Sorting into Secondary Education and Peer in Youth Smoking", Cerge-Ei, Prague, mimeo.

Peyrot, M., J. McMurry and D. Kruger (1999), "A Biopsychosocial Model of Glycemic Control in Diabetes: Stress, Coping and Regimen Adherence", *Journal of Health and Social Behavior*, Vol. 40, pp. 141 – 158.

Rablen, M. and A. Oswald (2007), "Mortality and Immortality", *IZA Discussion Paper 2560*.

Reinhold, S. and H. Jurges (2009), "Secondary school fees and the causal effect of schooling on health behaviour", *Health Economic Letters*, Vol. 19, pp. 994 – 1001.

Renna, F., I. Grafova and N. Thakur (2008), "The Effect of Friends on Adolescent Body Weight", *Economics and Human Biology*, Vol. 6, pp. 377 – 387.

Riley, H. and N. Schutte (2003), "Low Emotional Intelligence as a Predictor of Substance Use Problems", *Journal of Drug Education*, Vol. 33, pp. 391 – 398.

Rogot, E. *et al.* (1992), "A Mortality Study of 1. 3 million Persons by Demographic, Social, and Economic Factors: 1979 – 1985 follow-up", National Institutes of Health (NIH) Publication No 92 – 3297, National Institutes of Health, Bethesda, MD.

Rosenberg, M. (1965). *Society and the Adolescent Self-Image*, Princeton University Press, Princeton, NJ.

Rosin, O. (2008), "The Economic Causes of Obesity", *Journal of Economic Surveys*, Vol. 22, pp. 617 – 647.

Roos, E. B. *et al.* (2001), "Household educational level as a determinant of consumption of raw vegitables among male and female adolescents", *Preventive Medicine*, Vol. 33, pp. 282 – 291.

Ross, C. and M. van Willigen (1997), "Education and the Subjective Quality of Life", *Journal of Health and Social Behavior*, Vol. 38, pp. 275 – 297.

Ross, C., J. Mirowsky and K. Goldsteen (1990), "The Impact of the Family on Health: The Decade in Review", *Journal of Marriage and Family*, Vol. 52, pp. 1059 – 1078.

Rozenzweig, M. and P. Schultz (1989), "Schooling, Information and Nonmarket Productivity: Contraceptive Use and Its Effectiveness", *International Economic Review*, Vol. 30, pp. 457 – 477.

Ruhm, C. (2000), "Are Recessions Good for Your Health?", *Quarterly Journal of Economics*, Vol. 115, pp. 617 – 650.

Ruhm, C. (2006), "A Healthy Economy can Break Your Heart", *NBER Working Paper 12102*.

Sacerdote, B. (2001), "Peer Effects with Random Assignment: Results for Dartmouth Roommate", *Quarterly Journal of Economics*, Vol. 116, pp. 681 – 704.

Sander, W. (1998), "The Effects of Schooling and Cognitive Ability on Smoking and Marijuana Use by Young Adults", *Economics of Education Review*, Vol. 17, June, pp. 317 – 324,.

Sapolsky, R. (2004), "Social Status and Health in Human and Other Animals", *Annual Review of Anthropology*, Vol. 33, pp. 393 – 418.

Sassi, F. *et al.* (2009), "Education and Obesity in Four OECD Countries", *OECD Education Working Paper Series 39*, OECD, Paris.

Schanzenbach, D. (2009), "Do School Lunches Contribute to Childhood Obesity?", *Journal of Human Resources*, Vol. 44, pp. 684 – 709.

Schkolnikov V. M. *et al.* (2006), "The Changing Relation between Education and Life Expectancy in Central and Eastern Europe in the 1990s", *Journal of Epidemiology and Community Health*, Vol. 60, pp. 875 – 881.

Seo, B. and B. Senauer (2009), "The Effect of Education on Health among US Residents in Relation to Country of Birth", *Health Economics*.

Silles, M. (2009), "The Causal Effect of Education on Health: Evidence from the United Kingdom", *Economics of Education Review*, Vol. 28, pp. 122 – 128.

Smith, J. P. (2007), "The Impact of Socioeconomic Status on Health over the Life-Course", *Journal of Human Resources*, Vol. XLII, pp. 739 – 764.

Smith, P. (1999), "Healthy Bodies and Thick Wallets: The Dual Relation between Health and Economic Status", *Journal of Economic Perspective*, Vol. 13, pp. 145 – 166.

Smith, K. V. and N. Goldman (2007), "Socioeconomic differences in health among older adults in Mexico", *Social Science and Medicine*, Vol. 65, pp. 1372 – 1385.

Snyder, S. and W. Evans (2006), "The Effect of Income on Mortality: Evidence from the Social Security Notch", *Review of Economics and Statistics*, Vol. 88, pp. 482 – 495.

Sobal, J. and A. Stunkard (1989), "Socioeconomic Status and Obesity: A Review of the Literature", *Psychological Bulletin*, Vol. 105, pp. 260 – 275.

Spandorfer, J. M. *et al.* (1995), "Comprehension of Discharge Instructions by Patients in an Urban Emergency Department", *Annals of Emergency Medicine*, Vol. 25, pp. 71 – 74.

Spasojevic, J. (2003), "Effect of Education on Adult Health in Sweden: Results from a Natural Experiment", *PhD dissertation*, City University of New York, New York.

Story, M. *et al.* (2009), "Schools and Obesity Prevention: Creating School Environments and Policies to Promote Healthy Eating and Physical Activity", *The Milbank Quarterly*, Vol. 87, pp. 71 – 100.

Thoits, P (1995), "Stress Coping and Social Support Processes: Where Are We? What Next?", *Journal of Health and Social Behaviour*, Vol. 35, pp. 53 – 79.

Trogdon, J., J. Nonnemaker and J. Pais (2008), "Peer Effects in Adolescent Overweight", *Journal of Health Economics*, Vol. 27, pp. 1388 – 1399.

Trudeau, F. and R. J. Shephard (2008), "Physical Education, School Physical Activity, School Sports and Academic Performance", *The International Journal of Behavioral Nutrition and Physical Activity*, Vol. 5, pp. 1 – 12.

US Department of Health and Human Services (2010), *Head Start Impact Study Final Report*, Office of Planning, Research and Evaluation.

Vereecken, C. A., E. Keukelier and L. Maes (2004), "Influence of mother's educational level on food parenting practices and food habits of young children", *Appetite*, Vol. 43, pp. 93 – 103.

Verstraete, S. *et al.* (2006), "Increasing Children's Physical Activity Levels during Recess Periods in Elementary Schools: The Effects of Providing Game Equipment", *European Journal of Public Health*, Vol. 16, pp. 415 – 419.

Webbink, D., N. Martin and P. Visscher (2010), "Does Education Reduce the Probability of Being

Overweight?", *Journal of Health Economics*, Vol. 29, pp. 29 - 38.

Wechsler H. *et al.* (2000), "Environmental Correlate of Underage Alcohol Use and Related Problems of College Students", *Journal of Preventive Medicine*, Vol. 19 pp. 24 - 29.

White, D. and M. Pitts (1998), "Educating Young People about Drugs: A Systematic Review", *Addiction*, Vol. 93, pp. 1475 - 1487.

Williams, G. C. *et al.* (1998), "Autonomous Regulation and Long-Term Medication Adherence in Adult Outpatients", *Health Psychology*, Vol. 17, pp. 269 - 276.

Winship C. and S. Korenman (1997), "Does Staying in School Make You Smarter? The Effect of Education on IQ in the Bell Curve", in B. Devlin, S. Fienberg, D. Resnick and K. Roeder (eds.), *Intelligence, Genes, and Success: Scientists Respond to The Bell Curve*, Copernicus Press, New York, pp. 215 - 234.

World Health Organization (2004), *Global Status Report on Alcohol 2004*, World Health Organization, Geneva.

World Health Organization (2008), *Closing the Gap in a Generation*, WHO, Geneva.

World Health Organization (2009a), *NMH Fact Sheet*, World Health Organization, Geneva.

World Health Organization (2009b), *Global Health Risks: Mortality and burden of disease attributable to selected major risks*, WHO, Geneva.

Zajacova, A. and R. Hummer (2009), "Gender Differences in Education Effects on All Cause Mortality for White and Black Adults in the United State", *Social Science and Medicine*, Vol. 69, pp. 529 - 537.

第五章 通过经济有效的教育干预措施提高健康水平[①]

法伦·哈桑（Fareen Hassan） *米歇尔·切奇尼*（Michele Cecchini）

本章所呈现的是对各种教育干预措施的成本效益评估，这些干预措施分别基于学校、工作情景以及大众传媒等不同场域，旨在缓解与肥胖有关的身心障碍。结果显示，从短期看，通过大众传媒实施的教育干预是最经济有效的方式；然而，从长期看，尤其与诸如医师—营养师咨询、食品广告监管等其他与健康相关的干预措施比较而言，所有这三种干预措施都是经济有效的。

5.1 引言

上一章探讨了教育与健康之间的关系，包括二者是否具有因果关系，以及教育借由哪些路径发挥作用。虽然这些研究结果阐明了一些与政策相关的问题，例如，教育是否有益于健康，教育对健康的作用有多大，以及什么类型的教育干预措施能够促进健康。但是，如果将成本效果纳入考虑范围，那么，这些研究结果并不足以对不同的政策杠杆作出区分。鉴于经合组织成员国政府面临的问责压力，对具体改革的成本效果进行评估已变得越来越重要，无论这些改革措施是整体性的，还是更具有针对性。

人们对为改善健康所采取的教育干预措施的成本效果进行了研究，本章对这些研

[①] 米歇尔·切奇尼（Michele Cecchini）为本章提供了一些研究结论。这些分析成果是经合组织卫生司预防经济学（Economics of Prevention）项目研究的一部分。

究进行了评述。人们通过采用各种教育干预措施，减少不健康的饮食和久坐的生活方式等危险行为因素，以此来提高健康水平。我们利用现有的有限证据开发了一个实证研究框架，对校本干预、工作情景干预以及大众传媒干预等三种教育干预措施的成本效果进行了对比。基于欧洲的数据的研究结果显示，从长远看，一系列教育干预措施具有令人满意的成本效益比。

5.2　经济评估与政策制定

经济评估的主要目标是评估一系列备选方案，从中找出能带来最大收益的方案（Folland *et al.*，2007）。在政策决策过程中，常用的两种经济评估方式是成本收益分析（cost-benefit analysis）和成本效果分析（cost-effectiveness analysis）。在进行政策决策时，这两种分析通常被认为比传统的效果分析更有用，因为它们同时考虑了政策实施的成本与效果。

成本收益分析的重要特点之一是以货币形式来评估成本和收益，从而可以依据货币价值很容易地判断出最终的收益情况。当我们比较不同的健康干预或行业的资源配置方案[①]时，测度成本与收益的一致性使成本收益分析显得更有用。然而，在实践中，以货币形式来表示收益往往比较困难，因此，乍看起来，与其他方法相比，这种方法的局限性比较大。此外，在将货币价值与特定效益匹配时，还需要考虑伦理问题。例如，医疗保健行业对健康干预措施的收益进行评估时，就需要对人类生命和生命质量的价值进行货币化估算（Folland *et al.*，2007）。

成本效果分析是另一种分析工具。当不能用货币价值评估收益时，就可以用这种分析方法来对不同的干预措施进行比较分析。成本效果分析的唯一要求是把研究中的干预措施收益以相同单位计算出来。其缺点是：由于收益结果不是以货币的形式表现的，所以，只有产出相同的项目才可进行比较，因为项目的"效果"（effectiveness）测度取决于产出。然而，对于特定的产出而言，成本效果分析是理想的，通过使各备选方

---

① 其他的备选情况包括"无干预"。

案达成同样量化的非货币目标，可以比较它们达成目标所花费的成本，例如，对健康而言，可以采用节省的伤残调整寿命年（disability-adjusted life years，DALY）*①作为成本。

尽管成本收益分析与成本效果分析在决策过程中都很有用，但是，在教育干预措施的健康影响方面，它们所能提供的信息却非常有限。因此，本章通过对旨在改善健康状况的校本干预、工作情景干预以及大众传媒干预三类教育干预的成本效果分别进行评估，以填补这一知识空白。为此，本章首先考察可以减少与不健康饮食、久坐生活方式以及肥胖等相关的慢性疾病的教育干预措施，接着评估由每种干预措施所产生的与伤残调整寿命年相关的收益成本（参见专栏5.1的分析中对所假设的教育干预的描述）。

专栏5.1 教育干预分类

校本干预

因为在经合组织国家入学登记已非常普遍，所以，学校可以提供大量的同期群数据，这些数据涵盖青少年的各种出身背景（Gortmaker *et al.*，1999）。肥胖问题对全球儿童的影响越来越严重，这主要是因为年轻人的生活习惯迅速恶化。校本教育干预措施正逐渐被用来减少儿童肥胖和降低快速上升的成人肥胖率。由于饮食喜好是在儿童时期形成的，所以，帮助儿童形成更健康的饮食习惯可能会影响到他们成年后的饮食问题。

---

* disability-adjusted life year（DALY），译为"伤残调整寿命年"或"伤残调整生命年"是指从发病（发生伤害）到死亡（或康复）所损失的全部健康生命年。世界卫生组织以"DALY 减少"（"伤残调整寿命年减少"）作为疾病负担的衡量指标。所谓"DALY 减少"是指生命年的丧失或有能力的生命年减少。通过计算 DALY 可以评估疾病的相对重要性、疾病对社会的整体负担，以及评估干预措施的成本—效益以及考虑如何合理分配健康资源。疾病负担以"DALY"为单位进行测量，其含义是疾病从其发生到死亡所损失的全部健康生命年，包括两部分，一是早亡引起的生命损失年"YLLs"（Years of life lost with premature death），一部分是残疾引起的生命损失年"YLDs"（Years of lived with disability）。残疾和早死的共同点是在不同程度上减少了了人的健康生命，而人的生命又是以时间（年）来度量的，因此，"DALY"是以时间为单位综合考虑了残疾和死亡两种健康损失，并赋以社会价值取向的信息，使之更全面合理地表达疾病对人群健康的影响，为社会主要卫生问题的确定提供更科学可靠的依据。——译者注

① 世界卫生组织（WHO）将"伤残调整寿命"定义为：由于早亡而损失的潜在寿命和由于伤残而丧失的正常生活年数之和。伤残疾病包括：冠心病、中风、结肠直肠癌、肺癌和乳腺癌（女性）等。

校本干预措施把8—9岁入学的所有儿童作为目标,但是,这里假定只有超过60%的儿童将会全面参与此干预措施包含的所有活动。这种干预措施是借助在自助餐厅选择健康食物等间接教育及小环境变化的支持,把健康教育融入学校目前的课程之中。其主要内容是每学年额外增设30小时(即每周大约1小时)的健康教育课程,以利于培养学生的健康饮食和积极生活方式。其直接教育的主要形式是特邀嘉宾公开演讲以及在常规教学时间内(如科学课),在学校护士的帮助下开展更多的活动。间接教育包括分发小册子或张贴海报,而环境变化包括重新协商食品服务合同、员工的再培训等。

工作情景干预

许多成年人不能按照标准的饮食摄入量进食,也没有定期参加体育活动。在美国,饮食摄入量水平合适的成年人估计少于成人总数的1/5,而在澳大利亚,这一比例甚至不到1/10(Sorenson *et al.*, 1998; Dresler-Hawke, 2007)。进行适当水平体育活动的成年人在加拿大只有4/10,在澳大利亚更是低至3/10 (Chan *et al.*, 2004; Heart Foundation and Zurich, 2008)。因为生活方式的改变对未成年人乃至其成年后的人生健康状况有重大影响,所以,对成年人开展健康教育干预措施可能会产生更大的健康收益。成年人的大部分时间都花在工作场域,长期处于可能影响他们生活方式与健康的环境中。已有证据表明,健康教育、同伴影响和工作环境的变化,不仅会引起人们生活方式的变化,还能防止某些慢性疾病的滋生。

工作情景干预措施将年龄在18—65岁之间,且在至少有50名员工的公司里工作的人作为目标。这里假定,50%的雇主和45%的员工会参与这一项目。这种干预包括特邀嘉宾的介绍性演讲和一系列与营养学家共同参与的小组会议,这种会议每次20分钟,每2周1次,为期20个月。通过在公共区域和自助餐厅分发信息资料和张贴海报,将工作情景干预信息扩散开来。其他活动由志愿者协调完成,志愿者还扮演同伴教育角色和"竞走俱乐部"或类似机构组织者的角色。作为干预措施的一部分,餐饮工作人员要为能够提供健康菜品接受再培训,同时,食品服务合同也要再次商定。

大众传媒干预

大众传媒干预措施可以快速直接地把知识传播给广大受众。通过广播和电视等渠道,健康促进活动的广泛传播可以提升人们的健康意识,使人们获取到的健康信息和知识更加丰富。世界卫生组织(World Health Organization,2006)认为,大众传媒干预在传播与肥胖趋势相对的健康生活方式信息方面具有重要作用。狄克逊等人(Dixon *et al.*,1998)认为,教育类大众传媒干预对饮食习惯有重大影响,而且成本较小。

假定的项目活动采用六个月密集的和三个月次密集的交替模式,通过全国各地的电视和无线电频道进行为期两年的传播。在比较密集的阶段,电视和无线电频道一周七天,每天六次播放 30 秒的广告;在次密集阶段,播放广告的方式是一周七天,每天三次播放 15 秒的广告。广告既包括饮食信息,又包括体育活动信息。此外,该项目还包括将印刷材料分发到 10% 的家庭中去。

5.3 教育干预肥胖的成本效果分析

有关教育之于健康效果的激发或维持的因果关系的研究证据总是含混不清的,一些研究成果具有统计学意义,显示出重要的量化效果;另一些研究则仅显示出它们具有强相关(参见第四章)。关于受教育年限(years of schooling)或学历的影响的证据是有限的,这也意味着基于这些研究的成本效果计算可能会有较大误差。[1]

尽管有关教育素养所产生的效应的证据[2]是有限的,但是,大量研究表明,教育干

---

[1] 参见范斯坦和希瓦利埃的著作(Feinstein and Chevalier, 2006)。
[2] 有关接受一年教育的效应的证据也很有限。

预对抑制肥胖,抑制能够引起肥胖的危险因素具有积极作用。[①] 例如,在芬兰和日本,健康教育干预不仅使全民胆固醇降低,而且使冠心病和中风率急剧下滑(WHO,2004)。通常来说,基于营养教育的干预措施使青少年和成年人水果及蔬菜的摄入量分别增加了 8.4% 和 9.7%,脂肪摄入量分别减少了 1.6% 和 2.2%,从而达到了所推荐的日常摄入量标准(Gortmaker *et al.*,1999;Perry *et al.*,1998;Reynolds *et al.*,2000;Buller *et al.*,1999;Sorenson *et al.*,1996,1998 and 1999;Luepker *et al.*,1998)。[②] 强调积极生活方式的重要性的干预措施[③]已被越来越多地应用于体育运动中(Emmons *et al.*,1999)。

世界卫生组织对 108 项针对肥胖及其相关危机因素的教育干预措施[④]进行了评估,认为这些教育干预通常会引起与肥胖有关的积极行为变化(WHO,2007)。世界卫生组织审查过的关涉效果的研究发现,构成了我们在下一节中将展开的教育干预成本效果分析的基础。

背景

本章所涉及的成本效果分析,其重点是教育干预,这与针对肥胖及其相关危险因素的教育参与或成效维持截然相反。[⑤] 教育干预评估将"无为"方案(即无效方案)与校本干预、工作情景干预以及大众传媒干预的结果作了比较,其目的是评估这 3 种干

---

① 第四章已述及该研究的某些方面。有相当多的证据表明,教育干预风险因素的收益与以下三方面相关联:脂肪的摄入,纤维的摄入(用饮水量和蔬菜摄入量来衡量)及参与足够的体育活动。

② 这样的变化乍看上去或许较小,但当它们对肥胖率产生影响时,其重要性就容易理解了。然而,现在缺乏这些干预会进一步影响肥胖率的研究。本研究通过模拟生活方式的改变将如何影响肥胖并最终影响人们的生存和生活质量,以此来弥补研究空白。

③ 这些干预主要集中在向成年人宣传体育锻炼对健康的好处以及从中受益的方法。

④ 世界卫生组织审核的 261 种干预中,108 种是教育干预,参见表 5.1 所定义的教育干预。

⑤ 本研究因为如下两个理由而聚焦于肥胖问题:首先,参与"学习的社会产出"项目(SOL)的国家,对教育可以减少肥胖表现出极大的兴趣。肥胖已成为全球性流行病。尽管它在世界范围内是可预防的,但预测认为,肥胖将逐渐成为引发全球慢性疾病和残疾问题的主要诱因之一(WHO,2006)。其次,在"学习的社会产出"项目所关注的三个重要的健康领域中,肥胖是最容易观测研究的案例,已有丰富的文献支撑教育干预对肥胖的具体影响,此外,由于肥胖似乎与生活方式紧密相关,因此更有可能证明,与其他领域相比,有关健康的教育和信息是更有成效的政策工具。

预的成本效果，并确定哪一种干预具有最大的货币价值。这一分析采用的是业已确立的基于健康文献的方法，这包括计算相对成本和效果/收益的增量成本效果比（incremental cost-effectiveness ratios，ICER）（Drummond *et al.*，2005）。用增量成本效果比可以测量通过教育干预赢得健康生命年的成本。

专栏5.2描述了计算增量成本效果比的四个步骤。简单地说，第一步，计算一种健康干预的平均效果。这是通过对世界卫生组织（WHO，2007）曾报道过的已有干预措施进行整合来完成的。接下来，根据伤残调整寿命总量对每一种干预的效果进行评估。附件5.A1是已用于22个欧洲国家的总人口的流行病学模型。① 这一模型根据生活方式对体重的影响，将生活方式与慢性病联系起来。因此，干预对抑制肥胖（和与肥胖相关的疾病）蔓延的效用可以通过研究中的饮食习惯和（或）体育活动干预后的显著变化来表现。然后，就可以用与肥胖相关的疾病发病率和流行率来计算从教育干预中赢得的健康生命年总量。

专栏5.2　方法论：研究设计

现有干预措施的整合：对旨在减少肥胖率的干预措施进行整合，目的是收集不同干预措施在其特征和特性方面的数据，并为运用在成本效果分析实践中的标准化教育干预（校本干预、工作情景干预和大众传媒干预）设计方案（参见专栏5.1）。研究的初步选择是评估方案的哪些组成部分有益于标准干预以及预期效果。这种选择来自世界卫生组织（WHO，2007）的报告。这份报告回顾并区分了261种针对健康行为的教育干预，这些干预研究是1994—2006年间发表的。为了达到研究目的，报告对校本干预、工作情景干预和大众传媒干预的所有研究进行了综述。世界卫生组织对教育和学习干预是极为有效还是适度有效做了评估。教育和学习干预被认为是可以改变行为的关键措施。被排除在

---

① 22个欧洲国家是世界卫生组织欧洲区域的一部分，包括：奥地利、比利时、捷克、丹麦、芬兰、法国、德国、希腊、冰岛、爱尔兰、以色列、意大利、卢森堡、马耳他、挪威、葡萄牙、瑞典、斯洛文尼亚、西班牙、荷兰、瑞士和英国。

初步选择之外的都是一些笼统报告有效性的研究,例如,对改变水果和蔬菜摄入量的意图进行研究,而不是对具体改变水果和蔬菜消费量进行研究。对所选研究进行综述,旨在突出成功的干预方法之间以及所取得的健康收益之间的共同点。这些研究(依据类型学划分)是用来确定平均达标率、成本的关键驱动因素、预计平均结果(有效性结果)以及需要实现这些结果的核心方法的。这些组成部分整合在一起,就形成了流行病学模型评估中的三种标准化干预。

流行病学模型:慢性疾病防治模型(Chronic Disease Prevention,CDP)是由经合组织卫生署和世界卫生组织共同开发的。这一模型把疾病的发生与可以改变某些慢性疾病危险因素的一系列个人行为和生活方式联系起来。来自世界卫生组织出版物(Ezzati et al.,2004)的数据构建了风险因素的定义,并且确定了能够准确定位具有疾病风险的个人临界值。这一模型明确解释了以下三种慢性疾病:中风、缺血性心脏病和癌症(包括肺癌、肠癌和乳腺癌)。经合组织(OECD,2009)对该模型及其相关的输入和输出变量进行了描述。简单地说,要评估某种干预的影响力,需要考虑受其影响的风险因素可能造成的患病率和发病率。从某种干预和"无效方案"中获得的不同结果,体现了该干预所带来的健康影响(用伤残调整寿命年的变化表示)。附件5.A1对该模型作了说明。

成本模型:成本模型用来评估干预措施的总净成本。它将实施干预的成本和在模拟分析过程处理和(或)管理与健康状况相关的肥胖和疾病的成本结合起来。

增量成本效果比:增量成本效果比提供了干预对比的最终单位。其计算方法是:无效方案和干预措施总成本间的差异除以无效方案和干预措施之间的实际差异,这个比值就是从干预中获得的每个伤残调整寿命年的成本。换句话说,对来自干预措施的每一个额外伤残调整寿命年,其成本都是增量成本效果比的数量。增量成本效果比越低越好,因为较低的数字显示了较小的成本与一年内人口伤残调整寿命年总数的增加是相关的。

　　*第一步建立起来的三种干预的"有效性结果"来源广泛，并不局限于特定的国家。然而，流行病学模型中，肥胖的流行率、发病率和缓解率以及由肥胖到相关疾病的演变都具有特定的区域趋势。

　　下一步是计算干预措施的总体相关成本：用每种疾病的发病率乘以各种治疗或（和）管理成本的结果，再加上实施干预措施的一次性成本，以及所有疾病的全部治疗和（或）管理成本。接下来，将每种干预的成本效果与无效方案中的成本效果进行比较，就疾病治疗和进展来说，这种比较方法只是假定在成本效果模拟整个时期内的现状。最后，用干预措施和无效方案中成本和效益的增量差异来计算各自的增量成本效果比，即从每种干预中获得的每伤残调整寿命年的增量成本。

研究结果

　　图 5.1 提供了成本效果分析中增量成本效果比的总体结果。[1] 从中可以看出，大众传媒干预是最经济最有效的教育干预。经由大众传媒干预，政府需在购买力平价（purchasing power parities, PPPs）水平[2]上为每一伤残调整寿命（生命）年增加 17 300 美元投入。在工作情景干预和校本干预的基础上，价格分别显著增长至 23 500 美元和 47 000 美元。这种情况或许令人感到不可思议，因为根据第四章讨论的结果显示，认知技能、社会与情感技能能够提高个体预防健康问题的能力，并使人们在出现健康问题时，能够更好地进行调控。你或许可以想象，在培养这些技能方面，校本干预的措施会比工作情景干预、大众传媒干预更加有效，因为后者往往更注重信息传输。然而，特别是在校本干预的案例中，必须预先使用某些资源，因为只有数十年以后，当儿童长

---

[1] 图 5.1 假设，干预措施的收益将会在接下来的 100 年累积，并有 3‰的折损率。我们将在下一节讨论缩短自然增长时间所造成的影响。

[2] 在经济学上，购买力平价（Purchasing Power Parity, PPP）是一种根据各国不同的价格水平计算出来的货币之间的等值系数，以便能够对各国的国内生产总值进行合理比较。购买力平价理论最早是由 20 世纪初瑞典经济学家古斯塔夫·卡塞尔（Gustav Cassel, 1866—1945）提出的。——译者注

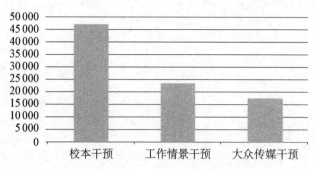

图 5.1　2005 年欧洲不同教育干预措施的增量成本比率

资料来源：OECD（2009），"Improving Lifestyles，Tackling Obesity：The Health and Economic Impact of Prevention Straegies"，OECD Health Working Papers No.48，OECD，Paris.

大成人开始患上某些慢性疾病时，健康福利金（和医疗保健储蓄）才能兑现。

干预成本和医疗保健储蓄之间的差异

图 5.2 阐明了成本通过干预所获得的伤残调整寿命年之间的关系，它把成本分为直接成本和储蓄。[①] 通过细分的成本和健康收益数据，我们可以知道，干预是否相对地更具有成本效果，比如因为它的相对收益非常高，或是因为它的成本比较低，或是两者兼备。

图 5.2 中右上图表示的是教育干预的直接成本，而左上图表示的是干预涉及的医疗保健储蓄。[②] 下面的图表示从教育干预中获得的伤残调整寿命年。从中可以看出，工作情景干预的收益最大，而大众传媒干预的收益稍逊一筹。总体而言，图 5.2 显示，尽管大众传媒干预在伤残调整寿命年和医疗保健储蓄的收益最低，但却最为经济有效；虽然工作情景干预赢得的伤残调整寿命年最大，但由于实施的直接成本

---

① 图 5.2 呈现的是干预措施总成本、医疗保健储蓄总量和各种干预措施在接下来的 100 年间的持续收益的成果总量。

② 如前所述，这些是由于减少了癌症、缺血性心脏病、中风、糖尿病、高胆固醇和高血压等的开支而节省下来的。

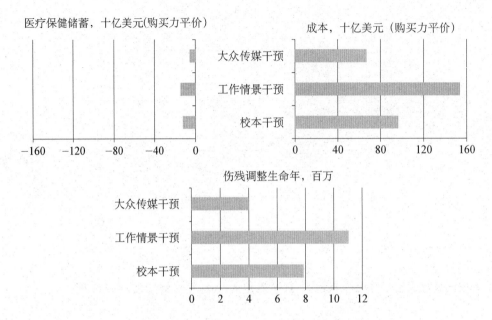

图 5.2 干预成本对医疗保健支出及伤残调整寿命年的影响,2005

资料来源:OECD（2009），"Improving Lifestyles，Tackling Obesity：The Health and Economic Impact of Prevention Straegies"，*OECD Health Working Papers* No. 48，OECD, Paris.

较高,相对来说,不太具有经济效益。最后,校本干预是最不具有经济效益的,因为伤残调整寿命年的收益不高,且它的直接成本多、医疗保健储蓄少。因此,虽然大众传媒干预对伤残调整寿命年的影响不大,但由于运营成本低等特点,货币价值最大。

评估成本效果的时间范围

计算增量成本效果比时,时间范围是需要考虑的重要因素。迄今为止,对所报道结果的计算,都是假定干预所带来的好处在首次干预之后会持续100年。选择100年作为基准模型,是要确保所有受三种干预影响的人们可以达到某种年龄,在其存活的整个年限中,干预的全面有效性得到实现,即呈现稳定状态(参见专栏5.3)。

专栏 5.3　评估成本效果的时间范围

　　三种标准干预会在不同的时间点达到各自全面有效的稳定状态。这就是为什么在评估干预措施成本效果时时间范围变化是重要因素的原因，因为这些变化可能会影响到计算结果。为了说明时间范围对政策制定者的重要性以及三种干预中时间范围是如何依赖目标人群的问题，请考虑下面涉及校本干预和工作情景干预的例子。

　　在模拟分析过程中，校本干预措施针对 8—9 岁的儿童。在年龄段为"0"的分析中，所有 8—9 岁的儿童都接受干预措施。在年龄段"1"内，那些在"0"年龄段 8—9 岁的儿童已经达到目标年龄，同样接受干预措施，这种情况每年持续，一直到年龄段"100"。尽管随着时间的变化，越来越多的人接受了教育干预，但是干预的效果没有完全实现，直到他们达到一定年龄。这时，与肥胖相关的疾病，如心脏病，可能会普遍出现，即从他们 40 岁后期开始。

　　图 5.3 显示的是每种干预措施（在 100 年的时间内）不同年龄段的医疗保健成本，负值表示成本节约。图 5.3 显示了人们一直到 71—80 岁这一阶段为止都处于成本节约（因为身体健康）的状态。紧接着人们为了活得长久，就会开始利用医疗保健资源，从而导致费用增加。在校本干预中，第一次（在年龄段"0"）接受教育干预的 8—9 岁儿童必须参加全部的模拟分析过程，一直到最后一个时间点 100，从而确保可以看到干预的全部效果，这需要 91 年。正是因为这一原因，校本干预的全面有效性直到年龄段"91"才可以得到评估。

　　运用类似的论据，针对 18—65 岁人群的工作情景干预直到年龄段"35"这个时间点才会达到稳定状态。大众传媒干预在一开始就达到稳定状态，因为每个人在年龄段"0"这个时间点就被干预作为目标对象了。每种干预达到各自稳定状态的时间点不同，所以，在三种干预都有可能达到稳定状态的年龄段"100"这个时间点，才会对它们的成本效果进行比较。

---

　　* 可以直接将图 5.3 与图 5.2 进行比较，因为可以由图 5.2 左边的竖条来表示图 5.3 中每种干预节约成本的总和（表示"负"的竖条）。

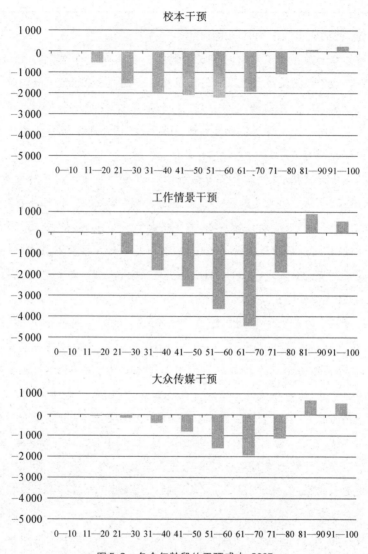

图 5.3 各个年龄段的干预成本,2005

单位:十亿美元(购买力平价)

注:干预措施在大部分年龄段都是"节约成本"的,但是在"81—100"年龄段开始变得"昂贵"。主要原因是由于干预措施总体的积极影响所带来的人们预期寿命的增加。干预措施中个体数量以及相应的患病个体的数量比无干预措施中的多,因此,患者的治疗成本也随之增加。

资料来源:OECD(2009),"Improving Lifestyles, Tackling Obesity: The Health and Economic Impact of Prevention Straegies",*OECD Health Working Papers No. 48*, OECD, Paris.

　　然而,在决定资源分配时,100 年是一个相对较长的时期,因为决策制定者通常是从短期角度出发的。因此,图 5.4 基于 10—100 年这样一个连续的时间段,提供了对增量成本效果的交替估计。[①]

　　图 5.4 显示,无论时间范围如何变化,大众传媒干预都一直是最有成本效果的。就收益来说,不论是长期还是短期,校本干预和工作情景干预都比较昂贵。但是,随着时间的增加,这两种干预逐渐变得更具成本效果性,因此,尽管短期内校本干预和工作情景干预要比大众传媒干预更加昂贵,但是,从 70—80 年的长远角度看,这两种干预的成本效果将会显著提高。

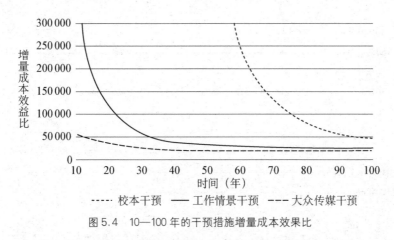

图 5.4　10—100 年的干预措施增量成本效果比

　　资料来源:OECD(2009),"Improving Lifestyles, Tackling Obesity:The Health and Economic Impact of Prevention Straegies",*OECD Health Working Papers No.* 48,OECD, Paris.

教育干预与其他针对肥胖的干预

　　图 5.1 意味着,对通过大众传媒干预、工作情景干预和校本干预获得的每一伤残调整寿命年,政府分别需要投资约 17 300 美元(须经购买力平价指数换算)、23 500 美元(须经购买力平价指数换算)和 47 000 美元(须经购买力平价指数换算)。这些干预

[①] 图 5.4 的增量成本效果比是根据假设每年 3% 的折损率计算出来的。

措施是否物有所值?与旨在解决与肥胖相关的健康问题的其他干预相比,这些干预措施是否相对更具成本效果性?图 5.5 显示的是,不同类型的旨在减少肥胖以及与肥胖相关疾病发病率的干预,其增量成本效果比是如何实现的。

图 5.5 说明,三种教育干预的增量成本效果比都低于 50 000 美元(须经购买力平价指数换算)——50 000 美元有时被当成评估健康相关干预成本效果的指导性标准(Devlin and Parkin,2004)。因此,即使与医生—营养师咨询、食品广告监管等更为传统的健康干预相比,这三种教育干预措施仍被认为是可行的选项。

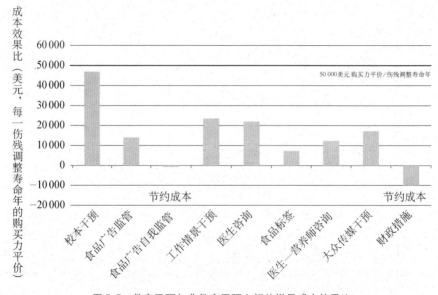

图 5.5 教育干预与非教育干预之间的增量成本效果比

资料来源:OECD(2009),"Improving Lifestyles,Tackling Obesity:The Health and Economic Impact of Prevention Straegies",*OECD Health Working Papers No.*48,OECD,Paris.

进一步的研究则通过计算每一质量调整寿命年(quality-adjusted life year,QALY)[1]的成本来评估那些旨在抑制肥胖的干预成本效果。这种计算大致可以与本

① 质量调整寿命年(QALY),加拿大麦克马斯特大学(McMaster University)乔治·W·托兰斯 (转下页)

章所运用的伤残调整寿命年计算进行比较。将本研究的结果与基于质量调整寿命年的研究进行比较，面临这样的挑战：后者的干预对象通常是高危人群，而不是普通人群（本章的案例）。基于此，我们发现，不同的人群需要使用不同的方法和途径，因而花在每一质量调整寿命年的成本截然不同：肥胖人群使用奥利司他（Orlistat）[①]的费用是 45 881 英镑（约合 71 800 美元）（O'Meara，2000），高危人群使用其他药物和（或）因手术的费用仅为 13 000 英镑（约合 20 340 美元）（Avenell *et al*. 2004），而葡萄糖耐量低的肥胖人群采用由医生引导的膳食和锻炼方案，估计花费 13 389 英镑（约合 20 950 美元）（Avenell *et al*. 2004）。

5.4 结论

近年来，肥胖已成为公共健康领域的热门议题，这不只是因为全球肥胖率的快速增长，以及对当前加速恶化的状况的未来发展所做的预测。尽管肥胖病在公共卫生话语和实践中都很重要，但是，几乎没有证据可以支撑基于不同策略的成本—效果方面

（接上页）（Georg W. Torrance）于 1976 年提出。质量调整寿命年的计算方式是：将生存时间按生存质量分为不同阶段，每个阶段给予不同的权重（0—1 间取值），从而得到质量调整寿命年。权重系数的确定采用效用分析中的评价尺度法（rating scales）、标准赌博法（standard gamble）、时间权衡法（time trade-off）等。实际应用时，以生存时间为横轴，以生存质量（实际是由生存质量得到的权重）为纵轴，其曲线下的面积即为 QALYs。该方法最先用于人群健康的综合评价，目前主要用于卫生健康和卫生决策分析，如成本—效果分析、成本—效用分析等。后来，亚伯拉汉·梅拉兹（Abraham Mehrez）等人于 1989 年提出"健康年等值方法（healty-years equivalents，HYES）"、保罗·格拉苏（Paul Glasziou）等人于 1990 年提出"分割生存分析（partitioned survival analysis）"，并对此进行了修正。参见：Torrance, Georg W. (1976). Health status index medels: a unified mathematical view, *Management Science*，22（9）：990 - 1001. Torrance, Georg W. (1987). Utility approach to measuring health-related quality of life, *Journal Chronic Diseases*. ，40（6）：593 - 603. Mehrez, Abraham, A. Gafni (1989). Quality-adjusted life years, utility theory, and healthy-years equivalents. *Medical Decision Making*，9（2）：142 - 9. Glasziou, Paul, John Simes, R. D. Gelber (1990). Quality adjusted survival analysis, *Statistics in Medicine*，9（11）：1259 - 76.——译者注

① 一种新型抗肥胖药物，是一种胃肠道脂酶抑制剂，能竞争性抑制约 1/3 摄入脂肪的吸收，除了减轻体重外，尚能使患者增高的血脂下降，未被吸收的饮食中的脂肪排出体外，主要的不良反应是腹泻和排出油样粪便。——译者注

的可靠结论。我们的分析是填补此知识空白的第一步。

对三种教育干预——大众传媒干预、工作情景干预和校本干预——的成本—效果的评估表明，三种教育干预都是应对肥胖问题的经济有效方式。[①] 此外，我们发现，一直以来，大众传媒干预的成本—效果极高，并且是我们所考察的所有教育干预中（无论所选时间范围如何）成本—效果最高的，从中获得的每一伤残调整寿命年的平均增量成本效果比为 17 300 美元（经购买力平价指数换算）[②]。工作情景干预最初的成本—效果并不高，但是，从长远来看，每一伤残调整寿命年的平均增量成本效果比为 23 500美元（经购买力平价指数换算），工作情景干预的成本—效果会逐渐显现出来，也会变得具有可行性。最后，校本干预需要经过相当长的一段时间才能完全发挥出自身的潜能，因为它针对的是儿童。然而，一旦达到稳定状态，其成本—效果也会相应地显现出来：每一伤残调整寿命年的平均增量成本效果比为 47 000 美元（经购买力平价指数换算）。

既然大众传媒干预一直"物有所值"，那么，是否应该把更多的资源分配到大众传媒领域呢？如果需要强调健康状况的公平性的话，那么，这未必就是最好的方法。本书第四章已经阐明，受教育多的人们能够更好地理解和反馈与健康相关的信息，这就意味着，广播可能扩大健康的不平等性，除非还有其他措施确保弱势群体可以更好地利用这些信息。从这一方面看，校本干预在某种程度上可能有助于减少健康不平等性，因为许多校本干预首先针对的是弱势群体。[③] 此外，校本干预也可以帮助解决不同年龄段的健康不平等问题。对担心青少年肥胖迅速增长的国家来说，校本干预或许是首选的政策抉择。

需要注意的是，本章没有顾及外部效应，例如，在家庭内部，某一家庭成员生活方式的积极改变，可能对其他人的习惯产生正面影响。正如第四章所阐述的，社区网络对肥胖症可能会有很强烈的影响。因此，如果教育干预不再仅限于型塑目标人群的生

---

① 然而，如果政府着眼于短期决策，那么，大众传媒则干预可能是成本效果最优的选择。

② 由于国情不同，在计算某国的具体金额时，须将该数字通过购买力平价指数进行换算。——译者注

③ 第四章也表明，如果干预措施有助于培养认知特征与非认知特征（尤其是对弱势儿童而言），那么，它们对减少健康不平等也可能有所帮助。

活方式和习惯,而将影响力扩展到社区网络中的其他儿童、同学、同事、朋友和他人,那么它的平均增量成本效果比就会小很多。

那些仅仅改变人们周边环境的政策将不会有什么成效,除非人们以健康的生活方式来适应那些变化。只有政策与立法远远不够,明白这一点非常重要。因为,政策与立法不能控制人们对食物的偏好或参与体育活动的次数。在这方面,必须合理地运用教育干预,因为教育是一种重要的工具,它可以为人们提供增进健康的知识,最终通过预防来减轻肥胖负担。

目前的证据表明,我们需要将研究重心聚焦于预防肥胖的成本构成的研究(Summerbell *et al.*,2005)。更深入的成本评估,不仅对预防肥胖的研究是必要的,而且对设计与酗酒和心理健康相关的干预措施来说,也很有必要。未来的研究要对收益(效果)评估与备选政策的成本予以同等的重视。

附录5.A1 流行病模型

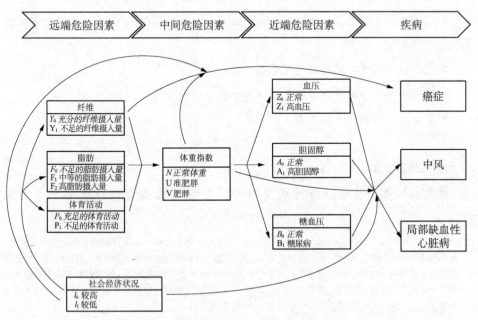

注:斜体表示在相对风险评估中的参考状态(即相对风险等于1)。

附录 5.A2　世界卫生组织的干预选择模型

基于成本—效果的干预选择(CHOosing Interventions that are Cost-Effective, CHOICE)模型[①]是由世界卫生组织于 1998 年首次倡议研发的,其目标是为政策制定者提供干预措施和特定预算下编制健康收益最大化方案的依据。为此,世界卫生组织成本有效性干预选择(WHO-CHOICE)报告了 14 个流行病学亚区域(根据地理位置和流行病档案编制)。这种成本—效果分析的结果被建成区域数据库,这样,政策制定者就可以根据本区域的具体情况恰当地运用数据以制定政策。

世界卫生组织的成本—效果干预选择模型的目标:

- 开发一种标准化的普遍适用于各种不同情景的成本—效果分析方法。

- 开发和传播工具用来评估干预的成本及其影响。

- 确定采用概率不定性进行分析的许多不同健康干预的成本和效益。

- 以概率的不确定性分析(probabilistic uncertainty analysis)确定大范围的健康干预的成本—效果。

- 总结在互联网上获得的区域数据库的结果。

- 协助决策者和其他利益相关者解释和使用这一证据。

- 开发特定情景的区域工具。

模型的附加值

普通的成本—效果分析构成了世界卫生组织成本有效性干预选择方法

---

① CHOICE(CHOosing Interventions that are Cost-Effective),基于成本—效果分析的干预措施选择软件,由 WHO 于 1998 年倡议研发,是一种促进资源公平有效分配的重要辅助性决策软件,其目的是开发适用于不同环境下的干预措施标准化成本—效果分析方法,为决策者提供健康效益最大化的卫生资源分配的循证决策依据。参见,张悠然、陈晓云、张会、江震(2014),整合成本—效果分析软件 CHOICE 的基本理论与方法[J],中国卫生经济,33(7):15—18。——译者注

(CHOICE)的基础。与其他方法不同的是,这种方法允许同时分析现有的和新出现的干预措施。以前的成本效果分析局限于评估新增干预措施的有效性,或是局限于评估用一种干预替代另一种干预的有效性。世界卫生组织成本有效性干预选择方法允许对当前的干预和正在考虑实施的干预进行比较。它从健康系统的视角出发,考虑了成本和效益干预措施之间的协同效应。

由于运用世界卫生组织成本—效果干预选择模型,分析者不再受已开始做的事情的限制。另外,如果有必要并且切实可行,政策制定者可以重新审视和修订以前的选择。正是有了世界卫生组织成本效果干预选择模型,政策制定者们也会有分配和重新分配干预资源的有效依据。

来源:World Health Organization(2009),*www. who. int/choice/en/*.

参考文献

Avenell, A. *et al.* (2004), "Systematic review of the long-term effects and economic consequences of treatments for obesity and implications for health improvement", *Health Technology Assessment*, Vol. 8, No. 21.

Buller, D. *et al.* (1999), "Randomized Trial Testing the Effect of Peer Education at Increasing Fruit and Vegetable Intake", *Journal of the National Cancer Institute*, Vol. 91, pp. 1491 – 1500.

Chan, C., D. Ryan and C. Tudor-Locke (2004), "Health Benefits of a Pedometer-Based Physical Activity Intervention in Sedentary Workers", *Journal of Preventive Medicine*, Vol. 39, pp. 1215 – 1222.

Chevalier, A. and L. Feinstein (2006), "Sheepskin or Prozac: The Causal Effect of Education on Mental Health", Discussion Paper, Center for Research on the Wider Benefits of Learning, London.

Devlin, N., and D. Parkin (2004), "Does NICE Have a Cost-Effectiveness Threshold and What Other Factors Influence Its Decisions? A Binary Choice Analysis", *Health Economics*, Vol. 13, pp. 437 – 452.

Dixon, H, R. *et al.* (1998), "Public Reaction to Victoria's '2 Fruit 'n' 5 Veg Every Day' Campaign and Reported Consumption of Fruit and Vegetables", *Journal of Preventive Medicine*, Vol. 27, pp. 572 – 581.

Dresler-Hawke, E. (2007), Take Five: The Cost of Meeting the Fruit and Vegetable Recommendations in New Zealand, Foundation for Advertising Research, Dunedin.

Drummond, M. et al. (2005), *Methods for the Economic Evaluation of Health Care Programmes*, Oxford University Press, Oxford.

Emmons, K., L. Linnan, W. Shadel, *et al.* (1999), "The Working Healthy Project: A Worksite Health-Promotion Trial Targeting Physical Activity, Diet, and Smoking", *Journal of Occupational and Environmental Medicine*, Vol. 41, pp. 545 – 555.

Ezzati, M., A. Lopez, A. Rodgers, *et al.* (2004), *Comparative Quantification of Health Risks*, World Health Organization, Geneva.

Folland, S. , A. Goodman and M. Stano (2007), *The Economics of Health and Health Care*, *Fifth Edition*, Pearson Prentice Hall, NJ.

Gortmaker, S. , L-W-Y. Cheung, K. Peterson *et al*. (1999), "Impact of a School-Based Interdisciplinary Intervention on Diet and Physical Activity among Urban Primary School Children", *Archives of Paediatrics and Adolescent Medicine*, Vol. 153, pp. 975 – 983.

Heart Foundation and Zurich (2008), "Heart Health Index: Australians Not as Healthy as They Seem", Media Release, 15 October, New Zealand.

Luepker, R. , C. Perry, V. Osganian *et al*. (1998), "The Child and Adolescent Trial for Cardiovascular Health (CATCH)", *Journal of Nutritional Biochemistry*, Vol. 9, pp. 525 – 534.

O'Meara, S. , R. Riemsma, L. Shirran *et al*. (2001), "A rapid and systematic review of the clinical effectiveness and cost-effectiveness of orlistat in the management of obesity", *Health Technology Assessment*, Vol. 5, No. 18.

OECD (2009), "Improving Lifestyles, Tackling Obesity: The Health and Economic Impact of Prevention Strategies", *OECD Health Working Papers No. 48*, OECD, Paris.

Perry, C. , D. Bishop. , G. Taylor *et al*. (1998), "Changing Fruit and Vegetable Consumption among Children: The 5-a-Day Power Plus Program in St. Paul, Minnesota", *American Journal of Public Health*, Vol. 88, pp. 603 – 609.

Reynolds, K. , F. Franklin, D. Binkley *et al*. (2000), "Increasing the Fruit and Vegetable Consumption of Fourth- Graders: Results from the High 5 Project", *Preventive Medicine*, Vol. 30, pp. 309 – 319.

Sorenson, G. , B. Thompson, K. Glanz *et al*. (1996), "Worksite-Based Cancer Prevention: Primary Results from the Working Well Trial", *American Journal of Public Health*, Vol. 86, pp. 939 – 947.

Sorenson, G. , A. Stoddard, M. Hunt *et al*. (1998), "The Effects of a Health Promotion-Health Protection Intervention on Behaviour Change: The Well Works Study", *American Journal of Public Health*, Vol. 88, pp. 1685- 1690.

Sorenson, G. , A. Stoddard, K. Peterson *et al*. (1999), "Increasing Fruit and Vegetable Consumption through Worksites and Families in the Treatwell 5-a-Day Study", *American Journal of Public Health*, Vol. 89, pp. 54 – 60.

Summerbell, C. E. Waters, L. Edmunds *et al*. (2005), "Interventions for Preventing Obesity in Children", *Cochrane Database of Systematic Reviews*, Issue 3, Art. No. CD001871.

World Health Organization (2004), Obesity: Preventing and Managing the Global Epidemic, WHO, Geneva.

World Health Organization (2006), Obesity and Overweight: Fact Sheet No. 311, WHO, Geneva.

World Health Organization (2007), Interventions on Diet and Physical Activity: What Works, WHO, Geneva.

World Health Organization (2009), Choosing Interventions that are Cost Effective, WHO, Geneva, www.who. int/choice/en/.

第六章 结论：政策建议与未来议题

宫本浩治(Koji Miyamoto) 里卡多·萨巴蒂斯(Ricardo Sabates)

　　本章呈现的是源自本研究报告的政策建议。教育不是万能良药。然而，教育能够培养公民的认知技能、社交与情感技能以及良好的态度、习惯和行为规范，从而促进公民养成健康的生活方式，激发公民社会参与的热情。总之，教育在促进健康和凝聚社会方面，蕴含着巨大的潜力。当家庭和社区环境与教育机构所作出的努力一致时，提升这些能力将卓有成效。这就要求确保各社会领域和各教育阶段的政策保持一致。幼儿的教育与看护为如何有效实现教育的融合与合作并拓展到其他教育阶段，提供了具体的案例。挑战无疑是巨大的，但因改善教育而在幸福与社会进步方面带来的回报也会是显著的。

6.1 引言

　　教育产出社会效益的观念并不新鲜。亚里士多德和柏拉图等早期的哲学家曾指出，教育对个人的道德实现及其赖以生存的社会福祉都至关重要(Barnes, 1982; Hare, 1989)。然而，近些年来，越来越多的看法是把教育视为一种有经济回报的投资。直到 20 世纪 80 年代中期，社会学家们才注意到，那些受教育水平较高的人往往比那些受教育较少的人活得更长，犯罪更少，也更能融入社会。受教育水平较高的父母也比受教育水平较低的父母更容易参与到其子女在学校成长的过程中，那些已经体验过丰富学习环境的儿童会更合群，也更不易做出危险行为（Haveman and Wolfe，1984）。此后，有关教育是产生这些好处的关键因素的观点，开始在大量研究文献中出现。

前面几章对这一课题的知识进行了综合评述。报告从描述促进公众福祉和社会进步的新近全球动议入手，进而呈现了这一风潮与经合组织的"学习的社会产出"项目之间的关系。本报告还深挖了有关这一课题的新文献和延伸文献，以检验教育是否以及在多大程度上对人们的健康和"公民和社会参与"造成了改变？这种改变是如何实现的？需要哪些条件？在这一漫长之旅的最后，本章将对研究结果进行归纳概括，即把现有证据解读成可用的政策建议，并为读者展现继续进行研究和政策讨论的未来之路。

6.2 政策建议

政策建议 1：通过赋予个体知识、认知技能以及社会和情感技能，培养积极的价值观、态度和行为准则，教育能够改善健康，促进社会融合。

经合组织的"学习的社会产出"（SOL）项目研究得出的主要结论是，教育至关重要。对于提高个体的健康水平、公民参与、信任度以及培养社区以至全社会的集体凝聚力，教育具有巨大的潜能。教育的功能在于增进知识、提高认知技能以及社会—情感技能，在于增强应对风险的积极态度以及适应力和自我效能感，在于培养价值观、规范和习惯，这些能力可以通过贯穿一生的各种形式的学习——正规学习（formal learning）、非正规学习（non-formal learning）和非正式学习（informal learning）——得以养成和加强。在当代社会中，教育是提高社会效益、促进社会进步的最有力量的途径之一。

然而，教育系统并不一定能如此有效地产出这些积极结果。因此，相关的政策问题是：如何提高和加强教育的积极社会影响？学习的社会产出（SOL）项目表明，有必要深入调查具体的路径与策略。有一些颇具说服力的有关教育干预有效性的例子。例如，学校通过设置学习情境，成功地培养积极的公民身份，使学生可以通过直接参与当地民主活动学会"行动中的民主"。另外,学校通过促进课外体育活动和提供更健康的食物(如学校膳食和自动售货机)来养成学生健康的饮食与生活习惯。

政策建议 2:儿童的早期教育和看护对更有效地改善健康、促进"公民和社会参与"具有显著潜力。

最近,改善儿童的早期教育和看护被提上教育议程。第四章表明,儿童的早期教育和看护可以促进认知、社会与情感技能的发展,这些技能已经被证明可以提高短期和长期的健康水平(Carneiro *et al.*,2007;Cunha and Heckman,2008)。第三章指出,这些技能还可以推进公民参与和政治参与。大量研究显示,这些技能的早期发展可以使对它们的进一步投资更有效:"技能产生技能"(skills beget skills)(Cunha and Heckman,2008)。尽管早期儿童教育和关爱以及学校(连同家庭的进一步投入)可以通过型塑和加强这些技能,提高公民的健康水平,但是,在开发这些技能的过程中,家庭扮演着重要角色。总之,提前进行教育似乎能更有效地提高社会效益。

政策建议 3:在促进健康和"公民和社会参与"方面,强迫义务教育和中等教育可以做得更多。

过去几十年义务教育的扩展对促进健康和"公民和社会参与"作出了贡献,相关证据是复杂的,但这并不意味着学校的作用很有限。第三章、第四章的研究表明,教育能够有所作为:可以通过提高儿童的认知能力(如文化、计算能力和高阶信息处理能力)和社会—情感技能(如自信心、自尊心和社会技能)以培养儿童的行为规范、积极参与活动的习惯和健康的生活方式。然而,研究发现,当学校只通过健康和公民课程提供抽象信息,或者当学校仅仅鼓励学生健康饮食或做志愿者时,那么,学校的作用是有限的;而当学校营造开放的课堂氛围并促进情景学习,从而培养健康生活方式和积极公民的规范时,学校的作用会更大(Torney-Purta *et al.*,2001;Benton *et al.*,2008;Trudeau and Shephard,2008)。学生有可能通过参与真实生活中的项目去学习积极的公民价值观,他们还可以通过吃营养均衡的校餐、广泛参与课外体育活动,来学习更多关于平衡饮食和健康生活方式的收益方面的知识。

政策建议 4:越来越多的人获得高等教育学历,会进一步改善个体健康状况,提高"公民和社会参与"的程度。

许多经合组织国家的高等教育系统正在扩展(OECD,2010)。第三章、第四章探讨的内容表明,虽然与中小学教育相比,高等教育与提高社会信任度、宽容度和肥胖认识之间很难建立因果关系,但它们的联系却更为紧密。有间接证据显示,高等教育至关重要。例如,来自英国的一项研究显示,那些需要高阶抽象思维的能力在很大程度上解释了教育与肥胖之间的部分关系(Cutler and Lleras-Muney,2010)。深受大专院校毕业生青睐的社会网络(social networks),已被证明是联系教育与肥胖间关系的重要途径之一。此外,社会心理学家指出,18—25 岁是信仰和价值观形成的最重要的年龄段(Krosnick and Alwin,1989;Giuliano and Splimbergo,2009)。如果个体认识到在一个社会和文化多元的社区生活能获得社会和经济双重收益,那么,在此期间接受高等教育也可以增进人际互信和对移民的宽容。总之,当前高等教育系统的扩张可能有助于提高个体健康水平和"公民和社会参与"的程度。

政策建议 5:教育有助于减少社会产出的不平等。

健康和"公民与参与社会"方面的显著不平等现象是人口学和社会经济学的共同议题(Verba *et al.*,1995;CSDH,2008),也是教育学研究的焦点。高等教育的扩张带来了更多的教育机会,如果弱势群体能从中获得比其他群体更多的利益,那么,高等教育的扩张就有可能为减少不平等现象提供契机。不平等现象也可通过针对弱势群体的直接教育干预加以消减。事实证明,旨在提高认知、社会与情感技能的具体干预,有助于减少不平等现象。

不平等现象通常从生命周期的开始就已出现。因为"技能产生技能",所以,可以通过早期行动来增强上述干预措施的有效性。例如,美国的早期儿童教育与看护项目已经显现出弱势群体的早期健康状态对其今后的发展具有相当大的积极影响。

政策建议 6:各社会领域和各教育阶段的政策一致性,有助于提高健康和"公民和社会参与"的效果、效率和可持续性。

当儿童在家庭和社区环境获得的经验与儿童在学校中获得的经验一致时,学校为促进健康和"公民和社会参与"所作出的努力可能更富有成效。第四章表明,当家长允许儿童在家从事久坐不动的活动或者允许儿童在放学回家的路上光顾快餐店时,学校为促进健康生活方式和习惯养成所作出的努力则不会奏效(Gortmaker *et al.*,1999;Currie *et al.*,2010)。此外,同伴效应也非常重要。同伴中有一人有诸如饮酒和吸烟等危害健康的行为,就会对其他人的健康产生负面影响(Clark and Loheac,2007;Lundborg,2008)。这表明,采用各方面协调一致的方法十分重要,而这可以通过综合性服务来实现。美国和英国的早期儿童教育与看护项目采用了一种涉及多方利益相关者的综合性方法,其经验值得借鉴。然而,来自美国的研究显示,如果儿童再次返回质量差的学校时,这种综合性方法有时会屈服于短期利益(Currie and Thomas,2000)。这表明,确保各阶段教育干预的一致性非常重要。

强调政策的一致性不仅在于分享信息,尽管这是首要的一步,也非常重要。通常,连贯的政策行为要求利益相关者的行为相应地具有显著变化,这是一种挑战。例如,提高家庭食物营养成分就需要父母准备食物的方式有所变化,这可能还会使家庭支出有所增加。如果学校对来自自动售货机的收益有所依赖,那么,禁止或减少脂肪和糖分含量高的零食就可能面临困难。另外,阻止学龄儿童收看电视广告和食用快餐将会面临更多困难。然而,还有其他解决这些问题的方法。例如,在改善学校伙食的同时,需要家长对家庭食物有充分的了解,可以让自动售货机和快餐店贩售更健康的食品。① 反之,也可以通过儿童诸如自我控制和自我效能感等心理特征来应对这些挑战——家庭和学校都可以注重培养孩子这方面的心理特征。

政策的一致性要求政府不仅在水平层面(即教育部与卫生、家庭和福利部之间)、垂直层面(即在中央政府、区域政府和地方政府之间)加强联系,而且还要加强动态(即

---

① 世界卫生组织(WHO,2008)建议,鼓励"学校用牛奶、无糖酸奶、水、无糖果汁、三明治、水果、坚果或蔬菜,取代高能量、不健康的微量营养食品"。

不同教育层级之间)联系。[1] 这将是具有挑战性的,因为经合组织成员国政府在建构这种联系方面经验有限。政府可能会考虑强化治理与管理结构,动用政策工具,以加强横向的和纵向的合作,并通过建设"整体政府"(whole of government)来促进社会进步。

政策建议7:更好地统筹现有教育资源,更好地促进健康、凝聚的社会。

了解了各种有助于促进健康和"公民和社会参与"的教育方式后,提出对于实现教育的社会效益需要多少额外资金的问题,就顺理成章了。无论怎样,教育对健康和"公民和社会参与"的效应都很重要。问题不在于国家是否需要更多的教育来增进社会效果,而在于如何组织现有教育系统来促进健康和"公民和社会参与"。某些方法,例如,全面的早期儿童教育和看护项目,可能是资源密集型的,占用大量资源,尽管它的长远收益可能会很高。[2] 改善义务教育学校环境中有利于健康生活方式和积极公民素养的规范、精神、风气等,所需资源可能较少。高等教育所需资源也不多,它对社会效果的贡献主要是培养学生的高阶能力、社会技能以及建立社会网络。

另外,需要进一步关注学校中用于改善健康生活方式的额外时间,这可能会影响花在学术性课程上的时间。第四章表明,可以在不影响学生学术成果的条件下,从其他学校课程中抽出时间,让学生有一小时的体育活动(Trudeau and Shephard,2008)。

政策建议8:教育并非应对与健康和"公民和社会参与"相关的各种挑战的良方,但是,综合考虑各种外部性因素,教育的净影响较大。

不可能用教育解决经合组织国家在健康和"公民和社会参与"方面所面临的所有挑战。尽管如此,本报告表明,在考虑了教育所引发的各种外部性因素之后,教育对健

---

[1] 萨巴蒂斯和范斯坦(Sabates and Feinstein,2008)的研究证明,就遏制犯罪的政策实施来说,政府协同各社会领域共同执行,远比不同社会领域独立执行更有效。

[2] 例如,柯里(Currie,2001)的研究显示,简单的成本效果分析表明,如果"低收入家庭幼儿教育计划"(Head Start)(美国的一项卓越的儿童早期教育与看护项目)的收益能够达到长期收益预期的四分之一,那么,它就能自给自足,为政府节约成本。

康和"公民和社会参与"的影响是显著的。有研究证明,有教养的父母不仅能够提高子女的认知技能和非认知技能,而且也为他们提供了早期生活的健康环境(Currie and Moretti,2002;Carneiro *et al.*,2007;Cunha and Heckman,2008)。有教养的妻子会降低丈夫因健康问题而导致死亡或患冠心病的风险(Bosma *et al.*,1994)。在社区中,如果大多数人是有教养的,则社区内的互信和宽容度会更高(OECD,2010)。考虑到所有这些外部性因素,教育的生产性价值可能会比政策制定者通常期望的要高出许多。

6.3　研究启示

建立一致性框架以评估"学习的社会产出"

"学习的社会产出"在理论和实践方面都取得了巨大进步。这项工作已经由多方研究人员协同展开,涉及的学科包括教育、经济、公共卫生、流行病学、政治科学、社会学和心理学。上述每一个研究领域都有庞大的知识库。如何定位和利用这些知识库来描绘教育和社会产出之间关系的完整画面,是对"学习的社会产出"项目的一大挑战。本项目的第一阶段是基于发展心理学和政治学领域的理论,试图开发一个运用"情境中的自我①"和"绝对的、相对的和累积的"模型的前后一贯的概念性框架。第二阶段则从这些模型的设想出发,运用实证分析的方法来评估不同假设的可行性。本报告所提出的实证框架是为了让我们明白运用实证证据的类型以及解释实证框架的方式。虽然这一框架已经变得更加透明、连贯和全面,但是,还需要在这个方向上作进一步的努力。没有这样的框架,②就难以实现社会领域间的合作研究。如果没有紧密的合作研究,也难以充分利用不同研究领域的丰富知识。

扩大对其他领域社会产出的关注

本报告聚焦于健康和"公民和社会参与"。这里的健康包括肥胖、心理健康和饮酒

---

① 即"自我效能"。——译者注
② 正如经合组织(OECD,2007b)所强调的,这样的框架不应该是一个单一的统一模型,而应该一系列连贯的可测试的组合模型。

三个方面；"公民和社会参与"包括公民参与、政治参与、信任和宽容等三个方面。以上选择的原因有二：一是这些因素与政策的关联性较强；二是这些因素可能对那些关乎公众福祉和社会进步的关键指标有重大影响。[①] 而在评估教育与三个关乎健康问题的关系时，本报告注意到，相关研究严重匮乏，以至于无法充分回答教育"是否"以及"如何能够"解决这三个方面的健康问题。尽管这需要更多的研究，但好消息是，我们已经确证那些研究薄弱的领域。这些观点在前面三章已经提及。此外，诸如犯罪、宗教、爱国主义和生态习性等其他领域也值得深入分析。不同学科的研究人员已经解决了其中的许多问题。对教育与这些领域的关系有一个全面的认识非常必要。

确定因果效应和路径

本报告显示，有关因果关系的证据相当有限。一个原因是由于缺少进行因果效应推断和辨别因果路径的足够数据。[②] 另一原因在于面临辨识和估计决策结构模型（即理论模型）参数上的困难（Heckman，2010）。虽然中学阶段有大量关于教育因果关系的信息，但是很少有研究评估高等教育或义务教育之前的教育的因果关系。这是因为，在这两种教育水平层面上，可用于实施准实验的有效工具几乎很少。这是令人遗憾的，因为越来越多的研究显示，儿童早期教育和关爱对儿童的认知、社会与情感技能的发展以及相应的健康状况十分重要。也有间接证据表明，与其他层次的教育相比，高等教育与社会效益的关系更为密切。这表明，很有必要采取一些策略，以评估正规教育周期两端的教育因果效应。对大多数国家来说，如果没有实验数据和跟踪数据，考虑充分利用横向数据也可能会有用。这也将涉及系统地从许多国家收集政策信息的工作，其中包括对反事实状态（counterfactual states）的辨识。[③]

佐证因果关系路径的文献，尤其是评估特定政策干预的文献越来越多。然而，尽

[①] 例如，研究证明，公民参与和信任能够影响经济增长和民主政治的顺利运行。

[②] 几乎没有大规模的跟踪数据、实验数据或双胞胎样本可供使用。推论中的挑战也是源于辨识和评估决策结构模型（即理论模型）参数面临的巨大困难（Heckman，2010）。

[③] 这可以通过让同一个人接受两种不同的教育干预，然后比较其结果来实现。赫克曼的研究（Heckman，2010）表明，在其他无关因素受到有效控制时，如果同一个人接受两种不同干预，产生了两种相反的状态，那么，可以比较得出这两种干预分别和两种结果状态之间的因果关系。

管这些证据非常有用,但是,总体而言,在为了解决政策问题或进行干预的经济模型中,这些证据却起不了什么作用(Heckman,2010)。此外,这些证据也没有提供不同因果路径的相对影响的相关信息。对决策者而言,明白什么样的政策起作用、发挥作用的原因是什么以及什么样的政策能更好地发挥作用,是非常重要的。赫克曼(Heckman,2010)提出了一种新的政策实证分析,这种方法将项目评估文献(其目的是评估影响)与结构方法(其目的是评估理论模型参数)结合起来。使用这种方法就有可能阐明什么样的政策起作用以及为什么起作用。解答什么样的政策能更好地发挥作用的方法之一就是对不同干预进行成本效果(或成本收益)分析。第五章已就对肥胖的各种教育干预的成本的有效性进行了评估。另外一种方法是,在解释教育与社会产出关系时评估每一因果路径的贡献。卡特勒和列拉斯-穆尼(Cutler and Lleras-Muney,2010)运用后一种方法给出了证据。这种方法是基于英国和美国丰富的跟踪数据和横向数据的。这两种类型的分析都可以有效地扩展到社会产出的其他领域或其他国家,当然,分析结果取决于质量数据(quality data)的适用性。

理解即时情境

流行病学、公共卫生和社会学为家庭和社区因素提供了重要的知识库。这些因素不仅直接对健康和"公民和社会参与"产生重大作用,而且很大程度上影响了学校如何有效地促进健康和"公民和社会参与"。虽然这份报告不能完全解释现有的各种证据,但是有一点是清楚的,即当解释教育和社会产出之间的关系时,环境因素发挥了重要作用,因此需要被更认真地考虑。证据基础似乎在健康领域更具有说服力,可能是由于质量数据的可用性。但是,没有足够的信息来评估环境对学校在促进"公民和社会参与"培养中的重要作用。欧洲最近对职业教育和培训(VET)的社会决定因素进行了研究,并且对职业教育与培训的社会产出是如何依赖社会福利事业的问题进行了评估(Sabates *et al.*,2010)。

评估其他类型的教育

这份报告显示,大多数实证研究都阐明了正规教育及儿童早期教育和关爱的重要性,但是对成人教育之于增进社会产出的影响的研究几乎还是空白。如果政策目标是不仅让儿童还要让成人能够更好地应对健康和"公民和社会参与"问题,那么,政策制定者就必须知道如何培养成人的技能、态度和习惯以带来更好的社会产出。加拿大的一项研究显示,提高成人文化程度会在公民健康和社会参与方面获得良好回报,每天简单地读读报纸杂志,可以间接地改善健康状况(Canadian Council on learning,2008)。对许多国家来说,进行类似的研究可以获得大量的与政策相关的信息。

使用微观数据提高分析效力

为了理解因果关系,最好运用大规模的个体跟踪微观数据。在健康研究方面,本报告以全美青少年跟踪调查(NLSY, 1979)和英国全国儿童发展调查(NCDS)的研究为重要参考。而在"公民和社会参与"方面,英国公民教育跟踪研究是评估教育(或公民教育)对"公民和社会参与"影响的不可多得的资源。尽管收集这些数据付出了较高的成本和许多辛苦努力,但它们既不会夸大它们对促进社会产出其他方面的作用,也不会过高评估它们对其他 OECD 国家的影响。鉴于数据提供了大量政策信息,这种投资的长期回报可能会比较高。如果没有这种数据,那么,其他的备选方法可能就是更好地利用可用的横向数据并且比较不同国家之间的结果。

经合组织的研究(OECD, 2007b)显示,定性研究可以补充基于跟踪数据的定量分析。这种方法需要收集个人所生活的家庭、学校和社区环境的相关背景信息,以此探索出教育影响的环境和路径,这是定量分析无法做到的。它也可以用来更好地解释或验证基于定量分析的相关研究。此外,学校组织、教师素质和学校设施等系统层面的信息也可能会使研究结论更加丰富。

6.4 经合组织的作用

推动此项政策和研究议题困难重重,这无疑是各学科同仁们长期以来辛勤付出的结果。经合组织,尤其是教育研究与创新中心,在其中的各个方面都作出了重大贡献。

跨社会领域的政策对话

这份报告中的一个关键信息是呼吁建立各社会领域政策的一致性,包括教育、健康、家庭/社会政策和农业等。更多社会领域会涉及其中,因为研究会逐渐厘清其他政府部门的政策如何与教育和医疗领域的政策相互作用,以及在塑造学习环境和相关健康行为中如何扮演重要角色。各社会领域的政策达到高度协调后,政策和学校实践的有效性、效率性和可持续性就会大大增强。这不仅可以更好地促进健康和积极的社会参与,而且也会减少政府支出。教育研究与创新中心将会通过调动成员国的数据、信息和政策经验来更好地促进政策对话,并且阐明和推广最优方法。

跨学科研究对话

这份报告采用的证据主要来自教育学和经济学领域。受到研究范围的限制,我们无法完全利用诸如流行病学、医学、政治学和社会学等领域内的丰富证据。很显然,在挖掘其他领域可用的证据时,需要进行跨学科的研究工作。今后的工作需要考虑到这一点,并采取一个更全面的方法来确定适当的证据并评估其影响。其中一个方法是要建立由不同研究领域代表人员组成的研究小组,该小组成员可以确保将不同学科的丰富知识用于构建概念框架和实证策略。

分析

教育研究与创新中心(CERI)也致力于知识库(knowledge base)[①]的建立,其比较优势在于可获得不同社会领域在政策和制度方面的专业知识、微观数据(micro-data)[②]和信息。教育研究与创新中心可以有效地调用这些资源来进行一些仍缺乏有力证据的"学习的社会产出"项目的关键领域的研究。

---

① 知识库是知识工程中结构化、易操作、易利用,全面有组织的知识集群,是针对某一(或某些)领域问题求解的需要,采用某种(或若干)知识表示方式在计算机存储器中存储、组织、管理和使用的互相联系的知识片集合。这些知识片包括与领域相关的理论知识、事实数据,由专家经验得到的启发式知识,如某领域内相关的定义、定理和运算法则以及常识性知识等。
② 微观数据可在个体层面(儿童和成人)和学校层面加以收集。

教育和健康

本报告检视了一系列评估因果关系（大多采用准实验设计）和辨识因果路径的研究。遗憾的是，这些研究是在不同的国家和地区进行的，而且彼此的结论并不一致。因而难以从教育系统中找出起作用的共同特征，也很难确定造成不同国家教育系统表现差异的条件。这需要对大量经合组织国家进行一致性和系统性的实证分析。由于在大多数经合组织国家，现有的跟踪数据有限，因此，试图使用此类丰富的数据可能是不现实的。不过，进行基于横向数据的分析是可行的。虽然，横向数据的使用会显著降低解释力，但使用那些捕捉到政策改革的工具变量，仍可能对那些因果关系做出评估。[①] 替代的方案是，对不同因果路径的相对重要性进行分解，这可以帮助我们找出那些政策干预可能会予以关注的领域。

教育和"公民和社会参与"

与健康相比，经合组织国家在"公民和社会参与"方面所做的工作要少得多。这一领域最突出的工作是国际教育成就评价协会（International Association for the Evaluation of Educational Achievement，IEA）所做的公民教育（civic education，CivEd）研究。这项研究采用了许多国家 14 岁儿童的横向微观数据。研究中的限制因素是，难以对学校和环境塑造公民参与的过程做出评估，以及缺乏公民参与的信息。[②] 丹尼（Denny，2003）依据对若干经合组织国家进行的国际成人读写能力调查的数据进行研究发现，教育对志愿服务和公民参与具有因果效应。这项研究的局限在于，国际成人读写能力调查缺乏反映社交和情感技能的恰当的指标，而这些技能对塑造公民参与的态度和实际交往都具有潜在的重要作用。教育研究与创新中心通过经合组织国家的国际成人能力评估项目进行了类似的分析，该评估项目覆盖了不同的能力，包括一系列的认知技能与非认知技能。

教育与其他社会领域

"学习的社会产出"项目迄今一直专注于健康和"公民和社会参与"。显然，教育与

---

① 确定能够接受高等教育的政策改革将引起学者特别的兴趣。
② 公民教育研究反而运用了预期参与。

许多其他领域也可能有联系。斯蒂格利茨-森委员会(Stiglitz-Sen Commission)最近的建议(Stiglitz *et al.*，2009)列举了那些为经合组织国家所优先关注、关乎公众福祉和社会进步的领域。仔细地评估这份清单,明确哪些是值得进一步分析的项目,如疾病预防、犯罪和生态习性[①]等,或许是有用的做法。

6.5 结论

自 2005 年"学习的社会产出"项目第一阶段启动以来,已经开发出一种概念框架以描述这些复杂的作用过程,即对于塑造社会进步的两个指标:健康和"公民和社会参与",教育可能起到的作用。本报告基于这一框架,对现有研究成果进行了实证性综合分析,并得出了进一步的结论。尽管证据基础薄弱,研究区域有待拓展是不争的事实,本章仍得出一些重要的政策性结论,这些结论客观地呈现了学习的社会产出的知识谱系。在今后的研究和重要的政策咨询中,这些结论必将被持续地探索,并不断接受挑战。

参考文献

Barnes, J. (1982), *Aristotle*, Oxford University Press, Oxford.

Benton, T., E. Cleaver, G. Featherstone, D. Kerr, J. Lopes and K. Whitby (2008), *Citizenship Education Longitudinal Study CELS: Sixth Annual Report. Young People's Civic Participation in and beyond School: Attitudes, Intentions and Influences*, DCSF Research Report 052, Department for Children, Schools and Families, London.

Bosma, H. *et al.* (1994), "Differences in Mortality and Coronary Heart Disease between Lithuania and the Netherlands: Results from the WHO Kaunas-Rotterdam Intervention Study (KRIS)", *International Journal of Epidemiology*, Vol. 23, Oxford University Press, Oxford.

Canadian Council on Learning (2008), *Health Literacy in Canada: A Healthy Understanding*, Canadian Council on Learning, Ottawa.

Carneiro, P., C. Crawford and A. Goodman (2007), "Impact of early cognitive and non-cognitive skills on later outcomes", *Centre for the Economics of Education Working Paper*, London School of Economics, London.

---

① 生物与环境长期相互作用下所形成的固有适应属性。——译者注

Clark, A. and Y. Lohéac (2007), "'It wasn't me, It was them!' Social Influence in Risky Behavior by Adolescents", *Journal of Health Economics*, Vol. 26, pp. 763 – 784.

CSDH (Commission on Social Determinants of Health) (2008), *Closing the gap in a generation: health equity through action on the social determinants of health*, Final Report of the Commission on Social Determinants of Health, World Health Organization, Geneva.

Cunha, F. and J. J. Heckman (2006), "Formulating, Identifying and Estimating the Technology of Cognitive and Noncognitive Skill Formation", *The Journal of Human Resources*, Vol. XLIII, University of Wisconsin, Madison.

Currie, J. (2001), "Early Childhood Intervention Programs: What Do We Know?", *Journal of Economic Perspectives*, Vol. 15, Spring, pp. 213 – 238.

Currie, J. and E. Moretti (2002), "Mother's education and the intergenerational transmission of human capital: Evidence from college openings and longitudinal data", *NBER Working Paper 9360*, National Bureau of Economic Research, Cambridge, MA.

Currie, J. and D. Thomas (2000), "School Quality and the Longer-Term Effects of Head Start", *The Journal of Human Resources*, Vol. 35, pp. 755 – 774.

Currie, J. *et al.* (2010), "The Effects of Fast Food Restaurants on Obesity", *American Economic Review*, forthcoming.

Cutler, D. and A. Lleras-Muney (2010), "Understanding differences in health behaviours by education", *Journal of Health Economics*, Elsevier.

Denny, K. (2003), "The effects of human capital on social capital: A cross-country analysis", *The Institute for Fiscal Studies Working Paper series WP 03/06*, Dublin.

Giuliano, P. and A. Spilimbergo (2009), *NBER Working Papers 15321*, National Bureau of Economic Research, Cambridge, MA. http://ideas.repec.org/p/nbr/nberwo/15321.html.

Gortmaker, S. L. *et al.* (1999), "Reducing Obesity via a School-Based Interdisciplinary Intervention Among Youth — Planet Health", *Archives of Pediatrics and Adolescent Medicine*, Vol. 153, pp. 409 – 418.

Hare, R. M. (1989), *Plato*, Oxford University Press, Oxford.

Haveman, R. and B. Wolfe (1984), "Schooling and economic well-being: The role of nonmarket effects", *The Journal of Human Resources*, Vol. 19, pp. 377 – 407.

Heckman, J. J. (2010), "Building Bridges Between Structural and Programme Evaluation Approaches to Evaluating Policy", *Journal of Economic Literature*, Vol. 48, pp. 356 – 398.

Krosnick, J. A. and D. F. Alwin (1989), "Aging and susceptibility to attitude change", *Journal of Personality and Social Psychology*, Vol. 57, pp. 416 – 425.

Lundborg, Petter (2008), "The Health Returns to Education — What Can We Learn from Twins?" *Tinbergen Institute Discussion Paper No. TI 08 - 027/3*, http://ssrn.com/abstract=1113685.

Meara, E. R., S. Richards and D. M. Cutler (2008), "The gap gets bigger: changes in mortality and life expectancy, by education, 1981 - 2000", *Health Affairs*, Vol. 27, pp. 350 – 360.

OECD (2007a), *Evidence in Education: Linking Research and Policy*, OECD, Paris.

OECD (2007b), *Understanding the social outcomes of learning*, Centre for Educational Research and Innovation, OECD, Paris.

OECD (2010), *Education at a Glance 2010*, OECD, Paris.

Sabates, R. and Feinstein, L. (2008). "Effects of Government Initiatives on Youth Crime", *Oxford Economic Papers*, Vol. 60, pp. 462 – 483.

Sabates, R. et al. (2010), Social Benefits of Vocational Education and Training for Individuals: Concepts, Contexts and Empirical Results, CEDEFOP, Thessaloniki.

Stiglitz, J., A. Sen and J-P. Fitoussi (2009), Report by the Commission on the Measurement of Economic Performance and Social Progress, http://stiglitz-sen-fitoussi.fr/documents/rapport_anglais.pdf.

Torney-Purta, J. et al. (2001), Citizenship and education in twenty-eight countries: civic knowledge and engagement at age fourteen, IEA, Amsterdam.

Trudeau, F. and R. J. Shephard (2008), "Physical Education, School Physical Activity, School Sports and Academic Performance", *The International Journal of Behavioral Nutrition and Physical Activity*, Vol. 5, pp. 1 – 12.

Verba, S., K. L. Schlozman and H. E. Brady (1995), *Voice and equality: civic voluntarism in American politics*, Harvard University Press, Cambridge, MA.

World Health Organization (2008), *School Policy Framework*, WHO, Geneva.

▌译后记

在过去的两年间,华东师范大学曾决定建设高等学校创新能力计划文化传承创新类协同创新中心(2011 协同创新中心)——国家教育决策协同创新中心(Collaborative Innovation Center for National Education Policy-making, CICNEP)。在协同创新中心筹建过程中,我们邀约国内外知名大学、著名国际教育组织、国内教育行政部门和教育科研机构、信息技术企业等,以教育现代化进程中的重大教育理论与实践问题为主攻方向,持续、深入地对具有基础性、战略性、前瞻性、全局性特点的重大教育现实问题展开研究,力求建设成为国家教育决策专业支持中心、教育决策分析高级专门人才培养中心、公共教育政策信息服务中心,为国家教育决策的科学化、现代化与民主化,推进国家教育治理体系和治理能力现代化,提供强有力的专业支持,最终建设成为具有中国特色、世界一流的高水平教育战略智库。经济合作与发展组织(Organisation for Economic Co-operation and Development, OECD)是华东师范大学首选的国际合作伙伴之一。2014 年春,在华东师范大学任友群副校长的推动下,经合组织下设的教育研究与创新中心(Centre for Educational Research and Innovation, CERI)主任德克·范·达默(Dirk Van Damme)教授访问了华东师范大学,就诸多双边合作项目达成共识。译介经合组织的相关研究成果,是双边合作任务之一。

本书的翻译是集体劳动的结晶。译文初稿由华东师范大学教育学系的研究团队完成,各章译者分别为:第一章,卢正天;第二章,陈婧;第三章,李欣、卢正天;第四章,许海莹、翁聪尔;第五、六章,李学书。各章初稿译出后,大家相互对译文初稿进行了校改,参与校改的同志分别是:第一章,李欣、翁聪尔;第二章,李学书、卢正天;第三章,李学书、许海莹;第四章,翁聪尔、李欣;第五章,陈婧、许海莹;第六章,陈婧、卢正天。为保证翻译质量,我们还约请了华东师范大学对外汉语学院于东兴博士再对第一至四章进行校译,并对译稿进行了文字加工润饰。全书最后由范国睿教授统校,并对一些相关术语补充了注释。

感谢任友群副校长对翻译项目的支持和推动,感谢于东兴博士为保证翻译质量所付出的辛勤劳动,感谢华东师范大学出版社教育心理分社社长彭呈军先生对翻译工作的关心和支持,感谢责编孙娟女士为译稿付出的辛勤劳动。

范国睿

二〇一五年七月六日
于华东师范大学丽娃河畔

图书在版编目(CIP)数据

教育:促进健康,凝聚社会/OECD教育研究与创新中心
主编;范国睿等译.—上海:华东师范大学出版社,2016
(OECD学习科学与教育创新译丛)
ISBN 978-7-5675-4323-2

Ⅰ.①教… Ⅱ.①O…②范… Ⅲ.①教育社会学-研究
报告 Ⅳ.①G40-052

中国版本图书馆 CIP 数据核字(2016)第 178090 号

"OECD学习科学与教育创新"译丛
教育:促进健康,凝聚社会

主　　编　OECD 教育研究与创新中心
译　　者　范国睿 等
策划编辑　彭呈军
项目编辑　孙　娟
特约审读　明　新
责任校对　陈　易
版式设计　卢晓红
封面设计　倪志强

出版发行　华东师范大学出版社
社　　址　上海市中山北路 3663 号　邮编 200062
网　　址　www.ecnupress.com.cn
电　　话　021-60821666　行政传真 021-62572105
客服电话　021-62865537　门市(邮购)电话 021-62869887
地　　址　上海市中山北路 3663 号华东师范大学校内先锋路口
网　　店　http://hdsdcbs.tmall.com

印 刷 者　常熟高专印刷有限公司
开　　本　787×1092　16 开
印　　张　13.5
字　　数　273 千字
版　　次　2016 年 10 月第 1 版
印　　次　2016 年 10 月第 1 次
书　　号　ISBN 978-7-5675-4323-2/G·8791
定　　价　32.00 元

出 版 人　王　焰

(如发现本版图书有印订质量问题,请寄回本社客服中心调换或电话 021-62865537 联系)